REGINE SCHWARZHOFF
Kinder brauchen starke Eltern

REGINE SCHWARZHOFF

Kinder brauchen starke Eltern

Das Mutmachbuch zu einer
selbstbewußten Erziehung

GUSTAV LÜBBE VERLAG

Gustav Lübbe Verlag in der Verlagsgruppe Lübbe

Originalausgabe

Copyright © 2009 by
Verlagsgruppe Lübbe GmbH & Co. KG,
Bergisch Gladbach

Umschlaggestaltung: Bettina C. Reubelt
Satz: Druck & Grafik Siebel, Lindlar
Gesetzt aus der Bembo
Druck und Einband: Freidrich Pustet, Regensburg

Printed in Germany
ISBN 978-3-7857-2366-1

5 4 3 2 1

Sie finden uns im Internet unter: www.luebbe.de
Bitte beachten Sie auch: www.lesejury.de

Für Jonathan und Lotte
und alle Kinder

Inhalt

Elternwerden

Zwei junge Frauen, beide fast dreißig Jahre alt, sitzen zusammen bei einer Tasse Kaffee und unterhalten sich lebhaft. »Du willst Kinder in diese Welt setzen?« fragt die eine, nennen wir sie Lena. »Überleg doch mal, bei der Umweltkatastrophe, die auf uns alle zukommt, der politischen und sozialen Globalisierung mit all ihren bedenklichen Randerscheinungen, Islamismus, Terrorismus und so weiter, und dann noch der demographischen Entwicklung, immer mehr alte Leute, die ein Berufstätiger durchfüttern muß, diese Ellbogengesellschaft – also ich versteh dich nicht! Und außerdem: Wie willst du die denn überhaupt erziehen und groß kriegen, in einer Welt, die man heute keinem jungen Menschen mehr ernsthaft zumuten kann!«

Die andere, Marina, läßt sich nicht beirren: »Das ist es ja gerade, was die Katastrophe erst recht schürt, wenn Leute wie du solche Ansichten vertreten! Bitte nimm's mir nicht krumm, aber ich sehe diese Dinge völlig anders. Je weniger Kinder unsere Generation in die Welt setzt, um so schlimmer wird es für die wenigen. Und wenn du ganz ehrlich bist, hast du nur Angst, deine Freiheit und deine Selbstbestimmung einzubüßen, gib's zu!«

Lena und Marina werden wahrscheinlich noch lange ergebnislos diskutieren und zu keiner Einigung kommen, weil sie beide noch keine Erfahrung mit dem Kindergroßziehen haben. Ihre Mütter oder ältere Verwandte zu fragen, dazu sind sie vielleicht zu stolz. Außerdem wissen sie, daß jeder Mensch die Familienphase seines Lebens, also Familiengründung und Gestaltung des gemeinsamen Lebens, anders erlebt, immer abhängig von den persönlichen Umständen und Erwartungen. Also lassen sich die

Erkenntnisse der anderen ohnehin nicht eins zu eins auf das eigene Leben übertragen.

Trotzdem will ich hier versuchen, Beobachtungen und Erfahrungen so zu schildern, daß übertragbare Ideen entstehen. Mein Ziel ist es, Abläufe in verschiedenen Situationen bewußter und verständlicher machen, Zusammenhänge herzustellen, Lösungen oder Wege zu zeigen und Mut zu machen, das Leben mit Kindern selbstbewußt und genußvoll zu gestalten.

Seit allen denkbaren Zeiten werden wir ganz »normalen« Menschen von einem auf den anderen Tag plötzlich Eltern. Wir wissen zwar seit einigen Monaten, daß etwas auf uns zukommt, aber was? Diese Frage steht im Raum und wird von niemandem beantwortet. Zu allen denkbaren Zeiten haben werdende Eltern sich damit getröstet, daß ihre Eltern und deren Eltern dieselbe Entwicklung erfahren haben. Sie haben darauf vertraut, daß ihnen mit einem Kind auch die Intuition gegeben wird, die für die Versorgung des Kindes notwendigen Maßnahmen zum richtigen Zeitpunkt zu treffen. Das hat schließlich schon bei den Urgroßeltern funktioniert.

Das tröstende Bewußtsein, daß Kinderkriegen »das Natürlichste auf der Welt« ist, ist uns aber leider in den vergangenen Jahrzehnten immer mehr abhanden gekommen. Ob es Bedenken wegen der unzumutbaren Weltsituation sind oder Angst um die eigene Unabhängigkeit, wir gehen heute diese Fragestellung mit viel mehr Vorbehalten an, nicht zuletzt weil wir gewohnt sind, darüber selbst zu entscheiden, ob ein Kind kommt, statt die Entscheidung der Natur zu überlassen, wie es vorangegangenen Generationen vor der Entwicklung der modernen Mittel zur Empfängnisverhütung nicht anders übrigblieb.

Hinzu kommt eine facettenreiche mentale Distanz. Schon mit den Anfängen der psychologischen Forschung und der Freud'schen Theorie, daß alles menschliche Tun schon im frühsten Kindesalter von sexuellen Impulsen gesteuert werde, wurde eine gesunde Unbefangenheit im Umgang von Frauen und Männern miteinander und mit ihren Kindern infragegestellt. All sein Tun auf sexuelle Impulse zurückzuführen, bedeutet ja – zumindest für den aufgeklärten, bewußt lebenden Menschen – eine Abwertung seiner intellektuellen Lebensführung. Der wissenschaftliche Nachweis dieser Theorie würde bedeuten, daß den Menschen sein Intellekt nicht annähernd so weit wie vermutet von einem Tier mit seinem triebgesteuerten Leben unterscheidet. Sämtliche scheinbar intellektuellen menschlichen Eingebungen würden sich dann ebenfalls auf reine unterschwellige Triebsteuerung zurückführen lassen.

Darüber kann man sicher trefflich streiten. Aber die Aussagen neuerer Hirnforschung, daß unsere vermeintlich intellektuell begründeten Entscheidungen überwiegend durch gefühlsmäßige Aspekte mitbestimmt werden, wir keine Entscheidung ohne die Berücksichtigung der Gefühlsbasis treffen können, lösen starke Zweifel an der Unterscheidung zwischen »Kopf-« und »Bauchentscheidungen« aus. Die Geburt eines eigenen Kindes jedenfalls bedeutet durch ihre Wunderhaftigkeit für uns Menschen eine Umwälzung unseres bisherigen Lebens und Erlebens. Das damit verbundene Gefühlserleben ist so intensiv, daß für »rational« durchdachte Entscheidungen meistens kaum mehr Platz bleibt. Wir setzen unbewußt auf Intuition, verlassen uns darauf, daß unser Gefühl uns leitet – und wir können uns darauf verlassen! Das ist die gute Nachricht. Nur wird es uns leider durch viele machtvolle äußere Einflüsse, vor denen wir uns nur schwer schützen können, immer schwerer gemacht, uns auf unser Gefühl zu verlassen. Warum aber sollen wir uns durch Politik, Medien und angebliche wissenschaftliche Erkenntnisse in unseren ureigenen Gefühlen verunsichern lassen?

Dieses Buch soll dazu ermuntern und Mut machen, diese äußeren Einflüsse aufzusuchen, zu entlarven, zu enttarnen und durchschaubar zu machen. Dabei zeigen sich Hintergründe und Motivationen, die fragwürdig oder zumindest kritikwürdig sind. Aber wer sie erkennt, hat die Möglichkeit, selbst zu entscheiden, wieviel Macht über sein Leben er diesen Einflüssen zugestehen will.

Falls Ihnen der eine oder andere im Buch geschilderte Fall bekannt vorkommt, ist das sicher Zufall, sofern Sie nicht selbst Ähnliches erlebt haben – und das ist absolut nicht auszuschließen. Alle Namen und Zusammenhänge sind zum Schutz der Betroffenen geändert.

1. Schluß mit der Unsicherheit!

Verlust der »Unschuld«

Die Vorstellungen von Kindererziehung, Gehorsam, Respekt, Autorität, Züchtigung sind von Kultur zu Kultur verschieden und haben sich durch die Jahrhunderte hindurch deutlich gewandelt. Schon in den antiken Kulturen schrieben Denker und Philosophen ihre Ideen auch zu diesem Aspekt des Menschseins nieder. In kaum einem Land aber hat die Auseinandersetzung mit der Erziehung der Nachkommen eine solche Umwälzung erfahren wie in Deutschland nach dem Zweiten Weltkrieg.

Den entscheidenden Impuls dazu gab bei uns die erwiesene »Verführbarkeit der Masse«. Das menschenverachtende nationalsozialistische Regime mit den unfaßbaren Massenmorden über eine unvorstellbare, Jahre andauernde Zeitspanne, in der die breite Masse der Bevölkerung noch begeisterte Zustimmung jubelte, statt kritische Fragen zu stellen oder gar wirksamen Widerstand zu leisten, manifestierte für alle Überlebenden auf schockierende Art die phänomenale psychische Sogkraft, der wir Menschen erliegen können. Hier ist eine einzigartige Manipulation unermeßlicher Menschenmassen zur (teils) stillschweigenden Zustimmung oder zumindest widerspruchlosen Billigung kriminellen hoheitlichen Machtmißbrauchs geschichtlich dokumentiert, wie sie vorher und auch nachher unvorstellbar erscheint. Sicher ist, daß unter anderem der Gruppendruck zur Unterordnung der persönlichen unter übergeordnete Ziele der Volksgemeinschaft seine Wirkung entfaltet hat – eigentlich ein positives Merkmal für eine soziale Gemeinschaft. Allerdings wirken die Vorurteile, die den Nährboden für das Gelingen dieser Manipulation gebildet haben, bis heute in weiten Bevölkerungskreisen nach.

Die späteren Überlegungen, daß unter anderen Umständen ein solches Massenphänomen undenkbar gewesen wäre, wurden die Grundlage für eine neue Wissenschaftsdisziplin, die »Erziehungswissenschaften«. Es wurde angenommen, daß die Menschen dieser Epoche sich der Massenströmung stärker verweigert hätten, sich weniger zu braven Befehlsempfängern und -ausführern geeignet hätten, wären sie weniger zu Respekt, Gehorsam und Vaterlandsliebe, also den »preußischen Tugenden« erzogen gewesen. Auf dieser Grundlage wurden neue Theorien entwickelt, wie man Menschen weniger manipulierbar und damit weniger anfällig für derartigen obrigkeitlichen Mißbrauch machen kann. Mißtrauen gegenüber allem, was bisher kritiklos zu respektieren war, Skepsis gegenüber jedem, der an Traditionen etwas Positives wahrnahm, Provokation und vernichtende Kritik aller Grundsätze, die das demokratische Staatsgefüge sichern, das waren die Hauptziele der Revolte an den geisteswissenschaftlichen Fakultäten der Hochschulen in der zweiten Hälfte der sechziger und Anfang der siebziger Jahre, heute verkürzt »68er« genannt. Dabei tappten die Urheber und Betreiber dieser Theorien völlig im Nebel, was die historischen Tatsachen betrifft, und konnten sich nur auf Vermutungen und subjektive Berichte von einzelnen stützen, denn eine wissenschaftliche Objektivierung der historischen Vorgänge im »Dritten Reich« hatte kaum erst begonnen.

Angesichts der bis dahin wenigen bekannten und erwiesenen Fakten und des Bewußtseins, daß es sich hierbei nur um die Spitze des Eisbergs handelte, ist die atemlos-panische Eile fast zu verstehen, mit der die Umkehr des Denkens angegangen wurde. Und die wiederum grandiose Kritiklosigkeit, mit der bis heute diese Mißachtung aller tradierten Werte weithin als gegeben akzeptiert wird – leider nicht zugunsten eines bewußteren und kritischeren Umgangs mit Massenphänomenen – müßte uns sehr nachdenklich stimmen. Jedenfalls ist die Zerstörung erzieherischer Traditionen erschreckend nachhaltig und umfassend gelungen.

Dabei spielt auch der gesamte kulturhistorische Hintergrund unserer Gesellschaft eine Rolle. Unsere Großeltern- und auch Elterngenerationen sind geprägt durch Kriegs- und Nachkriegskindheiten, deren Einwirkungen sich nicht einfach wegwischen lassen. Diese Prägung beinhaltet eine verbreitete starke Selbstkontrolle und -beherrschung. Schweres Leid und fast unerträgliche seelische Belastungen wurden überwiegend wortlos geteilt und kaum bewältigt. In vielen Familien herrschte die Haltung vor, das Leid werde durch Gespräche darüber vervielfältigt und verstärkt. So ließ man auch kleine Kinder oft allein mit ihren unbewältigten Gefühlen. Da Kinder noch nicht über Verhaltensmuster und Bewältigungsstrategien für Trauer und Leid verfügen, sondern zunächst scheinbar unbekümmert darüber hinweggehen, wurde ihre seelische Belastung auch häufig unterschätzt und für unbedeutend gehalten. Kinder waren unmündige, unfertige, undefinierte Wesen, die nicht ernstgenommen wurden. Ihre Sachaussagen, ihre Meinung zu Vorkommnissen und ihr Umgang mit den Grundfragen des Lebens hatten keine besondere Bedeutung für die Erwachsenen. Man lernte oder hatte gelernt, allein mit sich und seiner Gefühlswelt zu sein und auch allein damit zurechtzukommen, streng mit sich zu sein und sich in der Gewalt zu haben. Kinder behielten oft ihre eigenen inneren Konflikte für sich, auch um ihre Eltern nicht zusätzlich damit zu belasten, denn deren seelische Anspannung und deren Schmerz empfinden sie intensiv mit.

Diese Haltung des Schweigens über psychische Belastungen hat sich so tief in viele Seelen eingegraben, daß sie auch heute noch wirksam ist. Und diese Tatsache erschwert natürlich auch die Kommunikation zwischen den Generationen und damit das Verständnis füreinander. Die von Rigidität und Härte bis zur Selbstverleugnung gekennzeichnete Sprachlosigkeit, verknüpft mit einer Grundhaltung der strengen Selbstdisziplin und Abspaltung der Gefühls- von der Sachwelt, ja sogar Ignorierung der Bedeutung der Gefühle für das Leben und seinen Sinn, hat in jener Zeit einen ungeheuren Druck aufgebaut. In relativ gesicherten Friedenszeiten schon der sechziger und siebziger Jahre hat sich dieser Druck in einer wahren Explosion entladen und schlagartig die zurückgehaltenen Gefühlswelten freigesetzt. Das Pendel schlug ins krasse Gegenteil um: Ergebnis sind weitverbreitete Zügellosigkeit und Schamlosigkeit (vor allem in den Medien einschließlich Internet), Mangel an Disziplin, Pflichtbewußtsein und Anstrengungsbereitschaft und die Verleugnung aller Grenzen.

Brüche und Verwerfungen

Denn wie wir Menschen nun mal sind, neigen wir immer zu Extremen. So auch hier: »Autorität« war gut zwanzig Jahre nach Kriegsende plötzlich so verpönt und verdächtig, daß sie beinahe als Manipulation in verbrecherischer Absicht bewertet wurde. Die »antiautoritäre Erziehung« und die weiteren Schlagworte, Theorien und Projekte kennen wir wohl alle, man denke zum Beispiel nur an »Summerhill«, die revolutionäre »antiautoritäre« Schule in Leiston, Suffolk in England, die schon 1921 von dem Pädagogen Alexander S. Neill gegründet worden war. Er vertrat in seinem Buch *Theorie und Praxis der antiautoritären Erziehung* (1969) lediglich eine repressionsfreie Erziehung, aber der Titel war vom Verlag für die deutsche Übersetzung gezielt gewählt worden, um möglichst breit die Bedürfnisse des anti-traditionellen Lagers zu bedienen. Ziel der Vertreter der »antiautoritären« Liga in Deutschland war ausdrücklich eine »sozialistische« Erziehung, die also gar nicht frei war von Zwängen und Einschränkungen, sondern eine gezielte Manipulation zu Respektlosigkeit und Opposition gegen alle gesellschaftlichen Normen – also zum Umsturz des Rechtsstaates. Diese Überlegungen gipfelten in der überspitzten Aussage, Erziehung

17

sei ein unberechtigter Eingriff in die Persönlichkeitsentfaltung des Kindes. Sicher stand dahinter als Impulsgeber zunächst eine nicht nur eigennützige Zielsetzung – aber was ist daraus gemacht worden?

Unzählige junge Eltern, die, möglicherweise selbst von einer als autoritär empfundenen Haltung der eigenen Eltern geprägt, nach einer Möglichkeit suchten, mit den eigenen Kindern anders umzugehen, nahmen begeistert diese »neuen« Theorien auf und überließen ihre Kinder von kleinstem Krabbelalter an sich selbst. »Das entscheidet mein Kind selbst«, ist die typische Aussage der alternativen Hippie-Studentin, deren zweieinhalbjähriger Sohn Robin laut brummend mitten im Schuhgeschäft auf dem Boden mit den durchprobierten Treterchen Auto spielt, während die Verkäuferin ratlos das leergefegte Regalbrett betrachtet. »Mein Kind hat ein Recht auf seine eigenen Erfahrungen«, bekommt im Supermarkt die genervte Wursttheenbedienung zu hören, vor der die fünfjährige Nadine laut schreiend vor Wut mit dicken Konservendosen um sich wirft, die ihr beim schwungvollen Rangieren mit dem übervollbeladenen Einkaufswagen auf die Zehen gefallen sind. Daß solche Kinder durch die Haltung der Eltern, die Verweigerung von Erziehung, letzten Endes zu asozialen, weil völlig auf sich selbst bezogenen, rücksichtslosen Menschen wurden, traut sich bis heute kaum jemand so richtig offen zu sagen. Egoismus und Rücksichtslosigkeit entsprechen ja inzwischen ohnehin dem allgemeinen Trend.

Für solche Eltern war es schon suspekt, wenn ein Mensch klare Vorstellungen von richtig und falsch hatte, noch schlimmer, wenn er sie auch noch äußerte, anderen in ihre Handlungsweise »hineinredete« oder gar das Kind auf sein chaotisches Verhalten ansprach und versuchte, zur Ordnung zu rufen. Diese Eltern erwarteten von allen anderen, daß sie sich alles gefallen ließen, womöglich den ungezogenen fremden »Rotzlöffeln« noch Beifall spendeten. Eine offene Forderung danach, daß Kindern

Grenzen gesetzt werden, ihnen eine gewisse Rücksichtnahme abgefordert wird und sie vor allzu großen Gefahrensituationen zu schützen sind, war in jener Zeit ein großes Wagnis – und ist es bis heute. Eine natürliche Autorität zu haben, also den Eindruck zu erwecken, man habe ein Wissen und eine Vorstellung vom »richtigen« Leben, war und ist immer noch für viele gleichbedeutend damit, autoritär zu sein, also anderen Vorschriften zu machen und keine abweichenden Auffassungen gelten zu lassen.

Das waren die Hochzeiten der APO, der selbsternannten »außerparlamentarischen Opposition«, deren Anhänger aus einer Studentenbewegung heraus die freie Liebe, die Zügellosigkeit und die Ignorierung aller Grundsätze des sozialen Miteinanders propagierten und es ständig gezielt auf offene Provokation anlegten. »Trau keinem über dreißig!« war noch eine vergleichsweise harmlose Forderung. »Macht kaputt, was euch kaputtmacht!« als Motto öffnete jedes Ventil verbreiteter Zerstörungswut bis hin zu gewaltsamen und kriminellen Terrorakten. Unter dem Namen Rote Armee Fraktion (RAF) bildete sich die Baader-Meinhof-Gruppe, später zu Recht -Bande genannt, und speiste aus diesem Ungeist die Legitimation für unzählige Straftaten, Bankraub, Erpressung, Geiselnahmen, Flugzeugentführungen und Morde. Sie schafften es durch ihre unberechenbare und kaltblütige Gewaltbereitschaft tatsächlich fast, das Rechtssystem außer Kraft zu setzen.

Die grundsätzlich autoritätskritische Haltung, die diesen Entwicklungen den zündenden Impuls gab, etablierte sich am dauerhaftesten in den Ausbildungs- und Studiengängen der erziehenden Berufe. Besonders unter Pädagogen, den bis heute an unseren Schulen tätigen Lehrkräften, halten sich Teile dieser Anschauung hartnäckig und werden in vielen Gesprächen immer noch den Eltern vermittelt. »Sie können doch ihr Kind nicht vor allen gesellschaftlichen Einflüssen schützen!« sagte eine Deutschlehrerin einer Mutter, die die Verwendung eines sehr unappetitlichen, drastischen Textes eines zeitgenössischen Autors im Unterricht ihrer 14-jährigen Tochter kritisierte. So ein Satz soll eine völlig wertfreie Auswahl schulischer Lerninhalte als unangreifbar legitimieren.

Diese als »liberal« oder »emanzipatorisch« zu bezeichnende Haltung ist in vielen anderen geisteswissenschaftlichen und auch medizinischen Disziplinen, vor allem aber auch bei vielen Medienschaffenden aller Verbreitungsformen immer noch gehäuft anzutreffen. Das reicht bis in die Kunst- und Theaterszene, wo emanzipatorischer, also völlig respekt- und tabuloser Umgang mit klassischer Literatur, getarnt als »Verfremdung« und »Entglorifizierung« klassischen Kulturgutes, auf der Tagesordnung steht. Manche Inszenierungen und Neuinterpretationen mit ihren banalen Geschmacklosigkeiten und provokativen Ekelszenen wecken beim halbwegs gebildeten Betrachter den Eindruck spätpubertären bis gar kleinkindlichen Trotzens und Schmollens. Man muß sich fragen, ob dieser Generation die Kindheit und Jugend vorenthalten wurde, die sie nun auf diese Weise nachholen muß. Oder hat sie sie nie überwunden, sich nicht daraus hervorentwickelt?

Ein Bereich, in dem die »emanzipatorische Pädagogik« besonders erschreckenden Schaden anrichtet, sind psychiatrische Kliniken. Manche jugendpsychiatrischen Einrichtungen zeichnen sich dadurch aus, daß den ohnehin orientierungslosen jungen Menschen, die dort auf der Suche nach Unterstützung und Hilfe gelandet sind, der letzte Rest ihrer Wertmaßstäbe – und ihrer Würde – auch noch genommen wird. Mehrere solche Fälle sind mir bekannt. Kurzgefaßt hört sich das etwa so an: »Deine Mutter ist sowieso schuld daran, daß es dir schlecht geht – schieß sie in den Wind, die hat dir gar nichts zu sagen!« und »Befrei dich endlich von den aufgezwungenen und anerzogenen Hemmungen! Du brauchst dir von niemandem was sagen zu lassen, du bist du und kannst selber für dich sorgen!« Jugendliche auf der Suche nach dem Sinn ihres Lebens, der tieferen Erdung ihrer Existenz und der unbedingten Annahme durch die Menschen, die ihnen etwas bedeuten, kann dies nur noch tiefer in ihre Verstrickung und Resignation hinabspülen, aus der sie eigentlich herausfinden wollten.

Als »einfache« Eltern unterstellen wir selbstverständlich den »wissenschaftlich« ausgebildeten Fachleuten die fundiertere Kenntnis und lassen uns von ihnen beeinflussen. In einer ohnehin schon stark verunsicherten Situation stellen wir nach ihren – gerne in hochgestochenem Fachchinesisch machtvoll inszenierten – Erläuterungen unsere bisherige, überwiegend an tradierten Werten orientierte Haltung noch mehr in Frage und verlieren unser Zutrauen in die eigene Wertordnung, in unsere Erziehung und damit unseren familiären Zusammenhalt immer mehr.

Mit der Etablierung der Erziehung als wissenschaftlicher Disziplin ist automatisch die Qualität der traditionellen, meist intuitiven elterlichen Erziehung in Frage gestellt. Es entsteht der Umkehrschluß, Eltern müßten in der Erziehung ihrer Kinder automatisch alles falsch machen, da sie ja nicht wissenschaftlich dazu ausgebildet sind. Er liegt nahe und verunsichert – besonders die, die sich bewußt mit der Frage nach der Qualität von Erziehung und Bildung auseinandersetzen.

Vielleicht läßt sich, zumindest für einige Familien, aus diesen Zusammenhängen auch einer der Hintergründe für emotionale Verwahrlosung, Verweigerung der Erziehungsleistung und Vernachlässigung der Kinder ableiten. »Ehe ich viel Energie investiere in etwas, das mir doch nicht gelingen kann, laß ich es gleich ganz,« könnten viele denken – falls sie überhaupt über ihre Lebensführung nachdenken. Leider ist deren Zahl allem Anschein nach aber nicht so groß, wie es wünschenswert wäre. Erschreckend verbreitet ist vielmehr eine Haltung, die wohl schon durch Nicht-Erziehung beziehungsweise Verzicht auf Regeln und Grenzen in der eigenen Kindheit und Jugend begründet worden ist. »Ich tu, was mir Spaß macht!«, ist die Devise vieler »antiautoritär«, also Nicht-Erzogenen, »nur für das, woraus ich direkten Nutzen ziehen kann, lohnt es, mich zu bemühen!«, und: »Ich laß mich doch nicht einwickeln und für dumm verkaufen, wenn einer was von mir will, ich bin doch kein Selbstbedienungsladen!« Bei allen der Gemeinschaft dienenden Dingen, die ihnen angetragen werden, fragen sie: »Was bringt mir das?« und lehnen dankend ab. Und sie finden nichts dabei.

Für diese Lebenseinstellung haben wir mittlerweile auch reichlich prominente Vorbilder, die vor allem dokumentieren, daß man erstens noch an Ruhm gewinnt und zweitens immer auch fast heil davonkommt mit dieser Haltung. Namen brauche ich eigentlich nicht zu nennen, denn wir alle kennen aus den Medien die »Ackermänner« mit ihren »Zumwinkeleien«, Leute sowohl aus höchsten Manageretagen als auch aus »Arbeiterkreisen«, Politiker wie Gewerkschaftsfunktionäre, die ihre Schäfchen im Trockenen haben und sogar bei rechtskräftiger Verurteilung wegen Steuerhinterziehung, Untreue, Korruption und ähnlicher Delikte gemütlich und sicher ihr Leben in Luxus fristen können. Die paar Milliönchen Strafe zahlt man leicht, es bleibt ja genug übrig. Das meiste des »unter der Hand« Dazuverdienten ist sicher vor dem deutschen Fiskus in irgendeinem gutgeschützten Steuerparadies versteckt. Selbst an Einfluß verlieren diese Menschen nur geringfügig, denn man bedient sich gern ihrer »profunden Kenntnisse«, wenn auch oft nicht mehr so sichtbar für die Öffentlichkeit.

Über ihre Erziehung können wir natürlich keine konkreten Aussagen treffen, aber eins scheint mir sicher: Ihnen fehlt jedes auch nur halbwegs gesunde Unrechtsbewußtsein und jedes Gespür für Anstand und ethisch-moralische Grenzen. Solche Menschen sind in ihrer Abhängigkeit von der eigenen Gier fast zu bedauern, denn sie haben völlig aus den Augen verloren, daß Ehrlichkeit etwas mit Ehre und damit Ehrbarkeit zu tun hat.

Aber eigentlich, so mein Eindruck aus vielen Gesprächen über diese Vorgänge, empfinden die allermeisten Menschen so eine Haltung als gesellschaftsfeindlich und rücksichtslos, also als asozial. Nur wird die Empörung, die diese Schädigung vieler durch einzelne auslöst, zu schnell von Ratlosigkeit und Resignation verdrängt. Die Vielzahl der Fälle ist inzwischen so unüberschaubar, daß Staatswesen und Justiz, zumal stellenweise selbst eingebunden, dagegen machtlos erscheinen.

Erziehungs-»Wissenschaften«

Wissenschaft an sich ist eine noch recht junge Denkart oder Disziplin in den modernen Gesellschaften. Eine frühe Form eines organisierten wissenschaftlichen Lehrbetriebs ist dokumentiert im antiken Griechenland mit der »platonischen Akademie«, die (mit Unterbrechungen) bis in die Spätantike Bestand hatte. Dort befaßte man sich überwiegend mit philosophischen Betrachtungen über die Welt, die Natur, das Leben und ihre Zusammenhänge. Mathematik, Trigonometrie und Astronomie waren schon damals wesentliche Forschungsgegenstände, in denen auch ohne technischen Spezialaufwand die Erlangung wichtiger Grundsätze und Erkenntnisse möglich war, denken wir an Pythagoras und Euklid. Wissenschaft der Neuzeit findet man traditionell an Universitäten und Hochschulen.

In vielen Agrarstaaten und Ländern ohne Industrie- und elektronische Infrastruktur, zum Beispiel auf dem afrikanischen oder südamerikanischen Kontinent, ist auch heute noch die Existenz wissenschaftlicher Arbeit, also der Sammlung, Analyse und Auswertung von Kenntnissen, kaum wahrnehmbar. Aber diese Gesellschaften existieren und funktionieren, genau wie auch frühere, sogar prähistorische Gesellschaftsformen existiert und funktioniert haben – ganz ohne Wissenschaft. Die Tätigkeiten richteten sich darauf, den täglichen Lebensunterhalt zu sichern und möglicherweise in reichen für schwierigere Zeiten ein bißchen vorzusorgen. Dabei wurden neue Erkenntnisse auf dem Weg des Ausprobierens erworben, Versuch und Irrtum brachten eigene Erfahrungen, aus denen Schlüsse gezogen werden konnten für die nächste vergleichbare Situation.

Die Suche nach Erkenntnis, die Neugier auf das Analysieren und Durchschauen von Abläufen und das darauf aufbauende Bestreben, gestaltend und steuernd einzugreifen, sind so alt wie die Menschheit. Diese Neugier ist gespeist aus der Arbeitsweise unseres Gehirns, das neu gelernte Inhalte nach Regeln einzuordnen und abzuspeichern versucht. Unser Gehirn (wie übrigens auch das vieler Tiere) ist immer auf der Suche nach dem »Prinzip« hinter der Reihe der einzelnen Beobachtungen. Der Schritt vom Erwerb von Erfahrungen des einzelnen zur Verallgemeinerung und Übertragung eigener Erkenntnisse auf andere Individuen konnte aber nur mithilfe einer verfeinerten und genaueren Sprache, also weiterentwickelter Kommunikationsmöglichkeiten getan werden.

Zweite Voraussetzung für die Entstehung von Wissenschaft, also der Gewinnung, Dokumentation und Weitergabe neuer Erkenntnisse, sind die dazu notwendigen technischen Anlagen und Einrichtungen. In beidem, sowohl den sprachlichen als auch den technischen Mitteln, haben wir heute eine Stufe erreicht, die alles noch vor kurzer Zeit Vorstellbare in den Schatten stellt. Meßgeräte und Techniken zur Untersuchung und Analyse von Materie, Energie und ihrem Zusammenwirken sind innerhalb weniger Jahrhunderte immer weiter optimiert worden. Mit Maschinen zur Herstellung von Schrift, verschiedensten technischen Möglichkeiten der Vervielfältigung und inzwischen der elektronischen Verbreitung sind wir in der Kommunikationstechnik sogar auf dem extremen Stand einer völligen Überflutung.

Der Ursprung der Wissenschaften war die Erforschung der Natur und des Universums mit ihren Erscheinungsformen. Diese

Fachgebiete sind bis heute beileibe nicht erschöpft, sondern mit der Verfeinerung technischer Möglichkeiten eröffnen sich immer wieder neue, tiefergehende Forschungsfelder. Gleichzeitig wächst der historische Schatz an Fakten und Erkenntnissen, und das Bestreben, diesen Fundus unter möglichst vielen unterschiedlichen Blickwinkeln zu erschließen und zu erklären, führt zur ständigen Ausweitung des anerkannten Wissenskanons. Im Zuge dieser Entwicklung sind neue wissenschaftliche Disziplinen aller erdenklichen Fachgebiete entwickelt worden, so auch die »Erziehungswissenschaften«. Sie verbinden historische, soziologische und psychologische Forschung, um daraus »Pädagogik« zu entwickeln.

Nun kennt vermutlich jeder von uns mindestens einen Menschen, der Pädagogik studiert und erfolgreich abgeschlossen hat und trotzdem ganz fraglos kein guter Pädagoge ist. Er würde vielleicht noch einige theoretische Grundsätze der erlernten erziehungswissenschaftlichen Kenntnisse darlegen und auch erklären können, aber er weiß sie offenbar nicht anzuwenden. Wenn unsere Kinder zu Hause von ihm erzählen, dann immer mit Überdruß und Resignation in der Haltung. Sein Fach ist »ätzend«, und die Klasse macht nur Unsinn in seinen Stunden, der Unterricht ist vergeudete Zeit, und die Noten sind schlecht. Er brüllt nur herum und erreicht in jeder Unterrichtsstunde den Status absoluter Hilflosigkeit. Seine pädagogische oder erzieherische Wirkung auf die Kinder ist negativ, der praktische Nutzen seines theoretischen Wissens ist also gleich null.

Anderen begegnen wir wiederum, die der »ganze theoretische Kram« nicht interessiert, obwohl sie ihn genauso absolviert haben. Sie sind »Menschen wie du und ich«, treten uns mit einem erfrischend natürlichen und unverkrampften Selbstverständnis gegenüber und reden mit uns wie mit guten Bekannten. Unsere Kinder begeistern sie für die Schule und ihr Fach, reißen sie mit und ermuntern sie zu freiwilligen Anstrengungen, über die wir als Eltern staunen. Von ihnen wird geschwärmt, für das

Fach wird immer mit großem Ehrgeiz gearbeitet, die Noten sind nicht immer sehr gut, aber nach Einschätzung der Kinder gerecht. Im Unterricht dieser Lehrkräfte herrscht fast immer konzentrierte Stille.

Was unsere Kinder dem zuvor beschriebenen Lehrertyp erbarmungslos nachtragen und niemals verzeihen, lassen sie dem zweiten als »kleinen Irrtum« durchgehen, ohne mit der Wimper zu zucken: »Der kann sich doch auch mal vertun.« Auch wenn er aus seinem »wissenschaftlichen« Pädagogik-Studium keinen Satz mehr herbeten kann: In unseren Augen – und in den Augen der Kinder! – ist solch ein Lehrer ein großartiger Pädagoge.

Obwohl dies sowohl bei den Schülern als auch bei den Eltern eine rein gefühlsmäßige Einschätzung ist, ist sie trotzdem richtig. Die gerade beschriebenen Leistungen sind die wichtigsten, die gute pädagogische Arbeit kennzeichnen. Gute pädagogische Arbeit ist also nicht von einem erfolgreichen Studium und der Beherrschung erziehungswissenschaftlicher Grundsätze abhängig, sondern hat offenbar ganz andere Quellen. Wenn man nun noch bedenkt, wie häufig studierte Pädagogen in der Elternrolle dieselben Probleme haben wie wir »einfachen« Eltern, kann man mit einiger Ruhe und Sicherheit sagen, daß in der Erziehung die Praxis mit der Theorie nichts zu tun hat. Gelingende Erziehung hängt von ganz anderen Faktoren ab, nicht von einem fundierten theoretisch-wissenschaftlichen Studium der »Erziehungswissenschaften«.

Das darf nicht dahingehend mißverstanden werden, daß ich das ganze Lehrerstudium für überflüssig hielte. Im Gegenteil: Das intensivste Studium, die beste Ausbildung sind gerade gut genug, wenn Menschen dazu befähigt und zugelassen werden sollen, im staatlichen Auftrag unsere Kinder, also unser Kostbarstes, zu unterrichten und zu erziehen. Offenbar fehlen aber in unserem heutigen Studienaufbau für angehende Lehrer wesentliche

Inhalte und vor allem das Training zur praktischen Umsetzung der theoretischen Kenntnisse. Unser größtes Versäumnis aber ist: Wir prüfen nicht die Eignung eines Menschen zum Lehrer, Erzieher, Vorbild, ehe (!) er zum Lehrerstudium zugelassen wird.

Dies sind zwei entscheidende Punkte, die zum Beispiel die »PISA-Legende« Finnland besser macht und damit ihre Erfolge erringt. Wir brauchen eine Schleuse vor Antritt dieses Studiums, durch die nur diejenigen eingelassen werden, die den Beruf mit dem nötigen Selbstverständnis und der Bereitschaft zu intensiver Beziehungsarbeit als Grundlage schulischer Lernerfolge angehen.

Erziehung – was ist das?

Vielleicht sollten wir zunächst einmal konkretisieren, worüber wir hier überhaupt reden. Im Herkunftswörterbuch des Duden-Verlags von 1963 steht unter Z wie ziehen über das Verb »erziehen«: »eigtl. ›herausziehen‹; nach dem Vorbild von *lat.* educare ›großziehen, ernähren, erziehen‹ entwickelte sich seit *ahd.* Zeit die heutige Bedeutung.« In der 2006er Ausgabe gibt es unter »erziehen« den Querverweis zum Buchstaben Z und eine wesentlich erweiterte Bedeutung des Wortes: »zu etwas anleiten, jemandes Geist und Charakter bilden und seine Entwicklung fördern«. Dann schließt sich die oben zitierte Erklärung an.

Er-ziehen bedeutet also heranziehen, zu etwas hinziehen, es ist nicht nur Ziehen ohne Richtung, sondern im Gegenteil sehr zielgerichtet. Das Ziel ist im Idealfall das »Ent-wickeln«, also das »Auspacken« aller Komponenten und Aspekte, die diesen Menschen ausmachen. Dazu gehören seine Gaben, seine Charaktereigenschaften und seine Anlagen und Fähigkeiten. Es soll ihm helfen, ganz er selbst zu werden und zu sich in seiner ganz eigenen Art zu finden. Wenn wir Menschen begegnen, die in ihrer

Art völlig überzeugend und »echt« sind, dann stehen wir einem Menschen gegenüber, der zu sich selbst schon weit vorgedrungen ist. Menschen, die durch nichts aus der Ruhe zu bringen sind, die eine liebevolle Fröhlichkeit ausstrahlen, die unbekümmert selbstverständlich auftreten, ohne seicht und oberflächlich zu sein, die nicht sich selbst, sondern eine Sache in den Vordergrund ihres Einsatzes stellen, aus sich heraus leuchten und eine »tolle Ausstrahlung« haben, beeindrucken oft viele andere Menschen. Natürlich gibt es die, die immer noch genügend Punkte zum Kritisieren und Miesmachen finden, weil sie nie zugeben würden, daß sie einen anderen Menschen bewundern. Sie tun es trotzdem insgeheim, beneiden ihn sogar um seine gute Laune und seine Fröhlichkeit und Unbeschwertheit.

Die Psychologie bestätigt, daß ein Mensch, der all sein Potential ausschöpft und mit sich und seinen Möglichkeiten zufrieden ist, vital und lebensbejahend wirkt und seelisch gesund ist, und daß das Gegenteil oft zu psychischen Erkrankungen, schweren Beeinträchtigungen und Erschöpfungserscheinungen führt. Durch Erziehen sollen also junge Menschen mit Hilfe vielfältiger Angebote und Anregungen zur »Ent-faltung« gebracht werden. Es geht um die Selbstwerdung junger Menschen – nicht zu verwechseln mit dem vielzitierten Modebegriff Selbstverwirklichung, der in Wahrheit zur Entmündigung und Knechtung der Menschen als Konsumenten auf breiter Front zu kommerziellen und anpasserischen Zwecken angewendet wird.

Selbstwerdung befähigt uns dazu, wir selbst zu sein, nicht allein dem Modetrend zu folgen, uns nicht nur allgemeinen Strömungen anzupassen, sondern nach eigenen Vorstellungen und Maßstäben zu leben: Nur tote Fische schwimmen mit dem Strom. Wenn wir wir selbst sind, unsere Möglichkeiten ausgelotet und unsere Ziele angepeilt haben und fähig sind, uns selbst über unsere klare Haltung, über ethische Werte zu definieren, statt irgendjemandes Anerkennung über Äußerlichkeiten zu erstreben, haben wir dadurch eine Selbstbestimmung und Unabhängigkeit erworben, die uns einen stabilen Grundfrieden mit uns und der Welt bringt und uns »in uns ruhen« läßt. Das bedeutet auch, daß uns so leicht nichts aus der Ruhe bringt und wir unempfindlich sind gegenüber dem Urteil anderer über uns, weil wir mit uns selbst »im Reinen« sind. Gleichzeitig führt es uns dazu, sachbezogene Kritik annehmen zu können, ohne uns gleich als Person in Frage gestellt zu sehen. Durch die Echtheit, Authentizität, die wir erlangt haben, können wir auf jede Fassade, jede Maske verzichten und haben keine Angst, »das Gesicht zu verlieren«, denn hinter dem äußeren Anblick findet sich genau dieselbe Identität, die wir als sichtbares Erscheinungsbild nach außen tragen. Wir brauchen uns nirgendwo und niemandem gegenüber zu verstellen. Dadurch wird das Leben plötzlich viel weniger anstrengend, viel entspannter, kostet viel weniger Nerven, denn wir können anderen Menschen völlig angstfrei begegnen und brauchen keine Entlarvung, keine Bloßstellung zu fürchten.

Das ist wahrscheinlich der Hauptgrund, der solche Menschen auf eine bestimmte Art von innen her leuchten läßt, etwas ausstrahlen läßt, das sie besonders lebensfroh und lebenstüchtig erscheinen läßt. Sie kommen uns vor wie Lebenskünstler, die auch mit der schlimmsten Katastrophe mühelos fertig werden. Darum kann man sie, weiß Gott, beneiden. Und diese Kunst des Lebens wünsche ich meinen Kindern und möchte daher soviel wie möglich dazu beitragen, daß sie die Chance haben, sich entsprechend zu entwickeln – eben sie selbst zu werden.

Das und nicht weniger, aber auch nicht mehr, erhoffe und erwarte ich auch von jedem Lehrer, mit dem meine Kinder zu tun bekommen. Es muß für uns wieder selbstverständlich werden, daß unsere Kinder das Recht auf volle Entfaltung haben und das Recht auf die dazu erforderliche Förderung. Dazu gehört auch »Bildung«, die Bildung der Persönlichkeit nämlich, die die Grundlage für diese Selbstwerdung und Selbstentfaltung erst legt. Es sind gebildete Menschen, die ein ehrliches Selbstbild haben, mit ihrer klaren, offenen und dabei sympathischen Art so überzeugend sind, Menschen, die ihre Verantwortung für jedes gesprochene oder verschwiegene Wort und für jede getane oder unterlassene Handlung wahrnehmen und zu ihren Auffassungen stehen, ohne dadurch ihre Lernfähigkeit und Offenheit für Neues zu verlieren. Dabei werden sie als gebildete Menschen, als integre Persönlichkeiten ihre Haltung nicht für alle anderen Menschen als unbedingt allgemeingültig und alleinseligmachend hinstellen. Aber sie werden sie klar vertreten, zu ihr stehen und sie zu bedenken geben. Und sie werden anderen damit die Möglichkeit eröffnen, bewußter und sinnvoller zu leben.

Von jeher versuchen wir Menschen, den anderen zu kennen, zu er-kennen. In der Vorsilbe »er-« stecken Neugier und Arbeit. Dazu läßt Antoine de Saint-Exupéry in seinem Buch *Der kleine Prinz* dieses kleine, einsame und so erwachsene Kind sagen: »Man sieht nur mit dem Herzen gut.« Das ist ein schöner Ausdruck für das Wesentliche im Verhältnis der Menschen zueinander.

Gesunde Laien

Was machen denn manche Leute richtig, was andere falsch machen? Wie kann Erziehung denn überhaupt gelingen? Um dies zu verdeutlichen, bleiben wir erst einmal bei unseren zwei gegensätzlichen Lehrerbeispielen.

Von dem ersten Lehrertyp sagen die Kinder: »Der interessiert sich nicht dafür, ob ich das verstehe oder nicht. Dem bin ich egal«, oder: »Der ist ungerecht. Der hat seine Lieblinge, und die, die nicht dazugehören, haben eben Pech gehabt«, oder sogar: »Der ist ein Sadist, der freut sich, wenn's mir dreckig geht. Das zeigt er natürlich nicht offen, aber trotzdem merkt's jeder.« Meine Interpretation: Dieser Lehrer hat offenbar wenig Interesse am Erfolg seiner Arbeit, leistet ohne viel Eingehen auf die Kinder seine Stunden ab, ist nicht motiviert. Er legt keinen Wert auf Gerechtigkeit, wahrt höchstens den Anschein. Er ist zudem noch zynisch, indem er hinter einer harmlosen Fassade seine Schadenfreude gegenüber einem Kind (!) nur unvollkommen verbirgt.

Von dem anderen sagen die Kinder: »Heute hat er mich gelobt für mein Referat, und als ich auch noch Zusatzfragen gut beantworten konnte, hat er sich richtig gefreut«, oder: »Der achtet immer drauf, daß keiner zu kurz kommt, ihm ist wichtig, daß wir alle gut mitkommen«, oder auch: »Der ist streng und will immer Ruhe haben, aber er ist gerecht, und bei ihm lernt man richtig was.« Meine Auslegung: Dieser Lehrer nimmt jedes Kind persönlich wahr, hat ehrliches Interesse an der Zukunft der Kinder und hält Regeln und Grenzen ein, deren Sinn auf Zustimmung stößt.

Der erste ist ein Mensch, der seine Machtstellung gebraucht, sich über die Kinder stellt und sie durch das Erzeugen von Angst gefügig macht. Er ist nicht ehrlich, sondern tritt ohne Menschlichkeit auf, ohne Zuwendung und Liebe, weder zu seiner beruflichen Aufgabe noch zu seinen Schülern, möglicherweise auch zu sich selbst. Vor allem aber ist er unecht, verbirgt sein wahres Ich, seine persönlichen Merkmale, seine Verletzlichkeit, seine menschlichen Schwächen, die ihn zwar weniger machtvoll, aber auch liebenswerter sein lassen könnten. Solche Haltungen entstehen aus Angst und mangelndem Selbstwertgefühl. Ist ein Mensch mit seinen Stärken und Schwächen im Reinen, hat er das nicht nötig.

Der zweite ist genau das Gegenteil: Er arbeitet mit vollem Einsatz in seinem Beruf, verlangt Disziplin und fordert das Einhalten von klaren Regeln, die er auch für sich selbst gelten läßt und vorlebt, nimmt differenziert die Stärken seiner Schüler wahr und fördert sie. Er kann eigene Schwächen zugeben ohne Angst, dadurch das Gesicht zu verlieren, und ist eine natürliche Autorität, berechenbar, verläßlich und ehrlich. Er ist eine echte Respektsperson, ein Mensch, der nicht seiner Aufgabe oder Stellung wegen respektiert wird, sondern um seiner selbst und seiner authentischen Persönlichkeit willen.

Für uns in der Elternrolle sind das wertvolle Hinweise für das eigene Verhalten, auch wenn die beiden beschriebenen Charaktere sehr holzschnittartig kontrastieren. Respekt genießt offenbar zunächst jemand, der eine Haltung hat. Das bedeutet, bestimmte Auffassungen zu haben, unsere Prinzipien, die wir herleiten und erklären können – aber das allein heißt noch nicht, daß diese Grundsätze anderen plausibel sind. Wenn sie angelernt und angelesen oder auch kritiklos übernommen erscheinen, sind sie fragwürdig, für uns selbst wie auch für andere, denn wir stehen nicht wirklich dahinter, selbst wenn wir passende Begründungen liefern können.

Das Dahinterstehen ist das eigentlich Entscheidende: unsere Glaubwürdigkeit. Es reicht nicht, die eigene Handlungsweise erklären zu können, sondern wir müssen auch zulassen können, daß jemand anderer Meinung ist, wir müssen also auf den Allwissenheitsanspruch verzichten können. Wenn ich sagen kann: »Ich bin überzeugt, daß dies das Beste ist – aber wieweit das stimmt, können wir erst sehen, wenn wir es ausprobiert haben«, dann habe ich mögliche Fehler, mögliche Kritik von anderen und auch Selbstkritik von vornherein einkalkuliert und zugelassen und damit die Gefahr ausgeschaltet, daß ich einem selbstgestellten Anspruch nicht gerecht werden kann.

Da wir als Erwachsene die Verantwortung für die Kinder tragen, haben wir auch die Pflicht, Entscheidungen zu treffen, unabhängig davon, ob sie sich später als richtig erweisen oder nicht. Von unseren Kindern können, ja müssen wir fordern, daß sie diese Entscheidungen respektieren und befolgen, unabhängig davon, ob sie ihnen gefallen oder nicht – schließlich müssen ja wir sie verantworten.

Und dies müssen wir, obwohl die wenigsten von uns studierte Pädagogen sind. An den beschriebenen Beispielen sehen wir, daß ein solches Studium nicht den Ausschlag zu einer gelingenden Erziehung gibt, sondern ganz andere Faktoren. Auch wir als pädagogische Laien haben die Pflicht, die Erziehung unserer Kinder mit Sorgfalt, Liebe und Hingabe zu leisten, und wir besitzen auch die dazu notwendigen Fähigkeiten und vor allem Gefühle – vorausgesetzt, wir bringen ein Mindestmaß an Disziplin auf und lassen uns nicht verbiegen beziehungsweise verbiegen uns nicht selbst.

Um Mißverständnissen vorzubeugen: Ich rede hiermit keineswegs der ungezügelten Willkür oder der völlig wertfreien, regelentleerten Liberalität das Wort, und es geht mir auch nicht um die unreflektierte reine Übernahme des Selbsterlebten ohne eigenständige Weiterentwicklung unter Verzicht auf die persönliche Auseinandersetzung mit der Aufgabe und der daraus erwachsenden Verantwortung. Mir geht es darum, Überempfänglichkeit gegenüber aufgestülpten fremden Maßstäben abzubauen und dafür die eigenen Wertmaßstäbe und Regeln genauer zu überprüfen und zu korrigieren, hin zu einer bewußteren, selbstbewußteren und damit selbstgesteuerten Erziehung.

Damit wende ich mich durchaus auch an Menschen, die aus anderen Kulturkreisen zu uns kommen und aufgrund ihrer familiären und kulturellen Herkunft überhaupt erst einmal Kenntnis von dieser Freiheit zur eigenständigen Erziehung erhalten müssen, ehe sie weitere Schritte in diese Richtung gehen können. Für sie ist es aus meiner Sicht besonders wichtig, daß sie diesen grundsätzlich eher liberalen, sogenannten autoritativen Erziehungsstil als durchdachte und begründete Methode des Umgangs mit Kindern kennenlernen und daran möglicherweise teilhaben können, weil sie sich mit unserer Gesellschaft und ihren Maximen identifizieren und ihren Kindern hier eine Heimat und eine Zukunft ermöglichen möchten.

2. Neues Selbstvertrauen

Eltern sind wichtig

Für ein Kind sind Eltern sogar die wichtigsten Menschen in seinem Leben. Sie sind sein Ursprung und sein Ziel. Sie sind eine Erklärung für seine individuelle Konstitution, seine Veranlagungen, seine Prägung, seine komplette Auseinandersetzung mit seiner Welt. Sie sind ein Spiegel, in den es täglich blickt und sich täglich in ihm kontrolliert. Und: Sie sind seine Existenzgrundlage und seine Existenzberechtigung. Es stammt von ihnen ab und ist auf ihre Akzeptanz als eigenes menschliches Wesen und auf ihre Anerkennung und Liebe angewiesen. Ohne Liebe, das haben wissenschaftliche Experimente der reinen Versorgung mit Nahrung, Kleidung und Wärme, aber unter Entzug jeglicher emotionalen Zuwendung eindeutig gezeigt, verödet nicht nur die Seele, sondern auch der Verstand eines Menschen, und zwar in kürzester Zeit. Er wird stumpfsinnig im wahrsten Sinn des Wortes.

So ist es auch zu erklären, daß angenommene Kinder eines Tages nach ihrer Mutter und ihrem Vater suchen und in ihren »natürlichen« Spiegel blicken wollen. Die Frage nach ihrem Ursprung treibt beinahe alle Menschen ein Leben lang um, die nicht bei ihren leiblichen Eltern aufgewachsen sind, bis zu dem Zeitpunkt, wo sie diese Herkunftsfrage geklärt haben und auch verstanden haben, welche Hintergründe zu der Trennung und Fremdbetreuung geführt haben. Dabei ist für sie von existentieller Bedeutung, ob sie einfach »nur« abgelehntes Kind waren, oder ob eine äußere Notsituation vor allem die Mutter dazu gezwungen hat, das Kind in »bessere« Hände zu geben. Abgelehntes, abgeschobenes Kind zu sein, ist für einen Menschen eine unvorstellbar harte Belastung und verfolgt ihn meistens sein ganzes Leben lang. Wenn aber eine Erklärung zu finden ist, warum die Mutter sich überfordert gefühlt hat, der Vater nicht in der Lage war, Familie und Kind zu akzeptieren, ist es leichter, zu vergeben. Wenn das abgegebene Kind Verständnis für die Situation aufbringen kann, kann es seinen Frieden mit seiner Geschichte finden, indem es den leiblichen Eltern vergibt. Entscheidende Grundlage dafür ist aber, daß die Lebenslage, in die die leiblichen Eltern das Kind abgegeben haben, eine wirklich bessere war.

Corinna war Adoptivkind eines Akademikerehepaares in einer Kleinstadt. Die Eltern hatten viele Jahre lang versucht, eigene Kinder zu bekommen, und sich schließlich an eine Adoptionsbehörde gewandt. Damals mußten beide Eltern über vierzig sein, um ein Kind adoptieren zu dürfen. Corinna hatte gute Voraussetzungen – sie war schon als Säugling direkt nach der Geburt zu ihrer neuen Mutter gekommen, hatte also die Entbindung als endgültige Ent-Bindung von ihrer leiblichen Mutter erlebt. Dieser »saubere Schnitt« gab ihr somit beste Chancen, alles gut zu verkraften.

Viele Jahre lang war das Geschehen für sie bedeutungslos, aber schon von klein an hatten ihre Eltern ihr nicht verschwiegen, daß sie adoptiert war. Während der Pubertät und der Selbsterforschungsphase, wo alle Menschen sich die Frage stellen: »Wer bin ich? Welchen Sinn hat mein Leben?«, wendete sich die Situation vollkommen. Auf einmal stand Corinna vor dem Nichts. Ihren Eltern vertraute sie sich nicht an, denn sie empfand sich selber als undankbar – sie hatte ja immer alles gehabt. Aber trotzdem war sie ratlos und fand keine Antwort auf ihre Frage. Während eines Praktikums im elterlichen Betrieb trat auch noch eine ältere Person auf sie zu und rieb ihr abschätzig unter die Nase, sie sei ja »nur« adoptiert und deswegen keine »echte« Tochter. Da war Corinna fünfzehn.

Nach dem Abitur trat sie ein Studium in einer Großstadt an, weit weg von allem Klatsch und Tratsch der Kleinstadt, der sie stets belastet hatte, und begann gleichzeitig, nach ihren leiblichen Eltern zu suchen. Daß sie sie nicht beieinander finden würde, war ihr klar. Den Schlüssel zu ihrer Herkunft hatte mit Sicherheit eher die Mutter als der Vater, und tatsächlich gelang es ihr, ihre leibliche Mutter ausfindig zu machen. Vor der ersten Begegnung hatte Corinna große Angst.

Die stellte sich schnell als unbegründet heraus. Der überwältigende Ansturm der Gefühle blieb aus. Corinna fand ihre leibliche Mutter ungebildet, oberflächlich und dumm. Ihre eigenen Werte waren ganz andere, und sie war dankbar dafür. Den Vater hat sie nur noch von ferne angesehen und auf eine direkte Begegnung verzichtet. Die leibliche Mutter hatte ihr von seinem gewalttätigen, rücksichtslosen Verhalten erzählt, und daß sie deswegen fürchtete, das Kind, das sie erwartete, nicht genug lieben zu können.

Als Corinnas Adoptiveltern davon erfuhren, brach für sie eine Welt zusammen. Es fiel ihnen sehr schwer, Verständnis für diese Suche nach den Wurzeln aufzubringen. Das Ergebnis vieler folgender Gespräche war jedoch ein noch festerer Zusammenhalt der Familie, als er vorher schon bestanden hatte. Corinna konnte den Eltern ihre Dankbarkeit für die behütete Kindheit und das warme Nest ausdrücken, die sie sonst nicht gehabt hätte.

Sandra war abgeschobenes Kind. Sie wurde vom Säuglingsalter an fremdbetreut, es gab »Personal« im Haus, das das Kind erzog. Die Eltern waren beide berufstätig in bedeutenden akademischen Stellungen, die keinem von ihnen eine Babypause erlaubten. Nur wenn die Eltern in Ferien fuhren und das Personal auch Urlaub hatte, lebte die Familie intensiver zusammen. Dann wurde Sandra in der Schule des Urlaubsortes angemeldet und erfüllte ihre Schulpflicht dort; die Eltern richteten sich nicht nach Schulferien. Sandras Grundschulzeit wurde von diesem Nomadenleben geprägt.

Ein darauffolgender Internatsaufenthalt ist ihr als schauerlich in Erinnerung – sie war damals gerade zehn Jahre alt, und mit fünfzehn erreichte sie von den Eltern die Entlassung in die vollkommene Selbständigkeit. Sie hatte einen der früheren Urlaubsorte, an dem sie sich immer wohlgefühlt hatte und ihre Einsamkeit vergessen konnte, für sich als optimalen Standort erwählt. Von nun an lebte sie dort, ging dort zur Schule, einer wahrhaftigen »Zwergschule« mit nur vier Schülern in der Klasse, machte ihre mittlere Reife. Später besuchte sie die Oberstufe eines Gymnasiums und machte Abitur.

Sandra hat ihre eigenen Kinder mit hingebungsvoller Liebe verwöhnt und nennt sich selbst eine »Glucke«, die ihre Kinder nur sehr schwer abgeben und gehen lassen kann. Bis heute – sie bewegt sich schon deutlich auf das Großmutteralter zu – hat Sandra ihren Eltern nicht ganz vergeben können. Ihre Haltung, ihre Bewegungen, ihr Auftreten, ihre Sprache enthalten eine kraftvoll gebändigte Wut, die ihr Leben wesentlich bestimmt. Sie wirkt stolz und unnahbar, beinah jungenhaft männlich in ihrer herben Ausstrahlung, und sie redet mit starker Ablehnung von Menschen, die ihre Erziehungsaufgabe nicht erfüllen, sondern mit anvertrauten Kindern lieblos und achtlos umgehen.

Und schließlich Sarah: Sie wurde von ihrer Mutter abgelehnt. Ihre Oma, Kriegswitwe und Mutter des leiblichen Vaters, mit dem die Mutter nicht verheiratet war, nahm Sarah zu sich. Sie war noch recht jung und zog das Kind wie ein eigenes mit Liebe und Konsequenz auf. Sarah sagt heute, das waren die schönsten Jahre ihres Lebens. Als die Großmutter krank wurde, konnte das gerade achtjährige Kind schon viel erledigen und pflegte die Großmutter, machte ihr Frühstück, ehe es zur Schule ging, kochte mittags, räumte auf, putzte und führte den kompletten kleinen Haushalt. Aber die Großmutter starb.

Sarah kam auf Betreiben des Jugendamtes in ein Waisenhaus und schon kurz danach in das Kinderheim eines Nonnenordens weit weg von zu Hause. Hier lernte sie im wahrsten Sinne des Wortes das Fürchten. Die schwarzen Schwestern wandten »im Namen des Herrn« alle Facetten schwarzer Pädagogik an, die ihnen zu Gebote standen, ob das unberechtigte Bezichtigungen der Unehrlichkeit und Lüge waren, Zwang zur Beichte nicht begangener Vergehen, Verdächtigung der Selbstbefriedigung unter der Bettdecke in einem Alter, in dem Sarah noch überhaupt nicht begriff, um was es ging – alles zog drakonische Prügelstrafen nach sich. Sämtliche Farbtöne der Palette lernte Sarah am eigenen Leib kennen und fürchten.

Statt das neunjährige Mädchen im Lesen, Schreiben und Rechnen zu unterrichten, wurde es, wie alle anderen, an eine Nähmaschine gesetzt und mußte für seinen Lebensunterhalt arbeiten, sechs wichtige Jahre lang. Mit fünfzehn wurden die Mädchen entlassen, ohne daß ein weiterer Verbleib geklärt war. Die eine oder andere wurde in eine Berufsausbildung vermittelt, die meisten jedoch meinte man mit ihren Nähkünsten sich selbst überlassen zu können. Sarah ging putzen und lernte einen Mann kennen, der sie heiratete. Innerhalb weniger Jahre bekam sie zwei Töchter, die sie mit aller Liebe und Hingabe verzog. Sie bekamen alles, was sie selbst hatte entbehren müssen, und waren die kleinen Prinzessinnen der Familie. Der Vater wurde arbeitslos, begann zu trinken und zu schlagen. Sarah ging wieder putzen, um die Familie über Wasser zu halten. Als sie den Vater bei Übergriffen auf eine der Töchter erwischte, schmiß sie ihn hinaus und ließ sich scheiden.

Bald geriet sie an den nächsten Mann, von dem sie schwanger wurde. Kurz nach der Heirat brachte sie einen Sohn zur Welt, der nun zum Mittelpunkt der Familie wurde. Alle drei Kinder verwöhnte Sarah bis zur Selbstaufgabe. Der zweite Vater hatte keine Arbeit, Sarah war einzige Verdienerin mit einer Festanstellung als Reinigungskraft in einem großen Unternehmen. Aber immer öfter war alles Geld weg, noch ehe die Miete bezahlt war. Der Vater spielte und war nur zum Schlafen zu Hause. Sarah ließ sich wieder scheiden.

Den gut bezahlten Job hatte sie kurz davor aufgegeben, um mit einem Bekannten ihres Mannes eine Kneipe zu eröffnen, ein todsicheres Geschäft, wie er sagte. Ein paar Monate hat es bis zur Pleite gedauert. Alle Einkünfte waren in unergründlichen Löchern versickert, das Betriebskonto fand Sarah geplündert vor. Noch zwanzig Jahre später saß sie auf mehreren tausend D-Mark Schulden für nicht bezahlte Stromrechnungen, die der Geschäftspartner damals angeblich bar beglichen hatte.

Sarah hat ein viertes Kind, aber ohne Vater, das sie wie die anderen maßlos verwöhnt, soweit es die Sozialhilfe zuläßt. Sie ist inzwischen vielfache Großmutter, putzt immer noch, aber ohne Steuerkarte und Versicherung, und dreht immer noch jeden Cent dreimal um, ehe sie ihn ausgibt. Ihren erwachsenen Kindern, die alle ebenfalls Kinder aus verschiedenen Beziehungen ohne feste Partner haben, kann sie immer noch keinen Wunsch abschlagen. Sie übernimmt die Enkel jederzeit, auch wenn sie sich noch so fest vorgenommen hat, mal ein Wochenende Ruhe zu haben. Auch die Enkel bekommen alles von ihr, und ihr Haushaltsbudget ist ein Faß ohne Boden. Wenn die Miete nicht direkt vom Sozialamt überwiesen würde, wäre sie obdachlos.

Sarah ist unfähig, sich zu behaupten, ihre eigenen Bedürfnisse überhaupt wahrzunehmen, geschweige denn deren Erfüllung durchzusetzen. Sie ist klein und schmächtig, sogar untergewichtig und deshalb ständig am Rand der Klinikeinweisung, hat fahlgraue, furchige Haut. Sie raucht wie ein Schlot – Selbstgedrehte natürlich, die Fertigen kann sie nicht bezahlen – und kann wegen dauernder Magenschmerzen kaum essen. Sarah zieht immer den Kopf ein, hält sich geduckt wie ein geprügelter Hund, der ständig auf den nächsten Tritt oder Schlag gefaßt ist. Sie kennt nichts anderes.

Aber Sarah ist zäh und wird sich weiter durchbeißen. Nur der Kinder wegen lebt sie überhaupt noch. Der Tod der Mutter, von dem sie nebenbei und nur durch Zufall erfuhr, hat sie sichtlich geschockt. Damit entfällt das Hauptobjekt ihrer Gefühle nach den Kindern, nämlich das ihres abgrundtiefen Hasses, den sie gegen diese Frau empfindet. Dieser Person – die Vokabel Mutter für sie lehnt sie vollständig ab – hat sie bis heute nicht verziehen und wird es auch nie.

Daß in dieser Aufzählung keine Männer vorkommen, ist nicht beabsichtigt – es hat sich nur nicht ergeben. Das kann daran liegen, daß Männer es im allgemeinen eher ablehnen, über solche emotional geprägten Themen zu sprechen oder daß ich keinen Mann gefunden habe, der mit mir über ein vergleichbares Schicksal sprechen wollte. Welche Schädigungen die vielen Söhne getrennter und geschiedener Elternpaare davontragen, die ohne Vater aufwachsen, wird schon im heutigen Alltag relativ oft erkennbar, aber in vollem Ausmaß wahrnehmen werden wir die Folgen dieser kinderfeindlichen Entwicklung erst in etlichen Jahren. Wie stark aber unsere Eltern uns für unser Leben prägen, können wir an Corinna, Sandra und Sarah überdeutlich sehen.

Von der Sicherheit des Instinkts

Diese Überschrift klingt nach einem Plädoyer für die reine gefühlsgesteuerte Erziehungshaltung. Und auch wenn ich im vorhergehenden Abschnitt derart gewaltige Gefühlsdesaster beschrieben habe, ist es das auch! Ich will Sie dazu ermutigen, Ihrem Gefühl viel stärker zu trauen als irgendwelchen Fremdeinflüssen, die zufällig auf Sie einströmen.

42

Aber ist unsere gefühlsmäßige Welt »in Ordnung«? Jeder einzelne von uns bringt in diese Elternsituation seine eigene biologische und geistige Geschichte, seinen Erlebnisschatz und seine emotionale Erfahrung mit, wie gerade beschrieben. Diese individuelle Vorprägung macht uns subjektiv, voreingenommen und schränkt unsere Entscheidungsfreiheit in gewisse Bahnen ein. In den allermeisten Fällen bringen wir Traumata und Prägungen mit, die in dieser gefühlsgesteuerten Lage plötzlich unser Handeln bestimmen und unsere Idealvorstellungen wie mit einer scharfen Klinge durchschneiden können, ohne daß wir das wollen. Erst hinterher wird uns klar, wie wenig bedacht wir gehandelt haben. Die Zweifel, die dadurch entstehen, können so übermächtig werden, daß sie zu Untätigkeit und Lähmung führen.

Natürlich gibt es die »heile Welt« nicht, für keinen Menschen, und schon gar nicht für eine größere Gruppe von Menschen, eine ganze Familie oder eine größere soziale Gemeinschaft. Es gibt Menschen, die eine glückliche Konstitution haben, also noch nie Probleme mit dieser Fragestellung hatten, oder solche, die eine Art »Gefühls-« oder auch »Seelenhygiene« erfolgreich betreiben, die durch ruhiges Überlegen und Nachdenken Ordnung in ihr eigenes Gefühlsleben bringen. Das kann jeder, auch ohne jahrelange Psychoanalyse. Es hilft, ein paar Bücher zu lesen und sich über die eigene Kindrolle Rechenschaft abzulegen. »Wie sieht mein eigenes Verhältnis zu meiner Mutter, meinem Vater aus? Gibt es da Dinge, die ich noch nicht recht verdaut habe?« sind ganz hilfreiche Fragen.

Die eigenen Erzieher sind sehr wichtige, prägende Figuren. Immer wieder ertappen wir uns dabei, daß wir eine Verhaltensweise der Mutter, des Vaters kopieren, und denken anschließend: »Wie konnte das denn passieren? Hab ich keinen eigenen Erziehungsstil?« – »Genau!«, ist meine Antwort, »wir haben keinen eigenen Erziehungsstil.«

Solange wir uns über das Verhältnis zu den eigenen Eltern keine ausreichende Klarheit verschafft haben, können wir den gar nicht haben. Laut den Aussagen der Schweizer Psychologin Alice Miller sind wir »Gefangene der eigenen Erziehung«, so nennt sie diesen Wiederholungszwang. Wir können keine eigene Alternative entwickeln, weil die Situationen, in die wir auf Schritt und Tritt geraten, für uns völlig neu sind, noch nie dagewesen und noch nie erlebt, jedenfalls nicht aus dieser, der Elternperspektive. In der Elternrolle stehen wir nicht selten völlig ratlos da und fühlen uns komplett überfordert. In solchen Situationen reagieren wir spontan instinktiv und damit genau dem Verhaltensmuster entsprechend, das uns als Kindern vorgelebt wurde.

Diese »ererbten« Verhaltensmuster können die Rettung sein, wenn ein schnelles Eingreifen erforderlich ist. In solchen häufig krisenhaften Situationen sind wir schon vorher so stark emotionalisiert, daß die gefühlsmäßige Reaktion das Wirksamste und Sicherste ist, was wir tun können: Es wird keine Zeit mit Nachdenken verschwendet. In vielen Fällen können wir mit dem Ergebnis zufrieden sein. Die gefühlsmäßige Reaktion ist auch für unsere Kinder am verständlichsten, denn ihre Erlebniswelt ist von Gefühlen dominiert.

Problematisch wird es aber dann, wenn wir ein Verhalten an uns selber wahrnehmen, das uns zutiefst unangenehm, sogar verhaßt ist und uns verstört. Ein jäher Wutausbruch zum Beispiel, der zu einem heftigen Klaps für den Sohn geführt hat, oder eine zynische Reaktion auf eine Provokation der Tochter, in der nicht nur Mißbilligung, sondern persönliche Verachtung durchklingt. Wir haben instinktiv reagiert, und gleichzeitig sagt unser Instinkt: »Das war nicht gut, was ich da jetzt gemacht habe!« Ja was denn nun?

Dazu gehört, daß wir uns bewußt machen, wie wenig wir die wahren Erziehungsmechanismen beeinflussen können. Alice

Miller beschreibt in ihrem Buch *Das Drama des begabten Kindes*, wie sehr wir durch die Behandlung durch unsere eigenen Erzieher geprägt sind auf bestimmte Reaktionen, die in Situationen, die dringendes Handeln erfordern, automatisch ablaufen – ob wir sie nun gutfinden oder vom Verstand her eigentlich ablehnen. Oft können wir uns selbst hinterher kaum verstehen: »So wollte ich doch nie sein!« oder »Das habe ich bei meiner Mutter immer schon gehaßt!«, kommt uns in den Sinn. Und trotzdem sind wir in die altbekannten Verhaltensmuster abgerutscht, ohne darüber nachdenken zu können – es mußte einfach schnellgehen.

Doch unsere Kinder sind so großzügig, können so viel verzeihen. Wenn wir uns entschuldigen und ihnen sagen, daß wir sie nicht beleidigen, sie nicht verletzen wollten, nur im Moment hilflos waren, keine bessere Idee hatten, spüren sie die Liebe, die hinter der Angstreaktion steckt – und verzeihen. Gleichzeitig lernen sie, daß wir mit unseren eigenen Verhaltensweisen nicht unkritisch umgehen und uns durchaus nicht für unfehlbar halten. Zugegeben: Das muß man wollen und sich antrainieren, und oft fällt es trotzdem schwer, aber es lohnt sich, die Zielsetzung einer solchen selbstkritischen Haltung konsequent zu verfolgen, denn ein Kind spürt Wahrhaftigkeit und Ehrlichkeit genauso wie Verlogenheit und vorgeblendete Freundlichkeit.

Zum Trost: Es ist normal, einfach normal und gesund, so spontan zu reagieren. Gesund, weil der gesunde selbstkritische Instinkt funktioniert, zunächst nicht wahrnehmbar für die Umwelt, aber für uns selbst schon. In dieser Situation hilft es uns nicht, uns selbst zu zerfleischen vor Gram, Asche aufs eigene Haupt zu streuen, uns mit Selbstvorwürfen zu martern, denn wir können nichts rückwirkend ändern. Aber wir können die zukünftigen Abläufe bewußter gestalten, uns Ziele setzen und sie auch erreichen. Dazu allerdings muß man gewisse Umwege gehen, nämlich die der vorher schon erwähnten »Seelenhygiene«.

Dazu gehören vier Erkenntnisse, die die Gefühlsbeteiligung und damit die Überforderung in manchen Situationen reduzieren helfen.

Die erste Erkenntnis ist die, daß die eigenen Eltern »auch nur Menschen« sind und immer waren. Sie waren nie die Übermenschen, zu denen wir sie in unserer kindlichen absoluten Liebe und Bewunderung gemacht haben. Sie sind ebenso »Gefangene der eigenen Erziehung« gewesen wie wir, aber sie haben es weniger gewußt. Sie haben damals über ihr eigenes Erziehungshandeln wahrscheinlich weit weniger nachgedacht als wir heute, und sie haben ihr Bestes getan, also: alles, was in ihrer Macht stand. Da, wo sie in unseren Augen Fehler gemacht haben, haben sie es nicht besser gewußt.

Die zweite Erkenntnis: Wir werden nichts mehr an unserer Kindheit und unserer genossenen Erziehung ändern, so sehr wir uns auch anstrengen – es wird uns nicht gelingen, die Vergangenheit zu korrigieren. Also wird es auch nicht helfen, mit der Vergangenheit zu hadern und alte Vorwürfe aufrechtzuerhalten. Das ist vergeudete Energie, denn wir leben im Hier und Jetzt.

Die dritte Erkenntnis: Wenn diese Schuldzuweisungen für sehr menschliche Vergehen, nämlich eine engagierte und gefühlsgesteuerte Erziehung, schon nichts mehr bewirken können, dann können wir doch auch gleich das Gegenteil tun, nämlich verzeihen. Wir haben nun Erklärungen für die Handlungsweise, kennen die Hintergründe und wissen, daß unsere Eltern sich bemüht und im besten Wissen gehandelt haben. Wir brauchen irrationale und unangemessene Maßnahmen nicht zu »entschuldigen«, aber wir können vergeben – und damit vor allem uns selbst entlasten. Damit haben wir Energien freigesetzt, die bisher auf ein unerreichbares Ziel gerichtet, damit gebunden und oft extrem streßbelastet waren. Diese Energien können wir uns jetzt neu nutzbar machen.

Die vierte Erkenntnis: Wenn wir es schaffen, unseren Eltern (und deren Eltern) zu vergeben, dann können wir auch uns selbst vergeben. Wir müssen uns nicht mehr an dem scheinbar unerreichbaren elterlichen Anspruch messen, und wir müssen uns nicht mehr an fremden Ansprüchen messen lassen. Wir dürfen wir selbst sein, ohne die ständige Angst, nicht zu genügen. Wir dürfen erkennen, daß wir längst selbst die alleinige Verantwortung für unser eigenes Leben tragen und niemanden dafür verantwortlich machen können, uns aber auch niemand hineinreden kann. Genauso kann uns niemand anderer für seine Lebensumstände und -entscheidungen verantwortlich machen.

Wenn wir diese vier Erkenntnisse erringen und in unserer Rolle als Erziehende Kindern und Jugendlichen gegenüber fruchtbar machen können, dann haben wir uns von einem erheblichen Anteil des Drucks befreit, der uns bisher belastet hat. Der übermenschliche Leistungsanspruch, den wir an uns selbst gestellt haben, ist um ein Wesentliches reduziert, die Verantwortung ist weit weniger belastend, weil wir uns auf unseren gesunden Instinkt und unsere Gefühle verlassen können.

Situationen, in denen wir ausrasten und die Fähigkeit der Selbststeuerung einbüßen, werden immer seltener, und vor allem fällt es uns viel leichter, sie sofort zu korrigieren – wir können den Fehler eingestehen und uns dafür entschuldigen, auch bei unseren Kindern. Das bedeutet, wir gehen souverän mit unseren Fehlern um, sind zur Selbstreflektion und Selbstkritik fähig. Wir sind dadurch viel weniger angreifbar und sparen uns obendrein eine Menge Ärger und Unzufriedenheit mit uns selbst bei der Verarbeitung dieser Situationen.

Damit sind sehr bedeutende Grundlagen für das Gelingen einer gewaltfreien, achtsamen und von Grund auf fördernden Erziehung gelegt. Wenn wir nun auch noch mit Liebe ans Werk gehen, kann eigentlich so sehr viel nicht mehr schieflaufen.

Ich gebe zu: Dafür gibt es keine wissenschaftlich erforschte Definition. Und es geht mir auch nicht um eine Mystifizierung oder Glorifizierung und auch nicht darum, an eine Verantwortung zu appellieren, der sich immer weniger Menschen stellen wollen.

Es geht mir lediglich um einige Aspekte dieses Phänomens. Glücklicherweise kommt uns die unergründliche Weisheit der Natur mit einigen unfaßbar wohlerdachten biologischen Tricks zu Hilfe. Auch wenn man heutzutage immer wieder von Fällen erfährt, in denen diese Mechanismen zu versagen scheinen, funktionieren sie doch in der riesigen Mehrzahl der Fälle unbemerkt im Hintergrund ganz wunderbar. Allerdings betreffen sie hauptsächlich die im biologischen Prozeß der Fortpflanzung über längere Zeit aktiven Organismen, sprich: die weiblichen. Bei uns Müttern vollzieht sich im Laufe der Schwangerschaft eine Art Umpolung oder »Gehirnwäsche«.

Keine Angst, dieser Prozeß bedeutet keinesfalls Verlust der eigenen Identität oder Intelligenz und ist auch nicht unumkehrbar, sondern zeitlich befristet. Aber er ist spürbar – und hilfreich! Und es ist wichtig, davon zu wissen und auch werdenden Vätern dieses Wissen zu vermitteln, denn sie können als weitgehend »unbeteiligte« Beobachter dieser Abläufe sonst leicht verunsichert sein.

Nach den Erkenntnissen der neueren Hirnforschung wird durch die vermehrte Freisetzung des Schwangerschaftshormons Oxytozin und andere physiologische Vorgänge während der »Brutzeit« das Denken einer Frau umgepolt; sie achtet ganz anders auf die neuen Vorgänge in und mit ihrem Körper und erfährt ihre Körperlichkeit auf neue, vertiefte Weise. Plötzlich kann man als werdende Mutter ein tiefes Verständnis für die eigenen Ursprünge und eine Art der Erfüllung spüren, die über

48

alles bisher Erlebte hinaus, sozusagen in höhere Sphären reicht. Die Seele bekommt eine Erdung und eine besondere Weitung, verbündet sich gleichzeitig mit ihrer Herkunft und ihrer Zukunft und gewinnt so eine neue Dimension. Was sich hier so übernatürlich und mystisch verklärt anhört, ist in Wahrheit ein absolut sinnvoller biologischer Schutzmechanismus der Fortpflanzung – und die Wurzel der »Mutterliebe«.

Natürlich hängt die Wahrnehmung dieser Entwicklungen ganz wesentlich von der jeweiligen individuellen Grundhaltung und den Lebensumständen ab: Habe ich Interesse, Ruhe, Zeit, mich mit diesen elementaren inneren Abläufen auseinanderzusetzen? Weckt dieses nicht mehr steuerbare Geschehen mit mir nicht viel mehr Angst als Neugier? Aber oft laufen diese Dinge unbemerkt im Verborgenen ab, und erst viel später, wenn alles »vorbei« ist, die Kinder schon recht unabhängig sind, wird uns im Rückblick das eine oder andere davon bewußt, und wir wundern uns über die merkwürdige Stille, Unaufdringlichkeit und Selbstverständlichkeit, mit der all dies geschehen ist.

In weiteren Schwangerschaften wird dieses Phänomen nur in abgeschwächter Form auftreten, denn die wesentliche Grundlage ist durch das erste Kind gelegt. Durch die Geburt jedes Kindes jedoch, seinen so eigenen Kampf um die Befreiung aus der Enge und den aktiven Kampf der Mutter um die unversehrte Entlassung des Babys in die Eigenständigkeit als Organismus, erfährt dieser Prozeß eine Steigerung ins fast Unerträgliche. Dann folgt der Höhepunkt mit einem plötzlichen Abriß, der vollständigen Entladung des ungeheuren Drucks, die tiefe Dankbarkeit auslöst. Diese wahnsinnige Anstrengung wird mit einer Überschwemmung mit Freudenhormonen belohnt, die auf einen Schlag den gerade absolvierten Kraftakt und die Erschöpfung völlig in den Hintergrund treten läßt. Auch das zärtliche Ansehen, Berühren, Wärmen des so hilflosen kleinen Menschenwesens löst dieses Gefühl immer wieder in uns aus, selbst bei nicht eigenen Kindern.

Eine weitere Quelle starker Hormonausschüttung ist das Stillen eines neugeborenen Säuglings. Durch diesen Vorgang werden mehrere Impulse ausgelöst, die eine weitere Stärkung der Bindung anregen. Nach der Ent-Bindung erfahren Mutter und Kind die Rück-Bindung aneinander durch eine neue Stufe körperlicher Symbiose, die neben der optimalen Ernährung auch der psychischen Gesundheit eines Säuglings in besonderer Weise dient. Auch hierzu hat die Hirnforschung Erkenntnisse bestätigt, die eigentlich dem gesunden Menschenverstand schon einsichtig sind: Gerade in dieser Phase der völligen Hilflosigkeit erleben Neugeborene (auch bei vielen Tierarten) Verlassenheitsgefühle als schwere existentielle Krise und Bedrohung, die unerträglichen Streß auslösen und schwere psychische Schäden hinterlassen können. Durch das Stillen als regelmäßig stattfindende körperliche Wiedervereinigung, die für Kind und Mutter Entlastung von Druck, also Befreiung von unangenehmen Gefühlen, bedeutet, werden solche seelischen Schädigungen des Säuglings von vornherein vermieden. Das Stillen aber wird mit Lustgefühl belohnt – das dürfen wir durchaus empfinden und auch eingestehen – und beschleunigt nebenbei die Rückbildung des weiblichen Körpers in den »Normalzustand«, bietet also doppelten Anreiz zur treuen und zuverlässigen Versorgung des Säuglings. Daß es die Abwehrkräfte des Kindes stärkt und außerdem extrem praktisch ist, ist allgemein bekannt: Man spart den ganzen Aufwand um Fläschchen und -wärmer, Sterilisierung der Utensilien sowie Kosten für Babynahrung und so einiges mehr.

Daß diese unvorstellbare Weisheit der Schöpfung zuverlässig und unbedingt funktioniert, kann man schwer glauben, wenn man an die Medienberichte über Kindesmißhandlung und -mord, Verwahrlosung und emotionale Vernachlässigung denkt – schon für Nicht-Eltern sind sie entsetzlich. Diese Fälle kann man sicher nur mit schweren Defiziten der betroffenen Eltern schon aus der eigenen Kindheit und mit tiefen psychischen Defekten erklären. Hierbei unterscheide ich bewußt Erklärung von Entschuldigung – die gibt es dafür in meinen Augen nicht.

Diese Darstellung des »naturgemäßen« Mutterseins soll keineswegs als Dogma verstanden werden und die immer noch verschiedentlich hörbare Forderung nach dem braven Hausmütterchen untermauern, das sich gehorsam unterordnet, sich für die Kinder und den Ehemann aufopfert und auf eigene Interessen und Aktivitäten verzichtet. Sie will im Gegenteil zeigen, daß es viele hilfreiche Elemente im Verborgenen gibt, die dazu ermutigen, die entscheidenden drei Jahre der intensiven ersten »Brutphase« gemeinsam als wunderbare Zeit der behutsamen Ablösung und reiche Zeit der Freude und des Wunderns zu erleben. Diese Zeit ist so absehbar, so schnell vorbei und mit all dieser emotionalen Unterstützung leicht zu meistern.

Für unsere Kinder ist es das Wertvollste, was wir tun können: Mit der Vermittlung dieses Urvertrauens, das ein Kind aus der verläßlichen Anwesenheit der Mutter gewinnt, legen wir zugleich die Grundlage für eine baldige Weiterentwicklung des Kindes mit seinen eigenen Impulsen zur Verselbständigung. Je mehr wir ihm jedoch unsere Anwesenheit und Zuwendung vorenthalten, um so mehr wird es sich an uns klammern und die Loslösung fürchten, möglicherweise mutwillig Konfrontationen suchen und Konflikte schüren, um sich die ihm zustehende Zuwendung zu erkämpfen. Fazit: Wir tun nicht nur ihm, sondern in allererster Linie uns selbst einen Gefallen, wenn wir dem Mutterinstinkt Vertrauen schenken und ihm folgen.

Der »Kindinstinkt«

Von diesem Instinkt habe ich bisher noch nie etwas gelesen oder gehört. Aber nach meiner Beobachtung gibt es ihn, zweifellos. Durch die neunmonatige Trainingszeit in völliger Symbiose mit dem mütterlichen Organismus ist jedes Kind auf seine Mutter geprägt. Ein bekanntes Beispiel sind Musiker, die ein Musikstück auswendig spielen können, ohne je die Noten gesehen zu haben, nur weil die eigene Mutter während der Schwangerschaft dieses Stück häufig geübt hat. Nun spielt nicht jede Schwangere ein Instrument, und nicht jedes Kind erlernt später das gleiche, aber dies ist als Beweis anerkannt, daß Kinder im Mutterleib akustisch intensiv teilhaben am Leben der Mutter.

Viel stärker noch muß das emotionale Erleben der Mutter ein Kind mitprägen. Ihre Nervenspannung, ihr Atemrhythmus, ihr Blutdruck, ihr Pulsschlag, ihr gesamter Körpertonus und der Ablauf ihrer Bewegungen prägen das in ihrem Inneren mitlebende Kind. Es erlebt die körpereigenen Geräusche, das Rauschen der Schlagadern, das Gluckern und Pulsen des gesamten Organismus als schützende, wärmende, nährende Umgebung. Es erlebt auch Verkrampfungen und Verengungen im Zusammenhang mit den organischen Vorgängen als komplexe, möglicherweise bedrückende Zustände.

Die Entbindung, also die Entlassung aus diesem schützenden Organismus in ein eigenständiges Leben, bedeutet nicht, daß diese neunmonatige Prägephase in Vergessenheit gerät. Sie kann völlig ohne Bruch fortbestehen, wenn sie nicht gewaltsam abgeschnitten wird. Oft habe ich noch Jahre später erlebt, daß meine Kinder morgens früh schon genau wußten, was mit mir los war, ehe ich selbst überhaupt dazu gekommen war, darüber nachzudenken. »Mami, dir geht's nicht gut, oder?« fragte mich meine vierjährige Tochter beim Frühstück, obwohl ich meinte, alles so wie jeden Tag gemacht zu haben: Duschen, anziehen, das Jüngste waschen und anziehen, zwischendurch den Tee aufsetzen, die Butter schon mal aus dem Kühlschrank nehmen und den Kakao vorbereiten, alle Handgriffe wie im Schlaf. Da erst merkte ich, daß ich mich nicht wohlfühlte, bis dahin hatte ich nur »funktioniert«.

Nach der anfänglichen Verblüffung über solche direkten Konfrontationen mit dem eigenen Befinden wurde mir bald klar, daß das nur auf die vorangegangene Konditionierung zurückzuführen sein kann. Kinder spüren die Rundheit oder Abgehacktheit der Bewegungen der Mutter, den Schwung oder die Mattigkeit, mit der die Verrichtungen erledigt werden, die Elastizität oder Plumpheit des Schritts, die Abgestimmtheit oder Fahrigkeit der Bewegungen und nehmen das alles in Verbindung mit den Erfahrungen im Mutterleib wahr. Sie haben einen eingebauten untrüglichen »Seismographen« für das Innenleben der Mutter.

Man kann sich als Mutter durchschaut und entlarvt fühlen, diesen Instinkt des Kindes ablehnen oder sogar als feindlich empfinden, aber man wird ihn nicht abstellen können. Er wird zuverlässig funktionieren und sich erst später langsam abschleifen – oder nie. Kinder werden geboren mit diesem »Angorafell« aus kleinen Antennenhärchen, Sensoren und Empfängern. Da jedes Kind derartige Erfahrungen im Mutterleib durchlebt und das menschliche Gehirn zum Ableiten von Regeln gebaut ist, also immer logische Schlußfolgerungen zieht, um Informationen geordnet abzuspeichern, entstehen die Grundlagen für diese Sensorik in jedem kindlichen Gehirn. In gewissem Rahmen lassen sich die erlebten und abgespeicherten Zustände übertragen; das bedeutet, daß diese Mechanismen mit Einschränkung auch bei angenommenen Kindern »funktionieren«.

Diesen Instinkt der Kinder kann man sich auch nutzbar machen. Er kann sehr hilfreich sein zum Bewältigen von Krisen innerhalb der Familie. Er kann vor allem als Spannungsmesser und Warnsignal für die Familie dienen.

Unter Geschwistern entsteht immer mal Streit, in kaum einer Familie mit mehreren Kindern ist das vermeidbar. Eltern, die mit Geschwistern aufgewachsen sind, kennen das und nehmen es nicht weiter tragisch. Es gibt aber Situationen, in denen man als Mutter und Vater das Gefühl hat, es steigert sich immer weiter und erreicht ein inzwischen unerträgliches Maß. Alle Ermahnungen, Appelle und Drohungen nützen nichts; sobald man sich umdreht, geht das Geschrei sofort wieder los. Also wächst die Verzweiflung, eine Ausweglosigkeit und Mutlosigkeit kann sich immer mehr ausbreiten und zur emotionalen Auszehrung führen – bis hin zur völligen Resignation. Solche Situationen kennen alle Eltern. Solche Situationen kennen auch Eltern von Einzelkindern, nur daß die Spannungen und der Zank dann nicht unter Geschwistern ausgetragen werden, sondern sich in Angriffen auf Mutter oder Vater entladen, die wiederum untereinander Konflikte austragen. Eindeutig leiden aber alle Familienmitglieder unter dem Verlust der Harmonie, machen sich gegenseitig Vorwürfe. Unter Umständen verstricken sie sich so tief in eine Krise, daß sogar über das Scheitern der Elternbeziehung und eine Trennung nachgedacht wird.

Hier hat man als Mutter ein ganz wertvolles Steuerungsinstrument, dessen wir uns leider viel zu selten bewußt sind. Der oben beschriebene »Kindinstinkt« läßt nämlich unser Kind der Spiegel sein, in dem unser eigener Gemütszustand widergespiegelt wird. Wenn Sie es nicht glauben, probieren Sie's mal aus: In dem Moment, wo ich als Mutter es schaffe, mir über meine eigene innere Spannung und Nervosität klar zu werden und sie dann abzubauen, indem ich mir die Ursachen bewußt mache und beginne zu verarbeiten, also meine Gelassenheit suche und wiederfinde, in genau diesem Augenblick spielen plötzlich meine Kinder harmonisch und friedlich miteinander, als ob nie Streit gewesen wäre! Als ich diesen Ablauf zum ersten Mal bewußt wahrgenommen und erlebt habe, war ich völlig verblüfft und zunächst bestürzt, wie viel Verantwortung für die Stimmung der Familie auf mir als Mutter lastete, aber zugleich habe ich darin auch die Chance gesehen, mir diesen Mechanismus zunutze zu machen: Er hat immer wieder funktioniert – jedes Mal. Und jedes Mal ging es ein bißchen leichter, weil ich frühzeitiger daran dachte, diesen Mechanismus einzusetzen, mich selbst auf Spannungen hin zu kontrollieren und daran zu arbeiten.

Alle Ursachen von jetzt auf gleich abzustellen, ja wie soll denn das gehen? Sie haben recht, viele Sorgen und Probleme lassen sich nicht einfach so aus dem Weg räumen. Aber unseren Umgang mit ihnen bestimmen wir selbst, ob bewußt oder unbewußt. Das meine ich, wenn ich davon spreche, daß jeder Mensch von einem gewissen Alter an für sein Leben selbst allein verantwortlich ist. Wir selbst entscheiden, ob wir eine belastende Situation mit Tatkraft, Zuversicht und Vorfreude auf »bessere Zeiten« oder mit Resignation, Mutlosigkeit und Zukunftsangst angehen.

An dieser Stelle werden auch Weichen für die familiäre Zukunft und den Zusammenhalt der Familie gestellt. Kann ich mir als Mutter, als Vater immer ins Gedächtnis rufen, daß ich für dieses Leben und diese Situation selbst verantwortlich bin, dann kann ich nüchtern darüber nachdenken, ob ich diese Lage ändern kann und will. Wenn ich für mich selbst Klarheit habe und mir vornehme, mit der Situation zufrieden zu sein, die ich selbst, möglicherweise mit vollem Bewußtsein und klarer Kalkulation, herbeigeführt habe, dann habe ich schon eine grundlegende Entscheidung getroffen: Ich kann die Energie für das Ankämpfen gegen die Verhältnisse sparen. Ich mache bewußt meinen Frieden mit der Lage, finde mich damit zurecht und werde ihr in Zukunft die positiven Aspekte abgewinnen. Das ist natürlich leichter gesagt als getan, aber es lohnt die Mühe, darauf hinzuarbeiten.

Dies ist ein ganz elementarer Beitrag dazu, daß die allgemeine Atmosphäre in der Familie nicht in anhaltende Unzufriedenheit, Nörgeligkeit und tiefen Frust abgleitet, aus denen man, einmal festgefahren, nur sehr schwer wieder herausfindet. Noch besser funktioniert das, wenn wir als Ehepartner uns fest vornehmen, in der Partnerschaft und den daraus resultierenden Konsequenzen immer Zufriedenheit zu suchen, und uns dann in besonderen Krisensituationen gegenseitig daran erinnern. Unsere Familie hat diese Übereinkunft schon aus schwerster Seenot gerettet.

Ein altes Gebet lautet: »Herr, gib mir die Kraft, die Dinge zu ändern, die ich ändern kann, die Geduld, die Dinge zu ertragen, die ich nicht ändern kann, und dazu die Weisheit, beides voneinander zu unterscheiden.«

Genau das ist der Schlüssel zu mehr Gelassenheit und Abbau von Spannungen. Dieses Angebot, mein Leben unter dem Aspekt eines über allem stehenden Sinns zu sehen, kann eine große Erlösung bedeuten. Viele Aufregerthemen werden überflüssig, wenn wir uns nur den Blick dafür freischaufeln können. Und je öfter wir das tun, je früher wir in der Spirale des Spannungsaufbaus diese Gelassenheit wiederfinden können, um so besser wird es uns gelingen, und um so seltener wird solch eine Eskalation der Lage drohen. Das ist meine eigene Erfahrung, die ich so oder ähnlich oft bestätigt gefunden habe.

Dies bedeutet natürlich auch eine große Verantwortung für die gemeinsame Lebensharmonie in der Familie. Aber wenn man diese Mechanismen durchschaut hat und sie zu handhaben weiß, ist diese Verantwortung keine Belastung, sondern eine starke Unterstützung und großer Trost. Man kann immer wieder darauf zurückgreifen und die Eskalation im Keim ersticken, wenn man nur aufmerksam genug auf die Signale achtet, die die Kinder aussenden.

Mir persönlich hilft an dieser Stelle auch mein christlicher Glaube, mein persönlicher Draht zu Gott. Mein Wahlspruch ist: »Der liebe Gott tut nichts als fügen.« Er sendet einen Gesprächspartner, dessen kurze Erwähnung eines ganz anderen Zusammenhangs plötzlich eine neue Idee in mir aufblitzen läßt. Er arrangiert ein Treffen mit einer Freundin, der gegenüber ich die Dinge ausdrücke und in Worte fasse, die mich belasten. Dadurch werden sie konkret und viel schärfer wahrnehmbar, aber dadurch auch deutlicher abgegrenzt und kleiner, und womöglich wird ein Ausweg sichtbar. Er schickt eine Begegnung, die ganz ohne mein Zutun eine Lösung für mein Problem eröffnet – ich muß nur die Augen und Ohren offenhalten für die kleinen Signale.

Gerade die Schwangerschafts- und Nachgeburtsjahre sind für eine Ehe die schwierigste Phase, in der sich für alle Beteiligten das bisher eigenständige Leben umkrempelt. Die Partnerschaft kann oft schon in dieser Phase schweren Schaden nehmen, weil wir uns zu wenig darauf vorbereiten und seelisch einlassen. Die Jahre der Unabhängigkeit und Eigenständigkeit sind vorbei, und auch die Konzentration auf die Zweisamkeit in der Partnerschaft funktioniert nicht mehr wie gewohnt. Ein neuer kleiner Erdenbürger hat die Macht, Frau und Mann in der intimsten Situation mit einem einzigen Schrei auseinanderzureißen. Oft fühlen Väter sich zurückgesetzt und vernachlässigt, weil bei ihnen nicht jeder Kiekser des Juniors Alarm auslöst. Als Mutter reagiert man instinktiv mit voller Konzentration auf das Baby und kann dadurch andere Vorgänge nicht mehr so intensiv wahrnehmen, ist dafür »blockiert«. In seiner Schutzbedürftigkeit und vollständigen Abhängigkeit räumt die Natur dem Säugling bei der Mutter erste Priorität vor allem anderen ein, und es hilft, das vorher zu wissen. Wenn man gleichzeitig weiß, daß diese Zeit ja nur lächerlich kurz ist, ein paar Monate dauert und sich von Anfang an schon sichtbar zu einer Ablösung und Entlastung hin entwickelt, kann man das bißchen Geduld gut aufbringen, das dazu nötig ist, diese Zeit durchzustehen. »Es ist so bald vorbei«, und »Das schaffen wir schon« sind zwei wichtige Sätze, sich gegenseitig Mut zu machen und Kraft zu geben und dabei sogar die Partnerschaft zu vertiefen und zu stärken.

Um es noch einmal deutlich zu machen: Das menschliche Leben dauert heute im groben Durchschnitt gut achtzig Jahre, und die Phase von der Schwangerschaft bis zur Loslösung eines erwachsenen Kindes nimmt davon etwa zwanzig bis zweiundzwanzig Jahre ein, von denen wiederum das erste das umwälzendste ist und alle weiteren in ihrer Beanspruchung der Eltern deutlich spürbar abnehmen – alles zusammen eine sehr überschaubare Zeit, auf die man sich sehr gut einstellen kann. Wenn man (bei spätem Einstieg) so mit Anfang fünfzig wieder »frei« ist, bleiben noch mal gut dreißig Jahre zum »Ausleben« und unabhängigen Genießen.

Der »Vaterinstinkt«

Den Vaterinstinkt gibt es nicht, ich habe ihn weder bei einem meiner männlichen Gesprächspartner noch bei sonstiger Recherche finden können. Also könnte ich an dieser Stelle eigentlich aufhören zu schreiben. Aber das Verhältnis eines Vaters zu seinen Kindern hat doch auch eine wichtige Bedeutung, und der möchte ich hier nachgehen.

Nach meiner Erfahrung verlassen sich Männer gern weitgehend auf ihren »männlichen« Instinkt. Auch ohne Vaterinstinkt gibt es unvorstellbar viele tolle Väter, liebevolle, einfühlsame, einsatzfreudige und begeisterte Väter, die für ihren Nachwuchs Zeit haben und ihn nach Kräften fördern und unterstützen. Es gab sie zu allen Zeiten und auch ohne künstliche Anreize wie Elterngeld. Leider gibt es auch immer noch welche, die sich für ihre vermeintliche »Sentimentalität« schämen, weil sie sie für unmännlich halten.

Das kann man sich vielleicht am besten aus der Evolutionstheorie erklären. Die Urinstinkte des Mannes sind die der Fortpflanzung, der Nahrungsbeschaffung und des Schutzes für den Nachwuchs, sie dienen also insgesamt der Arterhaltung. Nestbau und eigentlicher »Brutbetrieb« sind nicht sein Gebiet, das ist das Revier der Frau – bei den meisten der erforschten Urvölker auch heute noch. Der Mann geht währenddessen auf die Jagd und auf Streifzug nach Beute. Sein Aktionsradius ist also außerhalb der Behausung und auf weite Entfernungen angelegt, während der Aktionsradius der weiblichen Wesen im wesentlichen auf die Behausung und ihre unmittelbare Umgebung konzentriert ist. Diese Arbeitsteilung, die auch den – mittlerweile wieder stärker anerkannten – »natürlichen«Veranlagungen von Mann und Frau meistens mehr oder weniger entspricht, hat sich bei den Urvölkern als sinnvoll und zweckmäßig erwiesen.

Das Verhältnis zu den eigenen Kindern hat für »den« Mann aber recht wenig mit Instinkt zu tun, denn für die meisten Väter ist das Entstehen, Werden und Wachsen eines eigenen Kindes ein Rätsel, das sich weit entfernt in einer anderen Welt entwickelt und nach einer recht langen Zeit der Ungewißheit überraschend plötzlich in der eigenen Welt ankommt. Und in dieser Welt ist es zunächst ein Eindringling, eine vorher völlig unterschätzte Konkurrenz, die die bisher gültige Ordnung vollkommen aus den Angeln hebt. Es macht zugleich auch die Partnerin und Mutter rätselhaft, enthebt sie gleichsam der bisherigen Rolle hinein in eine andere, biologisch-mystisch verklärt wirkende Rolle. Nachdem diese Frau eigentlich recht gut einschätzbar erschien, das Partnerverhältnis einigermaßen geklärt und der Arbeitsalltag geregelt war, ist dieses System durch die Schwangerschaft wieder völlig aus dem Gleichgewicht geraten. Man hat nicht mehr so unbeschwert Sex miteinander, weil der werdende Vater dieses Körpergefühl nicht nachempfinden kann, das die werdende Mutter hat. Wenn sie fähig ist, sich der Weisheit der Natur und ihrem Instinkt anzuvertrauen, fühlt sie sich eins mit sich und ihrem Inneren, obwohl perfekt geschützt ein neues Leben in ihr heranwächst – erst ganz allmählich beginnt das Baby, ein spürbares Eigenleben zu entwickeln, und sie wächst ganz sanft und gleitend mit da hinein. Der Vater empfängt Signale der Schutzbedürftigkeit – für viele Männer ein erhebendes Gefühl nach der weitgehenden Befreiung und Eigenständigkeit der Frau, aber auch etwas Beunruhigendes, womöglich sogar Beängstigendes. Wie soll er mit dieser neuen, für ihn schwer einschätzbaren Verantwortung umgehen, die ja auch für sie noch neu und unbekannt ist?

Die Reaktionen auf diesen Umbruch sind sehr unterschiedlich. Sie reichen vom überbesorgten, betüdelnden, ständig das Befinden erkundenden »Mappi-Syndrom« (Mami-Pappi) bis hin zum extremen, unbeherrschbaren Fluchtreflex. Sie werden durch die Fähigkeit der Frau mitbestimmt, ihn in die neue Entwicklung einzubinden, ihn teilhaben zu lassen und mitzunehmen. Aber sie werden auch davon bestimmt, wieweit er dazu bereit ist, sich auf die neue Situation einzustellen, teilzuhaben und mitzugehen in diesem Prozeß. Die entscheidende Grundlage, der Hauptfaktor des Gelingens jeder Beziehung auch in dieser Situation ist die Fähigkeit aller Beteiligten, klar, offen und eindeutig miteinander zu kommunizieren.

Oft scheitert schon daran das gemeinsame Erleben des Entstehens einer Familie, und damit fehlt diese unschätzbar wertvolle gemeinsame Basis für den späteren weiteren Aufbau. Auch hier hilft die vorn schon beschriebene Seelenhygiene, nur ist sie eher eine »Spezialität« der Frauen als der Männer. Auch hier bestätigen natürlich viele Ausnahmen diese vereinfachende Darstellung der Regel, aber ohne Verallgemeinerung sind keine halbwegs brauchbaren Rückschlüsse möglich.

Grundsätzlich kann man sicher sagen, daß Männer mehr dazu neigen, emotionale Zweifel und Belastungen zu ignorieren und zu überdecken mit Aktivitäten, die ihnen Freiraum und Unabhängigkeit vermitteln; sie können einfach besser verdrängen. Sie sind (siehe die neueren Erkenntnisse der Hirnforschung) weniger dazu angelegt, Beziehungsmechanismen auf den Grund zu gehen, und emotionale Fragestellungen haben auf sie eher abschreckende Wirkung. Als wirksame Abwehrreaktion sind erprobt: »Ach laß mal, das versteh ich sowieso nicht«, und »Darum kann ich mich jetzt nicht auch noch kümmern!« Sie haben Wichtigeres zu tun.

Leider übersehen sie, was sie verpassen und welche Chancen ihnen entgehen oder durch diese Abwehr sogar zerstört werden.

Auch einen Ehemann darf und sollte man als Frau hin und wieder zu seinem Glück zwingen. Die Hauptlast der Beziehungsarbeit liegt von Natur aus auf den Schultern der Frauen, nach wie vor, einfach weil die naturgewollten Anlagen im allgemeinen so verteilt sind. Die meisten Frauen merken viel frühzeitiger, daß in der Partnerschaft die Harmonie abnimmt, und die wenigsten Männer würden das, auch wenn sie es merken, von sich aus zum Thema machen. Und es hängt viel davon ab, daß die Ehe achtsam gepflegt wird und einem Verlust der Zufriedenheit und damit des ruhigen Glücks, das einer sicheren Beziehung innewohnt, rechtzeitig entgegengewirkt wird.

»Die Ehe ist eine Brücke, die jeden Tag neu gebaut werden muß«, sagt eine chinesische Weisheit. »Und zwar von beiden Seiten«, möchte ich hinzufügen – der einzelne Partner hat keine Chance, das erfolgreich zu verrichten. In unserem atemlosen Alltag haben wir oft gar keine Gelegenheit, unser Innenleben auf seelisches Gleichgewicht hin zu überprüfen und auf Defizite aufmerksam zu werden. Dagegen gibt es keine wirksame Strategie außer der, uns diese Gelegenheit bewußt zu schaffen und einzuräumen. Zum regelmäßigen »Ehepflegen« gibt es für phantasievolle Paare mindestens tausendundeine Gelegenheiten: den gemeinsamen Sonntagsspaziergang, einen fest vereinbarten wöchentlichen »Elternabend«, regelmäßige Wochenendunternehmungen, ab und zu eine Kurzreise mit Wohlfühlziel oder was immer die richtige Atmosphäre hergibt. Auch wenn gar kein Gesprächs- und Klärungsbedarf besteht, werden die beiden »Teilhaber« einer lebendigen Ehe sicher nicht vor Langeweile umkommen.

Daß ein Mann eine Frau als *echte* Partnerin mit Blick auf ein gemeinsames Ziel empfinden wird, ist nach meiner Beobachtung jedoch eher selten. Sie kann Geliebte, Verehrte, Angebetete sein, Trophäe, Trumpf, Besitz, Statussymbol, aber auch Haushälterin, Hotelmanagerin, Sekretärin und unentbehrliche Dienstleisterin. Daß sie für ihren Mann alles gleichzeitig ist, kommt nicht sehr häufig vor, am häufigsten noch dort, wo Frau und Mann im selben Beruf oder am selben Arbeitsplatz kooperieren und der Mann die berufliche Arbeit der Frau schätzen und anerkennen lernt. (Für die Fälle, in denen die Frau für den Mann nur »Tankstelle«, »Müllabladeplatz«, »Überdruckventil«, also reines Objekt ohne menschliche Würde ist, gelten leider ganz andere Regeln. Auch die umgekehrte Reduzierung des Mannes auf reine Dukateneselfunktion soll hier lieber nicht näher betrachtet werden.)

Die beschriebene Sicht der Männer auf ihre Frauen ist wohl mit darauf zurückzuführen, daß Männer erwiesenermaßen zu einer selektiven Arbeits- und Lebensweise neigen, im Gegensatz zum oft beschworenen »Multi-Tasking« der Frauen, also der gleichzeitigen und verknüpfenden Bearbeitung mehrerer Themen. Männer leben oft in verschiedenen Welten und sind in mehreren Wirklichkeiten zu Hause, die sie sehr sauber voneinander trennen. »Dienst ist Dienst, und Schnaps ist Schnaps«, ist einer der Sprüche, die das ziemlich treffend charakterisieren. Ein Mann sieht seine Rolle in der Familie oft völlig getrennt von der am Arbeitsplatz und kann das eine vollkommen abschalten, wenn das andere an der Reihe ist.

Er neigt noch dazu zum Einzelkämpfertum, der Sicht, daß er selbst der einzige ist, auf dessen Kooperation er sich sicher verlassen kann. Das kann einerseits als Schutzmechanismus gegen Ablenkung und Behinderung der Konzentration wertvoll sein, aber es kann auch die Grundlage für die so verbreiteten typischen Doppelleben bilden. Damit meine ich die auch im eigenen Bekanntenkreis erschreckend oft miterlebte konsequente Zweigleisigkeit, mit der ein Mann sich über Jahre hinweg zwei Frauen nebeneinander, selbst zwei Familien nebeneinander »halten« kann, oft sogar ohne wirkliche Gewissensbisse, außer einer gewissen Scham gegenüber der »offiziellen« Familie, weil »man das nicht tut«. Die »Nebenfrau« weiß oft von der bereits existierenden Familie und arbeitet gezielt auf die Aufdeckung und den vollständigen Bruch hin. Fliegt er dann auf, ist er erstaunt über die Verletztheit der Frau, fragt womöglich noch: »Was hat dir denn gefehlt?« und ist überzeugt, er habe ihr nichts weggenommen. Den Betrug, die Lüge, den Vertrauensbruch und vor allem die persönliche Entwürdigung und Erniedrigung kann er nicht sehen, weil für ihn seine zwei Welten nichts miteinander zu tun haben.

Nein, das ist keine Entschuldigung, aber vielleicht der Versuch einer Erklärung für viele Beziehungsphänomene, die schwer zu begreifen sind.

Kommen wir zurück zur Vaterrolle. Die emotionale Bindung des Vaters an seine Kinder ist schon aus biologischen Gründen viel distanzierter als die der Mutter. Für eine Mutter ist ein Kind Teil ihrer selbst, etwas ganz innig Erlebtes und Empfundenes, aus dem eigenen Inneren Erwachsenes. Sie nimmt seine Bedürfnisse als zentrale Überlebensbedingungen wahr, und der Verlust eines Kindes hinterläßt eine tiefe schmerzliche Wunde in ihrem Körper, ihrem Herzen und ihrer Seele. Ihre biologische Funktion ist die des Aufnehmens, Einsaugens und Verinnerlichens, des Umfassens und Einverleibens im wahrsten Sinn des Wortes. Das ganze Geschehen der Zeugung und des Wachstums eines Kindes spielt sich für sie im tiefsten Innern ab und macht sie dadurch sehr verletzlich.

Die männliche Struktur ist, betrachtet man allein schon die Vorgänge beim Geschlechtsakt, genau entgegengesetzt: Abgeben, Loslassen, Loswerden und Hinausstoßen sind seine biologischen Impulse. Für ihn läuft dieser ganze Prozeß weit außerhalb seiner selbst, sozusagen von ihm entfernt ab. Bei der Entstehung neuen Menschenlebens ist er Außenstehender, fast nur Zuschauer, der seinen Beitrag leistet, aber die gesamte weitere Prozeßsteuerung völlig aus der Hand genommen bekommt und kaum mehr beeinflussen kann. In dieser Hinsicht fühlt er sich vollkommen machtlos, hilflos und ohne jede Kompetenz der Beurteilung. Das Gefühl der Machtlosigkeit ist für die meisten Männer sehr schwer zu ertragen, sie sehen sich gern als die großen Macher, die alles »im Griff« haben. Was sie nicht mehr beeinflussen können, haken sie ab, legen es zur Seite und sehen weitgehend großzügig darüber hinweg, den Blick auf ein bedeutenderes Ziel gerichtet.

Dies kann eine Erklärung dafür sein, daß ein Vater die Bedürfnisse seiner Kinder ebenfalls auf einer ganz anderen, viel distanzierteren Ebene wahrnimmt und wertet. Sie sind für ihn in keiner Weise zentral, sondern er vertraut darauf, daß seine Kinder mit den nötigen Überlebensstrategien ausgestattet sind und aus eigenem Antrieb ihre Bedürfnisse kundtun und deren Befriedigung erreichen. Er sieht die Erziehung als eine zielgerichtete Aktivität mit dem Zweck des erfolgreichen Entsendens, Loslassens und Freisetzens. Deshalb kann er das Schreien eines Säuglings viel länger ertragen, macht sich viel weniger Sorgen um die seelischen Konflikte, die Kinder durchleben, und kann viel leichter darauf vertrauen, daß sie ihren Weg machen und ihr Leben selbständig meistern. Er verläßt sich auf die Gewißheit der Evolution.

Natürlich können beide Seiten sich hervorragend ergänzen, denn beide Prinzipien sind grundlegend lebensbestimmend und für Kinder gleich wertvoll und wichtig. Und beide Seiten können unendlich viel voneinander lernen und sich gegenseitig bereichern und unterstützen in der Selbsterhaltung und Wahrung ihrer jeweiligen Eigenständigkeit. Auch hierin sind sie ihren Kindern ein existentiell prägendes und damit unentbehrliches Vorbild.

Vom Wachsen und der Zeit

Der Beginn ist so winzig wie dynamisch: In unglaublichem Tempo wird aus nur einem mikroskopisch kleinen Zellenpärchen ein Klumpen mit eigener Grundversorgung. Das bedeutet eine Verzigfachung in Windeseile. Nie mehr später im Leben wachsen wir mit solch rasanter Geschwindigkeit, das organische Wachstum ist ein degressiver Prozeß, der sich von Beginn an stetig verlangsamt und – auf das gesamte Menschenleben gerechnet – erstaunlich schnell zum Stillstand kommt. Aber das tut er nur scheinbar. Denn alle sieben Jahre hat sich die biologische Substanz des menschlichen Körpers ausgetauscht, alle Zellen bis auf Gehirnzellen und einige Nervenzellen erneuern sich im Laufe dieses Zeitraums. Inzwischen hat man ebenfalls bei Gehirn- und Nervenzellen ein gewisses Neubildungspotential nachgewiesen – also kann man auch diesen stetigen Erneuerungsprozeß als Wachstum auffassen.

Dieser Sieben-Jahres-Rhythmus spiegelte sich noch bis vor wenigen Jahren in vielen unserer Lebensgewohnheiten: Kinder wurden früher mit sieben Jahren eingeschult, ein Einführungsritus in die Erwachsenenwelt, wie der Beginn der Berufsausbildung, die Konfirmation in der protestantischen Kirche oder die Jugendweihe in der DDR, sind um den 14. Geburtstag herum angesiedelt (gewesen), Volljährigkeit und damit staatsbürgerliche Mündigkeit war früher mit dem Abschluß des 21. Lebensjahrs, also des dritten Jahrsiebts, verknüpft. In der Ehe galt das siebte Jahr als das »verflixte«, in dem sich endgültig die Nachhaltigkeit der gemeinsamen Grundlage der Ehepartner erweisen mußte. Und wenn wir darauf achten, können wir auch heute noch diese biologische Weisheit an uns und unseren Kindern beobachten und bestätigt finden.

Unser geistiges Wachstum verläuft ähnlich zu unserer organischen Entwicklung. Schlag auf Schlag verarbeitet das kleine Gehirn neue Informationen, zunächst zu einer Sammlung von Einzelteilen, die noch keine genaue Struktur und Ordnung untereinander haben. Das Erlernen von lebenswichtigen Grundfunktionen steht zunächst im Mittelpunkt und geht in Riesenschritten voran: Aufnehmen von Tönen, Geräuschen, Bewegung, Licht und Farben, Geschmack, Berührungen, Temperatur, Druckverhältnisse wie Weite und Enge, nach der Geburt das lebenswichtige Atmen, Geruch, körperliche Techniken wie Saugen, Schlucken. Dies sind zunächst alles nur reflexhafte, unbewußte Vorgänge, die parallel dem Gehirn Impulse geben. Schon ganz früh aber beginnt auch das Wiedererkennen und Deuten. Unser Gehirn ordnet Eindrücke zu einem Raster aus Regelmäßigkeiten, vergleicht, speichert ab, überprüft, korrigiert.

Das Verblüffendste ist: Das geistige und das organische Wachstum gehen unlösbar Hand in Hand! Beim Gehirn ist es sogar die geistige Beanspruchung, die erst die organische Vernetzung und Verflechtung der Gehirnzellen in Gang setzt und vorantreibt. Erst durch die Sprache, die im Gehirn das bewußte Wahrnehmen von Bedürfnissen, Erfahrungen und Zusammenhängen auslöst, werden die grundlegenden neuronalen Verknüpfungen für die Entstehung von abstraktem Denken und Intelligenz hergestellt.

Dieser geistige Wachstumsprozeß kommt jedoch nie zum Stillstand, er schreitet stetig voran – wenn wir ihn lassen!

Aber wir behindern ihn viel zu oft. Wann lernt ein Kind etwas, wann tut es etwas selbständig zum ersten Mal? Wenn es die Herausforderung sieht und annimmt: »Lalleine!« sagt es beispielsweise ganz entschlossen und besteht mit Bestimmtheit darauf, daß es schon groß ist und jetzt sofort allein die Hose anziehen will. Was tun wir? »Aber mach schnell, wir müssen los!« ist noch die geduldigste Antwort, die wir zustandebringen, und dann greifen wir doch ein, denn es dauert zu lange und der Reißverschluß ist hinten statt vorn. Achten wir mal darauf, wo und wie oft wir uns unsere Kinder »bequem einrichten«, statt ihnen ihre zu Recht geforderte Selbständigkeit zu gewähren! Der Kinderwagen kommt mit zum Einkaufen, obwohl das Zweijährige längst wie ein Wiesel läuft, das Auto wird genommen, obwohl der Sechsjährige den kurzen Schulweg trotz Regen lieber mit den Klassenkameraden gehen würde, die Achtjährige bekommt

»ganz fix« die Haare durchgebürstet, obwohl sie gegen das schmerzhafte Ziepen rebelliert: »Du kommst sonst zu spät!«, ist unsere Erklärung, die Kinder nicht widerlegen können. »Warum sind wir dann nicht eher aufgestanden?« können sie nicht fragen, denn ihr Denken ist vorwärts gerichtet.

Mit unserer Zeiteinteilung legen wir den Grundstein für das Wachsen unserer Kinder. Je enger wir den Rahmen stecken, um so weniger freie Entwicklung lassen wir zu. Nicht der Kindergarten, die Schule setzt unsere Kinder unter Druck, sondern wir mit unserer »Zeit«.

Was gibt es aber Spannenderes, Fesselnderes, als ein Kind bei der Eroberung seiner kleinen Welt zu beobachten und zu begleiten? Seinen Erfindungsgeist zu bewundern, seine Eigenständigkeit im Problemlösen mitzuerleben, seine kreativen neuen Methoden zu bestaunen, auf die wir selbst nie gekommen wären? Zu erkennen, daß wir von ihm unglaublich viel lernen könnten – wenn wir die »Zeit« hätten? Wir verpassen, wie die dreijährige Juliane ihren karierten Jeansrock absichtlich so dreht, daß die lila Karostreifen genau unter den Abnähern ihres Blüschens beginnen – womöglich der neuste Modegag. Wir mißverstehen die neue Ordnung, die der fünfjährige Alexander unserer Besteckschublade gibt, als Unfähigkeit, unsere Ordnung nachzuvollziehen – womöglich ist es viel logischer so? Wir versäumen den Entstehungsprozeß von Pauls Parkgarage für seine unzähligen Spielzeugautos, weil wir die Schnipsel der Pappkartons nicht herumliegen sehen können – nun fehlen sie für die gewagte Brückenkonstruktion, die eines Ingenieurs würdig wäre. Die zehnjährige Annett darf die Kartoffeln nicht schälen, weil sie sie erst in Scheiben schneiden will, um schöne gerade Streifen zu bekommen – warum sollen solche Aufgaben nicht auch gestalterisch reizvoll sein?

Glauben Sie mir: Mehr Zeit lohnt sich! Unser Zeitmanagement ist die Grundlage für eine gelingende Erziehung. Es ist die Grundlage für liebevolle Geduld. Dann benötigen wir offene Augen und Ohren und Neugier auf den Pioniergeist und den Ideenreichtum eines Kindes. Natürlich können wir bei den dringenden Einkäufen nicht vor jedem Spielzeugladen, allen anderen Kindern oder Hunden, jeder Eisdiele stehenbleiben, bis Meike sich sattgesehen und -geschleckert hat. Selbstverständlich muß es zum rechtzeitigen Arztbesuch flott gehen, und Michael muß sich die Schuhe zubinden lassen, statt das selbst zu üben, bis es klappt. Aber wir brauchen den Blick für die Lücke: Heute haben wir mal keine feste Verabredung und können ganz geduldig und in Ruhe darauf warten, daß Leonie alle Automarken auf dem Parkplatz identifiziert und Florian die Steine vom Weg mit immer wieder neuen Planschgeräuschen in den Brunnen wirft, ihnen nachlauscht und sie stolz kommentiert: »Plunsch«, »Pleutsch«, »Pitsch«, »Plotsch!« Jonas darf ganz in Ruhe an der Supermarktkasse an den Überraschungseiern zählen üben, bis zehn und dann wieder rückwärts bis eins und so fort, bis er alle dreieinhalbmal durchhat.

Das Fatale an unserem Zeitdruck ist, daß wir ihn immer erst bemerken, wenn er uns schon knebelt und unsere Kinder längst fest im Würgegriff hat. Wir schaffen es nämlich sehr schnell, Kinder an den Verzicht auf ihre Eigenständigkeit zu gewöhnen. Die Bequemlichkeit gewinnt, auch beim Kind. Wenn es einige Male die Erfahrung gemacht hat, daß sein Protest erfolglos bleibt und seine Mithilfe unerwünscht und unbrauchbar ist, wird es diesen Frust nicht freiwillig wieder anstreben – es fügt sich. Und damit schwindet schon im Kleinkindalter das Bedürfnis, die Dinge selbst zu »können«, die die Erwachsenen ganz selbstverständlich erledigen. Das Höherhangeln an steigenden Herausforderungen, das Lernen, das Wachsen ist abgeschnitten.

In dem Augenblick, wo wir erwachsene große Menschen, die »alles können«, dem Kind etwas zutrauen, traut es sich das selbst zu. Nehmen wir ihm die Freiheit dazu, seine Fähigkeiten zu erproben, zu erweitern und zu beweisen, dann behindern wir sein geistiges Wachstum und damit auch das Wachstum seines Selbstvertrauens. Stattdessen vermitteln wir ihm ein Gefühl der Ohnmacht und des Ausgeliefertseins – wollen wir das? Also haben wir die Verpflichtung, die nötige Zeit aufzubringen.

Genauso verhält es sich im Kindergarten und später in der Schule: Je mehr wir dem Kind zutrauen, desto mutiger wird es neue Herausforderungen annehmen und desto selbstsicherer wird es Schwierigkeiten und Aufgaben meistern – und daran weiterwachsen. Dies ist das beste Rezept gegen Null-Bock-Krisen, gegen Selbstmordgedanken und Suchtgefahr.

Ein Anschlag, der im Wartebereich eines Jugendamtes ausgehängt war:

Memorandum von Deinem Kind

Verwöhne mich nicht. Ich weiß ganz gut,
daß ich nicht alles, was ich verlange, haben muß.

Vergiß nicht, daß ich gerne Experimente mache.
Ich lerne davon, darum laß mich doch.

Schütze mich nicht vor Folgen,
ich muß aus eigener Erfahrung lernen.

Befaß Dich nicht zu sehr mit meinen
schlechten Gewohnheiten.
Das veranlaßt mich nämlich, sie zu behalten.

Stelle meine Ehrlichkeit nicht in Frage.
Ich bekomme sonst leicht Angst und erzähle Lügen.

Tu nichts für mich, was ich selbst tun kann.
Dann fühle ich mich wie ein Baby und stelle Dich
weiterhin in meinen Dienst.

Ein verbreitetes Sprichwort sagt: »Der Mensch wächst an seinen Aufgaben.« Das wird meist dann zitiert, wenn jemand eine heftige Anforderung zu bewältigen oder besondere Leistungsfähigkeit bewiesen hat. Wie bei den meisten Sprichwörtern ist auch an diesem »was dran«. Allerdings kann man diesen Satz auch anders auffassen: Er kann Trost sein in mühsamen Situationen, aber er kann auch Ermutigung dazu sein, sich größeren Herausforderungen zu stellen. Dieser Aspekt wird meistens übersehen, vor allem auch in der Kinderversorgung und -erziehung.

»Teitagehn«, »happemachen«, »heiamachen« et cetera sind erste Beispiele. Warum reden wir nicht deutsch mit unseren Kindern? Babysprache, von Erwachsenen benutzt, ist mit einer der Gründe, warum Kinder zum Schuleintritt den Wortschatz eines Dreijährigen mitbringen. Damit suggerieren wir unseren Sprößlingen: »Du bist noch so klein, du brauchst nicht richtig zu sprechen.« Wenn dann Mama und Papa untereinander nicht mal mehr vernünftig reden, ist spätestens Alarmstufe rot angesagt. Zum Glück sprechen sie wenigstens überhaupt miteinander – heute ist ja nicht mal das mehr selbstverständlich. Eines Tages beim Sprachtest für Kindergartenkinder, spätestens bei den ersten Schulnoten – und die gibt es je nach Bundesland und Schule in der ersten, dritten, fünften Klasse oder auch gar nicht! – kommt das böse Erwachen.

Es ist also viel vernünftiger, den Kindern von Anfang an Deutsch beizubringen. Dabei ergeben sich genügend lustige Varianten, die die Kinder erfinden und die man dann immer noch mal scherzhaft aufnehmen kann, aber man erleichtert keinem Kind das Lernen und das Leben, indem man ihm die Babysprache, also eine zusätzliche und noch dazu ziemlich unbrauchbare Sprache, beibringt.

Ähnliches gilt für alle anderen Lebensbereiche. Kinder suchen von klein an mit großer Neugier nach Aufgaben und Herausforderungen, deren Bewältigung sie sich neu aneignen können. Ohne diese Neu-Gier würde kein Kind etwas lernen. Oft setzen sie sich selbst neue Ziele, ob das nun die Treppe, die Leiter am Hochbett, der selbständige Weg zum Spielplatz oder das Dreiradfahren ist. Sie wollen sich weiterentwickeln und ihren Aktionsradius stetig vergrößern. Also ist es schlicht und ergreifend falsch, ein dreijähriges gesundes Kind immer noch im Buggy herumzukutschieren, es ist sogar schädlich. Dieses Kind wird nicht herausfinden, welche eigenen Körperkräfte es besitzt und wie es sie einsetzen kann, sowohl zur Fortbewegung als auch zu allen möglichen anderen Dingen. Es wird den Mut zu eigener Anstrengung und hinterher auch den Impuls dazu verlieren und schlimmstenfalls immer gehfaul, mutlos, ängstlich und mißvergnügt, womöglich auch noch übergewichtig sein. Möglicherweise schlägt der Mangel an Eigenständigkeit, die wir ihm zubilligen, auch in Wut und Aggression um, denn die natürlichen körpereigenen Antriebskräfte lassen sich nur gegen starke Widerstände zurückdrängen und beschneiden. Da gibt es dann noch die Varianten der Aggression gegen andere und der Aggression gegen sich selbst. Ich möchte unter beidem nicht wählen müssen, denn beides bedeutet vor allem für die betroffenen Kinder und Jugendlichen eine extreme Gefährdung, für uns Eltern gewaltige Sorgen und Ängste.

Ein weiterer Punkt, an dem die Entwicklung der eigenen Fähigkeiten durch Überbehütung und übertriebene Vorsicht behindert wird, ist die Nahrung. Von welchem Alter an kann ich meinem Kind die Apfelstücke im ganzen anbieten? Wie lernt es, mit »Stückgut« statt mundgerechten Häppchen auf dem Teller umzugehen? Ab wann kann es richtig zubeißen? Wenn ich ihm den Apfel immer schäle und reibe, ihm immer nur Brei und weichgekochtes Gemüse anbiete, werde ich das nie herausfinden – und mein Kind auch nicht.

Wir können inzwischen fertige »Babynahrung« für verschiedene Altersklassen bis ins Schulalter deklariert kaufen. Ich habe solche Angebote selten probiert, aber was ich kenne, war überwiegend zu Brei gekochter, geschmackloser Mischmasch, der nach künstlichen Aromastoffen und Vitaminbeigaben roch. Mag sein, daß ich mich nicht eingehend genug mit diesen Produkten auseinandergesetzt habe und also kein valides Urteil darüber fällen kann, aber mir erscheint es grundsätzlich nicht als gesunde Entwicklung, daß heute nur noch wenige junge Erwachsene mit ihren Küchengeräten wirklich etwas anzufangen wissen. Wir bringen unseren Kindern immer weniger bei, wie gutes, gesundes, schmackhaftes und anspruchsvolles Essen zubereitet und gegessen wird, und wie es schmeckt. Welches Kind lernt noch Kartoffeln schälen, dicke Bohnen pulen, Salat waschen und Gemüse putzen? In wieviel Familien wird noch gemeinsam gekocht, gebacken und Essen zubereitet?

Es gibt keinen Platz außer der Familie, wo Kinder sich dieses Wissen und diese Fertigkeiten aneignen können; Hauswirtschaftsunterricht im Teenageralter wird diese Defizite nie auffangen, denn dann ist es nicht mehr »cool«, solche Dinge zu tun. Und es macht große Freude, mit den Kindern auf Entdeckungsreise zu gehen, auf dem Markt Gemüse und Obst auszusuchen, ein geeignetes Rezept zu wählen und in der Küche zusammen zu experimentieren. Auch der Geburtstagskuchen, die Weihnachtsplätzchen, Spekulatius und Zimtsterne, liebevoll mit Zucker- und Schokoladenguß und bunten Dekorstreuseln verziert, sind eine phantastische Gemeinschaftsarbeit, die Kindern neue Horizonte ihrer Möglichkeiten eröffnen. Ganz nebenbei kann man dabei auch noch sehr gut über viele wichtige Dinge reden.

Da geistige und motorische Fähigkeiten sich meistens Hand in Hand entwickeln und gegenseitig beflügeln, ist es für verantwortungsbewußte Eltern selbstverständlich, diese Prozesse gezielt zu fördern. Das bedeutet, daß man diese Abläufe den Kindern vermitteln und sie wiederholt von ihnen fordern muß, um sie in den Gewohnheiten zu verankern. Manche Fertigkeiten dagegen sterben regelrecht aus, weil sie niemand mehr anwendet und vermittelt. Zum Beispiel lernen nur noch wenige Kinder das Lesen der Uhr. Überall um sie herum sind digitale Anzeigen zu finden, und daher fehlen die Lernanlässe. Aber viele Kinder und auch Jugendliche können heute analoge Uhren mit Zeigern und Ziffern nicht ablesen. Statt aber das Uhrlesen mit den Kindern zu üben, bis sie es können, werden lieber nur noch Digitaluhren gekauft. Damit wird eine Aufgabe, die zum Familien- und Grundschulpensum gehört, also eine Kunst, die ein Kind mit acht Jahren beherrschen sollte, ins späte Erwachsenenalter oder sogar auf nimmermehr vertagt. Sicher kann man heutzutage das Leben auch ohne analoge Uhr erfolgreich meistern, aber man verzichtet damit auf traditionelles Wissen und ein kulturelles Merkmal.

Für viele Denkaufgaben gilt die Notwendigkeit von Herausforderungen ebenso, wenn nicht noch stärker. Da ist besonders die Schule gefragt; sie muß jedem Kind das geistige Futter anbieten, das es zur Entdeckung und Entfaltung seiner Potentiale braucht. Deshalb ist es wichtig, daß unsere Lehrer schon während ihrer Ausbildung einen Blick dafür entwickeln, welches Kind auf welchem Gebiet gefördert werden muß, also entsprechende Diagnosefähigkeit erwerben. Bei den zur Zeit im Schuldienst Aktiven muß das deutlich erwiesene Defizit auf diesem Gebiet schleunigst durch Fortbildung ausgeglichen werden, damit auch die jetzigen Schulkinder, die kaum frisch ausgebildete Lehrer bekommen, trotzdem bald entsprechend besser gefördert und gefordert werden.

Ideal wäre es, einfach dem *Kleinen Prinzen* von Antoine de Saint-Exupéry zu folgen: »Man sieht nur mit dem Herzen gut.« Aber, so scheint mir manchmal, die Fähigkeit, mit dem Herzen zu sehen, wird durch widrige Verhältnisse, hohe Belastung und wenig motivierende Umstände des Schulalltags den Lehrern, die sie hatten, noch systematisch abgewöhnt.

Der Aspekt der Diagnose und individuellen Förderung gewinnt für die schulische Tätigkeit immer stärkeres Gewicht, weil regionale und überregionale Vergleiche deutlich machen, wie sehr heute bei uns der Zugang zu begabungsgerechter Bildung von der sozialen Herkunft abhängig ist. In den Zeiten des unangefochtenen Frontalunterrichts gab es diese enge Korrelation zwischen diesen beiden Komponenten noch nicht. Für die Lehrer waren Kinder Kinder und wurden nach Kräften vorangebracht. Gehorsam, Disziplin und Druck waren selbstverständlich, und sie lernten, weil sie dazu gezwungen wurden, alle ohne Unterschied. Aufgaben wurden kontrolliert, und Schlamperei und Faulheit wurden bestraft. Wenn sich bei einem Kind unter diesen Verhältnissen besonderes Potential offenbarte, gab es eigentlich fast überall einzelne Lehrer, die solch ein Kind zu sich nach Hause einluden und mit ihm Lektionen und Grundlagen erarbeiteten, die ihm trotz einer benachteiligten Familiensituation den Besuch einer »höheren« Schule, also den Zugang zu begabungsgemäßer Bildung, ermöglichten. Oft galt es dabei, gesellschaftliche Vorurteile und sogar den Widerstand der eigenen Eltern zu überwinden (siehe Ulla Hahn: *Das verborgene Wort*).

In der heute viel liberaleren Haltung Kindern als eigenständigen Individuen gegenüber wird nicht mehr Angst als Druckmittel eingesetzt, und das ist zu begrüßen. Unter Angst können Kinder grundsätzlich nicht gut lernen; sie ist kein geeignetes pädagogisches Mittel. An ihre Stelle tritt Motivation. Das heißt, sie sollte es. Aber daran hapert es leider, vor allem in Familien, denen Bildung nicht so wichtig ist, und leider auch oft in unseren Schulen. »Der will nicht lernen, da kann man nichts machen«, hört man auch von Lehrern immer wieder. Es fällt mir schwer, dafür Verständnis aufzubringen. Wer, wenn nicht sie als gelernte Pädagogen, soll diese Motivation leisten? Wo soll ein solches Kind die Anregungen und den Ansporn finden, seine Begabungen zu entfalten, wenn nicht in der Schule? Da sind die Lehrer in der Pflicht, denn diese Familien können diese Ermutigung und das Definieren von weiteren Zielen und Entwicklungswegen nicht leisten, sie haben die Kenntnisse und den entsprechenden Horizont einfach nicht und oft auch nicht die Phantasie, sich ihr Kind in einer für sie ungewohnten Rolle vorzustellen.

Leider ist diese Einstellung unter unseren Lehrern nicht weit genug verbreitet. Bis zu einem gewissen Maß ist sie wohl verankert, aber zu Zeiten der Personalnot, der Krankheitsvertretungen, der »Evaluierungen«, Vergleichstests, Lernstandserhebungen, Leistungsüberprüfungen ist die Eigenmotivation vieler Lehrer schon beeinträchtigt, und außerdem werden die Ergebnisse internationaler Studien und Vergleiche immer noch viel zu sehr auf die Schülerschaft in ihrer Zusammensetzung bezogen, anstatt sie als direktes Ergebnis und direkten Erfolg der Arbeit der Lehrkraft zu deuten. Also steht die Frage immer im Raum, ob ich mir so einen Schüler mit kargem häuslichem Bildungshintergrund freiwillig »ans Bein binde« und mich damit erstens zu weiterer Unterstützung und Förderung verpflichte und zweitens womöglich die schlechteren Ergebnisse bei den Lernstandserhebungen einheimse – denn er senkt ja den »Schnitt«.

Menschlich ist diese Denkweise noch halbwegs zu verstehen, aber aus professioneller Sicht wirft sie ein sehr schlechtes Licht auf solche Lehrkräfte. Ich gestehe jedem zu, daß er auf gute Arbeitsbedingungen und verläßliche Unterstützung angewiesen ist, um optimale Ergebnisse zu erzielen, und ich sehe ebenfalls, daß diese Voraussetzungen in unserer heutigen Schullandschaft bei weitem nicht flächendeckend erfüllt sind, aber erwachsene, überwiegend gut ausgebildete Fachleute sollten sich nicht auf die Unzufriedenheit mit »den Verhältnissen« als Entschuldigung zurückziehen, sondern aktiv werden, um aus den Gegebenheiten das Beste zu machen. Dazu gibt es heutzutage unvergleichlich viel Gestaltungsspielraum, und meine Einstellung zu der Arbeit, die ich tue, und meine Zusammenarbeit und der Austausch mit Kollegen prägen meinen Erfolg und meine Zufriedenheit. Ich kann selbst das Betriebsklima wesentlich beeinflussen durch meine eigene Haltung und Vorbildwirkung. Natürlich gibt es schlechte Vorgesetzte oder hinterhältige Kollegen oder aggressive Schüler oder boshafte Eltern, aber das sind alles Randerscheinungen, mit denen ich professionell umgehen und sie möglicherweise meiden oder ändern kann.

Unter Umständen ist es auch notwendig, daß ich mir Hilfe hole. Das würde aber voraussetzen, daß ich offen eingestehe, daß ich mit etwas nicht allein fertigwerde. Diese »Kunst« ist besonders unter Lehrersleuten – pardon! – nicht gerade weit verbreitet, im Gegenteil, sie haben gelernt, perfekt sein und auf alles eine Antwort haben zu müssen. Wir müssen wohl alle noch viel lernen und bereit sein, uns weiterzuentwickeln und alte Hüte zu verabschieden, damit unsere Schulen endlich so gute Arbeit leisten können, wie wir es uns und unseren Kindern schuldig sind.

Zum Glück haben wir aber auch Selbstheilungskräfte. So ist es wohl zu erklären, daß immer wieder Menschen aus eigenem Antrieb den Sprung zu mehr Bildung schaffen, ohne besondere Unterstützung von irgendeiner Seite erfahren zu haben. Sie haben meist einen langen und verschlungenen Weg hinter sich, Abendgymnasium oder Meisterschule mit eisernem Willen und direktem Blick auf ihr Ziel absolviert und sind zu Recht entsprechend stolz auf ihren Erfolg. Und unser Bildungssystem bietet auf jeder Stufe mehrere solcher Wege, die man gehen kann, wenn der »normale« Weg nicht der richtige ist. Der »normale« Weg ist zwar der direkteste und meistens der leichteste, auf dem die wenigsten Hindernisse das Fortkommen stören, aber er bietet auch die wenigsten Reibungspunkte und die wenigsten Herausforderungen. Menschen, die den Königsweg verschmäht haben und einen eigenen, anspruchsvolleren, mehr

Eigeninitiative und Einsatz verlangenden Weg gegangen sind, bringen dadurch unvergleichlich viel mehr Erfahrung, Selbstvertrauen, Durchsetzungsvermögen und Hartnäckigkeit in der Verfolgung ihrer Ziele mit.

Aber eigentlich sollten unsere Schulen diese Aufgabe erfüllen und allen Kindern dieses Selbstvertauen und dieses Durchhaltevermögen vermitteln, unabhängig von ihrem Schulabschluß und ihrem Begabungsprofil. Dazu müssen unsere Schulen wieder mehr Anforderungen stellen und den Kindern mehr Mühe abverlangen, sie aber entsprechend auch für diese Mühe mit Lob und Anerkennung belohnen. Und dazu gehört eben auch ein gewisser Druck, der hilft, die ersten Hürden zu überwinden. Dadurch kann Hürdenüberwinden zum Hobby aller Kinder in der Schule werden – das wäre zumindest die ideale Voraussetzung für diese gewünschte Entwicklung.

An Menschen mit Behinderung (besser: Beeinträchtigung) können wir zum Beispiel gut sehen, welche Kraft Menschen aus Schwierigkeiten schöpfen, die sie meistern. Ob das der berühmte und hoch anerkannte kleinwüchsige Bariton Thomas Quasthoff ist oder der bekannte schwerst behinderte Physiker und Nobelpreisträger Stephen Hawking, der beliebte und bewunderte Filmstar mit Down-Syndrom Bobby Brederlow, der vielgefragte contergan-geschädigte Unternehmensberater, Pfarrer, Tischtennisspieler und Buchautor Rainer Schmidt, viele der medaillenverdächtigen Hochleistungssportler der Paralympics oder andere erfolgreiche Menschen mit Beeinträchtigung – sie alle zeigen, wie wir an besonderen Herausforderungen wachsen, sogar über uns hinauswachsen können. Daß diese Menschen keine Angst und Scheu haben, sich auch in Medien mit ihren Leistungen zu präsentieren, läßt uns alle an ihrem Vorbild lernen. Schmidt beschreibt diesen wichtigen Effekt aus der Sicht eines Betroffenen in seinem Buch *Spielend das Leben gewinnen – Was Menschen stark macht.*

Also muß gelten: Jede Mutter, jeder Vater, Großeltern, Brüder, Schwestern und so weiter, aber vor allem auch jeder Lehrer muß alles daransetzen, Kinder zu höheren Leistungen und Zielen zu ermutigen. Und wo jemand wegen einer Behinderung stellvertretende Minderwertigkeitsgefühle und Scham seiner eigenen Angehörigen verarbeiten muß, gilt diese Forderung erst recht.«Wenn die dir alle nichts zutrauen, mußt du das eben selbst in die Hand nehmen und es ihnen zeigen!« müssen sie zu hören bekommen. Es ist eben nicht der richtige Weg, stellvertretend für sie die Ziele bescheiden zu halten und ihnen alle Hindernisse aus dem Weg zu räumen und alle Komplikationen zu ersparen. »Du schaffst das schon, und wenn's nicht beim ersten Versuch klappt, dann eben beim zweiten!« ist die gesunde Unterstützung.

Gesundheitserziehung

Als Eltern eines ersten Säuglings sind wir oft sehr unsicher, wie wir mit dem Kind richtig umgehen. Das Wickeln, Baden und Füttern haben wir noch auf der Säuglingsstation oder von der Hebamme gelernt, aber was ist los, wenn das Kind schreit? Hat es Schmerzen, und wie erkenne ich das? Wie entscheide ich, ob es nötig ist, zum Arzt zu gehen oder sogar sofort die Notaufnahme im Kinderkrankenhaus aufzusuchen? Die Beantwortung solcher Fragen stellt uns oft vor schwere Probleme. Deshalb ist es sehr ratsam, von Anfang an ein kluges Buch zu diesem Thema im Haus zu haben, denn Angaben im Internet, wo viele heute als erstes Informationen suchen, sind oft sehr subjektiv geprägt und unter Umständen irreführend, weil die Beschreibungen von Symptomen und Untersuchungsmethoden nicht genau und sicher genug sind. Da bleibt immer ein Rest Unsicherheit, den dann doch nur ein Arzt ausräumen kann.

Das Buch, das mir bei diesen Gelegenheiten unschätzbar geholfen hat, kann ich nur weiterempfehlen. Es begleitet uns und unsere Kinder von der Geburt an bis weit ins Teenageralter und gibt viele hilfreiche Hinweise zur allgemeinen, das heißt »normalen« körperlichen Entwicklung, nicht nur zu Krankheitszuständen. Es heißt *Kindergesundheit* und ist von zwei Kinderärzten, Wolfgang Goebel und Michaela Glöckler, geschrieben. Ich finde es deshalb besonders überzeugend, weil es uns Eltern Ruhe und Gelassenheit vermittelt und verdeutlicht, daß jede Kinderkrankheit ein Prozeß ist, der nicht als Schwächung zu begreifen ist, sondern aus dem das Kind gestärkt mit frischen Kräften und größerer Widerstandsfähigkeit gegenüber Keimen und Infektionen hervorgeht. Es entstehen ähnliche Effekte wie auch aus den vorher beschriebenen geistigen Anstrengungen. Oft erleben wir mit, daß ein Kind durch eine fiebrige Infektion spürbar reift, neue Denkhorizonte erschließt und uns hinterher geistig gewachsen erscheint.

Da dieses Buch auf den Grundsätzen der Anthroposophie aufbaut, treten die Autoren für einen möglichst naturgemäßen, nicht behindernden Umgang mit den körpereigenen Grundfunktionen ein. Sie fordern dazu auf, auf die Selbstheilungskräfte des Körpers zu setzen und sie bei ihrer Entfaltung zu unterstützen, statt sofort mit der fetten pharmakologischen Keule gegen jedes kleine Schnüpfchen vorzugehen. Ein rechtzeitiger Arztbesuch ist natürlich unbestritten notwendig, und auch ein Antibiotikum ist manchmal nicht vermeidbar, aber das Buch hilft dabei, den Zeitpunkt, zu dem das nötig wird, sicherer abzuschätzen. Die Autoren erläutern Grundregeln, die für die gesunde Entwicklung eines Kindes sehr hilfreich sind. Gleichzeitig machen sie darauf aufmerksam, welche schädlichen Bräuche sich heute eingeschlichen haben im Umgang mit Erkrankungen, Medikamenten und Impfungen im Säuglings- und Kleinkindalter, zeigen aber auch sonstige Verhaltensweisen und Gepflogenheiten »moderner« Eltern im Umgang mit ihren Sprößlingen auf, die dem Kind nicht unbedingt guttun.

Über Eltern mit kleinen Kindern freuen wir uns sicher alle, wenn wir sie sehen. Der Anblick sorgt einfach dafür, daß uns warm ums Herz wird. Es scheint normal, daß schon die neugeborenen Säuglinge ständig überallhin mitgenommen und herumgetragen werden. Die junge Mutter oder der frischgebackene Vater sind so stolz auf ihr Kleines und möchten gern sichtbarmachen, daß es jetzt zu ihnen gehört und sie eine kleine Familie sind. Bis zu einem gewissen Alter läßt ein Säugling sich von Umweltgeräuschen und Bewegungen nicht stören, aber was ist wohl besser, angenehmer für die Babyohren: Motorengeräusche, Bremsenquietschen und Menschengeschrei oder Windsäuseln, Vogelgezwitscher und Blätterrauschen? Und welche Bewegung tut ihm wohl eher gut: Einsteigen, Aussteigen, Hin und Her mit dem Auto oder gleichmäßiges Schaukeln im Kinderwagen?

Heute ist üblich, daß auf Kleinkinder ständig eingeredet wird, sie dauernd betüdelt werden und kaum einmal allein für sich spielen oder nur in die Weltgeschichte gucken können. Dabei reicht es einem dreimonatigen Säugling völlig aus, wenn er im Kinderwagen, gut geschützt durch ein Insektennetz, die Lichtreflexe in den Zweigen eines Baumes beobachten, dazu das leichte Rascheln der Blätter hören und den sanften Windhauch spüren kann, auch wenn der Wagen ganz still an einem Platz stehenbleibt. Irgendwann wird er seine Zehen entdecken und daran spielen, seine Fingerchen wahrnehmen oder mit einem kleinen Stoffpüppchen spielen, das ihm gerade in die Finger gerät und mit eingebauter Rassel eine sanfte Reaktion auf jede Bewegung wiedergibt. Das ist, zusätzlich zu den normalen Umweltreizen im Haus, Geräuschen, Stimmen, leiser Musik und dem regelmäßigen Tagesablauf, reichlich genug an Reizeinwirkung. Wenn wir unsere Kinder ständig dem hektischwechselhaften Ablauf unseres Arbeits- oder Alltages aussetzen, müssen wir uns über laute, nervöse und zappelige Kinder nicht wundern. An anderer Stelle gehe ich auf den regelmäßigen Tagesrhythmus und seine enorme Bedeutung für eine Grund-

ruhe und Beständigkeit im Kleinkinderleben noch einmal ausführlicher ein.

Kinder im Kinderwagen in Fahrtrichtung zu setzen, ist auch
so eine unüberlegte Verhaltensweise. Das Kind wird dadurch
optisch und gefühlsmäßig allen Bewegungen ungeschützt ausgesetzt, die auf es zukommen. Statt mit Blick auf die Mutter
oder Begleitperson in einem geschützten kleinen Rahmen geborgen zu sein, in dem es aufgefangen wird und Ruhepunkte
für seinen Blick findet, strömen vor allem auch mit schnell-
fahrenden Autos ständig bedrohliche Eindrücke auf die kleine
Seele ein, die sie noch nicht verarbeiten kann. Wenn wir schon
mit gerade einem halben Jahr unsere Kinder auf solche wilden
Umgebungsfaktoren konditionieren, müssen wir uns über ihre
Unruhe, Schlafstörungen und Nervosität nicht wundern.

Natürlich habe ich gerade noch davon geschrieben, daß wir
unseren Kindern möglichst viel Anreiz zu eigenem Entdecken
und Entfalten geben sollen, aber wie alles im Leben kann man
auch dies übertreiben. Völlige Reizüberflutung schon im Säuglingsalter, bei jedem kleinen Laut des Kindes hinrennen und
ihm ein lautes, grellbuntes Räppelchen nervös vor der Nase
herumschwenken, Spielzeug mit »Lerneffekt«, bei dem ständig unterschiedliche elektronisch erzeugte Geräusche ausgelöst
werden, dauernde Beschäftigung und Ablenkung vom eigenen
Impuls führen dazu, daß wir dem Kind eine Anlage aberzie-
hen, die es von Geburt an eigentlich in sich trägt: Es verlernt,
sich mit sich selbst zu beschäftigen. Bald wird es dieses ständige
Abgelenkt- und Unterhaltenwerden, das auch Kleinkinderpro-
gramme im Fernsehen in ihrer atemlosen Abfolge völlig unterschiedlicher Themen spiegeln, als Selbstverständlichkeit ansehen und erwarten, immer im Mittelpunkt zu stehen. Sobald
Mutter und Vater sich mal mit etwas anderem als ihrem Kind
beschäftigen, geht dann das Protestgeschrei los, später der Terror
mit dem Ausprobieren verbotener Dinge, das Stören jedes Ge-
spräches durch eigene lautstarke Kommentare und vieles mehr,

und Eltern haben ihre liebe Not mit ihrem kleinen Tyrannen, der lückenlose Aufmerksamkeit fordert. Zu dieser Thematik gibt es ebenfalls sehr hilfreiche Literatur, Michael Winterhoffs Buch *Warum unsere Kinder Tyrannen werden.*

Im Kindergarten und noch viel mehr in der Schule gelten solche Kinder als hyperaktiv, mit Aufmerksamkeitsdefizit, werden dauernd gemaßregelt und zurechtgewiesen, irgendwann nach Hause geschickt, weil sie immer wieder auffällig werden und immer stärkere Effekte suchen, um die Aufmerksamkeit der Lehrperson auf sich zu lenken. Es gibt Lehrkräfte, die sich anmaßen, eine medizinische Diagnose zu stellen, und auch schon die Therapie anraten, sie sogar zur Bedingung machen dafür, daß das Kind in ihrer Klasse bleiben darf und nicht zur Förderschule (früher Sonderschule) für schwer Erziehbare verwiesen wird. Ritalin und Co. heißen die Zaubermittel und sind schwere Psychopharmaka, die unter Umständen auch abhängig machen können. »Besorgen Sie sich Ritalin«, bekommt man dann zu hören, gegen ADHS (AufmerksamkeitsDefizit- und HyperaktivitätsSyndrom), »sonst müssen wir Ihren Sohn zur Förderschule schicken. Er bringt hier den ganzen Betrieb durcheinander und stört die Klasse beim Lernen.« Ja, Sie haben richtig gelesen, sehr häufig sind davon die Jungs betroffen, viel häufiger als Mädchen, und diese Ruhigstellung mit Psychopharmaka ist in den heutigen Grundschulen erschreckend weit verbreitet, auch viele Kinderärzte greifen recht schnell zu solchen Mitteln. Unter Kinderärzten gibt es laut Berichten Betroffener sogar eine Art Netzwerk zur Ferndiagnose und Ferntherapie, in dem Fachärzte, die auf diesem Fachgebiet Forschung betreiben, nach Symptombeschreibung des Kollegen vor Ort eine Medikation anordnen, ohne das betroffene Kind je gesehen zu haben. Welche Anreize die Pharmaindustrie dazu bietet, kann man nur erahnen.

Wenn wir wirklich selbst diese Terror-Spirale in Gang gesetzt haben, in der sich das Kind immer höher schraubt, dann haben wir allen Grund, über unsere Erziehungsmethoden nachzudenken. Haben wir selbst diesen kleinen Tyrannen herangezogen? Dann haben wir als Eltern auch den Schlüssel zum Umsteuern in der Hand. Es ist Zeit, daß wir unserem kleinen Prinzen sanft, aber bestimmt beibringen, daß er diesen Showbetrieb ab sofort nicht mehr von uns erwarten darf und er selbst aktiv werden muß, um sich Beschäftigungsfelder zu suchen, die ihn ausfüllen und ihm Freude machen.

In erster Linie eignet sich Sport, ein Mannschaftssport mit festen Regeln, um einerseits das ungenutzte Kraftpotential zu binden und andererseits die Fähigkeit zur Unterordnung und zum reibungslosen Einfügen in ein Team zu trainieren. Ein weiteres sehr wirksames Mittel ist Musik: Singen im Chor, Lernen eines Instrumentes und Mitspielen im Orchester und damit Hören und Eingehen auf andere. Bewegung und Musizieren tragen beide wesentlich zur Ausgeglichenheit und inneren Befriedigung bei, und sie unterstützen außerdem das Konzentrationsvermögen und die Fähigkeit, bei der Sache zu bleiben – ein Leben lang.

Grundsätzlich ist es erforderlich, das Lebensgefühl eines solchen Kindes zu entschleunigen, ihm Ruhe und Geduld zu vermitteln und es zu mehr Gründlichkeit in weniger Aktivitäten anzuhalten, nach dem Motto: Weniger ist mehr. Das hätten wir eigentlich besser gleich von Anfang an gemacht. Wenn wir solch ein Kind mitnehmen in die freie Natur, es dazu anhalten, zu riechen, zu horchen, zu tasten und zu fühlen, genau hinzusehen und die Natur in ihren Abläufen und ihrer zyklischen Harmonie intensiv wahrzunehmen, können wir ihm am besten das Gefühl vermitteln, daß es eingebettet ist in diese wunderbare Schöpfung, ein Teil von ihr und deshalb sicher in ihr geborgen.

Das Ziehen der Zugvögel in strenger Formation, die kraftvollen Herbstwinde, die den Drachen wild herumtoben lassen und die Blätter und morschen Äste von den Bäumen rütteln, das scharfe Knirschen des Frostes, das Glitzern des Schnees im Sonnenlicht, die Beschaulichkeit und Kuscheligkeit des Winters mit Vorlesegeschichten bei Kerzenlicht, das rauhe Schütteln der Frühlingsstürme, diese heftigen Selbstreinigungsprozesse und das vorsichtige Erwachen der Natur in zarten ersten grünen Spitzen, die Rückkehr der Zugvögel, ihre Rufe, mit denen sie im Frühjahr den neuen Sommer ankündigen, das übermütige Wachsen und Werden, die reife Fülle des Sommers mit allen dazugehörenden Freuden und Tätigkeiten, all das hilft uns, uns in diesem weisen Jahresrhythmus zu verankern und in unserer inneren Ruhe anzukommen. Und das ist es, was unser Kind dann braucht, neue innere Ruhe und eine Beständigkeit und neues, natürlicheres Selbstverständnis. Auch der Zyklus der kirchlichen Feiertage bietet uns dazu eine starke Hilfe und Orientierung. Die Festvorbereitungen für Weihnachten mit Basteln und Backen, das Eiermalen zu Ostern, Herbst und Erntedank mit dem Sammeln von Früchten, Nüssen, Bucheckern und Kastanien, der Fülle der Früchte des Feldes, all das sind geeignete Marken im Jahresablauf eines Kindes, um ihn zu entschleunigen und zu untergliedern.

Mit diesen Ausführungen dokumentiere ich, daß ich viele der üblichen Abläufe im Zusammenhang mit schulischer und auch medizinischer Diagnose von Auffälligkeiten durchaus kritisch sehe. Nach vielen Berichten Betroffener und eigenen Erfahrungen stehe ich dazu. Auch die mittlerweile verbreitet gestellten Diagnosen Legasthenie und Dyskalkulie lösen bei mir Skepsis aus, denn sie bezeichnen Lernblockaden, die man meiner Ansicht und konkreter Erfahrung nach nicht als naturgegebene Beeinträchtigung hinnehmen muß, sondern die bei der richtigen Förderung durch begabungsgerechtere Anforderungen behoben oder zumindest deutlich vermindert werden können. Da ich mich aber damit auf bislang unbeweisbares Terrain begebe, will ich diese Betrachtung hier nicht vertiefen.

»Erziehung beginnt mit Selbsterziehung.« Diesen Spruch hörte ich zum ersten Mal von der Erzieherin im Waldorf-Kindergarten, in den meine Kinder gingen. Er war der Ausdruck für etwas, das ich schon längst am eigenen Leib erfahren hatte, aber so noch nicht fassen konnte. Kinder sind kritisch, beobachten und halten dir auf Schritt und Tritt den Spiegel vor. »Mami, man legt nicht die Ellbogen auf den Tisch!« ermahnt der fünfjährige Simon beim Abendessen die wirklich erschöpfte Mutter. »Du ziehst doch auch keine Jacke an, warum muß ich das denn dann tun?« fragt die dreijährige Julia beim Start zum Kindergarten. »Ich will aber keine Gummistiefel anziehen, du hast mir vorgestern auch die Lederschuhe erlaubt!« protestiert Friederike beim Aufbruch zum Schlittenfahren.

Jedes Mal steht man da und muß erklären, rechtfertigen, durchsetzen. Wenn die Erklärung kompliziert ist und nicht spontan kommt, wird es noch schwieriger. Die autoritäre Art wäre die Antwort: »Hier wird gemacht, was ich sage« oder »Gestern war gestern.« Das ist mit Sicherheit eine Lösung, die in den ersten Jahren zu guten Ergebnissen führen kann. Manchmal ist es auch einfach das Beste, ganz ohne Worte ruhig einzugreifen, zu handeln und neue Bedingungen herzustellen. Wir schließen einfach die Schranktür, hinter der sich – hoffentlich! – das Fernsehgerät befindet, dessen Einschaltknopf immer wieder diese magnetische Anziehungskraft ausübt, oder ich hänge ein Handtuch, dessen Aufhänger gleich abreißt, an einen höheren Haken außer Reichweite meines sich hochziehenden Krabbelkindes. Dies sind Vorgänge, an denen es für das Kind nichts zu lernen gibt außer, daß ich die Entscheidungen treffe und durchsetze.

Aber wir wollen, daß unsere Kinder verstehen lernen, Vernunft gewinnen, einsehen, was gut für sie ist, unsere Entscheidungen mittragen und unterstützen, wir wollen ihnen die Welt erschließen und erklären. Das ist der Grund für die oft sehr weitgehende Bereitschaft der heutigen Eltern, mit ihren Kindern zu »diskutieren«.

Eltern der vorangehenden Generationen kennen dieses Diskutieren mit den eigenen Kindern nicht und können es schwer nachvollziehen. Mit ihnen wurde nicht diskutiert, und sie haben das mit ihren Kindern auch nicht getan. Auch dies ist eine neue Errungenschaft der emanzipatorischen Pädagogik. Mit dem Ernstnehmen auch schon der kleinen Kinder und Erklären statt Befehlen – allerdings nur in Maßen – habe ich gute Erfahrungen gemacht. Die Intensität, mit der man auf solche kritischen Nachfragen und auch Machtproben eingeht, muß natürlich je nach Alter der Kinder dosiert sein. Einem Dreijährigen die medizinisch-physiologischen Abläufe einer Erkältungsinfektion auseinanderzulegen, ist sicher überzogen, und einer Dreizehnjährigen keinen Grund für ein Ausgehverbot am Abend zu nennen, ist bestimmt ebenso wenig angemessen. Aber wir werden uns ständig mit den Proben auseinandersetzen müssen, auf die unsere Sprößlinge uns stellen. Es ist ihr Weg, zu lernen, unsere Glaubwürdigkeit zu prüfen und ihre eigenen Grenzen zu erfahren und zu erweitern.

Diese Grenzen sind zu Beginn ganz eng gesteckt, ein Säugling ist auf Transporthilfe angewiesen, um die Welt zu entdecken. Ein Krabbelkind beginnt das Zimmer, das Haus, den Garten zu erobern und sein Terrain zu erweitern und wird hin und wieder an Grenzen stoßen. »Nein, nicht anfassen!« sagt der Vater, und das Kind läßt die Finger vom CD-Player – oder auch nicht. Der Vater sagt vielleicht: »Finger weg, sonst machst du aua«, und da beginnt er auch schon zu erklären. Wenn die krabbelige Steffi nun den CD-Player anfaßt und sich nicht wehtut, ist diese Grenze schon gefallen. Wenn der Vater dann sehr ärgerlich reagiert, ist die Grenze zwar neu gesetzt, aber nicht der väterlichen Begründung entsprechend. Hier hat der Vater offenbar eine nicht zutreffende Begründung geliefert, und seine nächste

Begründung wird auf jeden Fall auch als erstes auf Richtigkeit getestet.

Es ist ganz wichtig, solche Grenzkonflikte nicht zu einer grundsätzlichen Machtprobe eskalieren zu lassen, wo sich das Ergebnis danach richtet, wer der Stärkere ist. Das sind wir eine Zeitlang, aber irgendwann nicht mehr, und es ist fatal, wenn ein schlaues Kind nur darauf lauert, uns mit unseren eigenen Waffen schlagen zu können.

Eine gute Methode, zu der allerdings auch immer Geduld und Phantasie gehören, ist die Ablenkung vom eigentlichen Ziel. Kleinkindertrotz kann sehr nervig und aufreibend sein. Manche Kinder rasten förmlich aus, wenn sie ihren Willen nicht bekommen, und dabei kann es auch einige Scherben und Schäden geben. Aber es ist nicht erheblich, ob wir solch ein Kind völlig ausbremsen und es zum Umkehren, zu einer 180-Grad-Wende zwingen. Wir als Erwachsene müssen nicht den Willen eines Kindes brechen, um zu beweisen, wie stark wir sind und welche Macht wir über dieses Kind haben. Jeder weiß das, auch das Kind. Es wird ja gerade seiner Ohnmacht wegen wütend, und durch diese Kampfhaltung stürzen wir es noch tiefer in seine Wut. Wir können ganz im Gegenteil dem Kind helfen, seine in diesem Trotzmoment negativ gerichteten Energien in eine positive Richtung umzulenken, indem wir ihm für die 180-Grad-Kehre eine schicke Steilkurve bauen, statt es vor die Betonwand laufen zu lassen. Damit helfen wir diesem Kind, immer öfter selbst einen alternativen Weg zum Ziel zu suchen und diese »Umlenktechnik« in Eigenregie einzusetzen, also nach eigenen Alternativen zu suchen, statt seine Wut in einem wilden Anfall destruktiv auszutoben.

Hendrik sitzt im Sandkasten und baut gerade eine tolle Burg mit Brücken und Tunnels für seine Autos, als die Mutter zum Essen ruft. »Ich hab' keinen Hunger!«, und er buddelt weiter. Mutter lockt: »Ich habe auch einen köstlichen Nachtisch!« –

»Ich hab' aber keinen Hunger!« Weil er schon solchen Hunger hat, daß er ihn gar nicht mehr spürt und jetzt sein »Böckchen« kriegt, ist es erst recht höchste Zeit. Die Mutter könnte hingehen und ihn aus dem Sandkasten herausheben und zum Tisch tragen, gegen lautstarken Protest natürlich. Aber sie kann auch anders reagieren: »Weißt du, ich habe aber jetzt Hunger, und allein schmeckt es mir gar nicht. Wenn du jetzt schnell kommst, darfst du das Tischgebet aussuchen, und hinterher können wir zusammen im Sandkasten spielen, und ich helfe dir noch, eine schöne Knickerbahn für deine Murmeln zu bauen!« Das wirkt, Hendrik kommt angetrottet, wäscht sich sogar freiwillig die Hände, die Regeln sind eingehalten und das gemeinsame Essen findet statt, ohne daß Tränchen geflossen und Fäustchen geflogen sind.

Etwas anstrengender und mühsamer ist das schon, und wer erwartet, daß ihm diese Geduld in jeder Situation gegeben ist, überfordert sich vollkommen. Aber je häufiger das gelingt, um so öfter wird Hendrik selbst ein ausgleichendes Angebot, einen Tauschhandel Gehorsam gegen Unterstützung anbieten und uns bei der Vermeidung solcher Machtproben aktiv helfen.

Wollen wir, daß unsere Kinder die Grenzen respektieren, die wir setzen, dann müssen wir unbedingt glaubwürdig sein. Aber auch die glaubwürdigsten Eltern erleben, wie ihre Kinder eines Tages trotzdem die gesetzten Grenzen verletzen. Das müssen sie, um sie zu spüren und als tatsächlich existent zu erfahren. Diese Grenzen können sich bemerkbar machen als schmerzhafte Folgen durch einen Schreck, eine leichte Verbrennung oder Verletzung, aber auch als deutlich spürbare Verstimmung der Eltern, als Angst oder als Strafe. Nur so können Kinder im Lauf ihres Heranwachsens ihre zu Beginn ganz engen Grenzen kontinuierlich erweitern und den eigenen, ebenfalls wachsenden Fähigkeiten anpassen. Also müssen wir ihnen dazu auch einen gewissen Spielraum einräumen.

Bei unseren Freunden Rita und Johannes hatte sich nach der Geburt ihrer Tochter Juliane alles verändert. Bei unserem nächsten Besuch waren sämtliche unteren Regalbretter leergeräumt, die Kanten und Ecken des Wohnzimmertisches hatte Johannes mit dicken Mullkompressen und Heftpflaster formschön verziert, und alle Steckdosen unter einem Meter Höhe waren mit mehreren Schichten Paketband zugekleistert. »Damit Juliane sich nicht verletzen kann, wenn sie anfängt zu krabbeln«, war die Erklärung. »Es könnte ihr ja ein Buch auf den Kopf fallen, wenn sie sich am Regal hochzieht.«

Juliane ist heute sehr zurückhaltend, eigentlich schüchtern und etwas ängstlich und hat wenig Mut, auf neue Herausforderungen zuzugehen. Rita und Johannes haben ihr immer sämtliche Hindernisse aus dem Weg geräumt, haben sie vor allen nur denkbaren Gefahren im voraus behütet, auch durch strenge Verbote, und ihr schmerzhafte eigene Erfahrungen erspart. Aber sie hat nicht gelernt, Risiken selbst einzuschätzen und Krisen eigenständig zu bewältigen und ist unerfahren im Ertasten und Überwinden von Grenzen.

Ganz anders Friederike: Ihre Eltern Mareike und Jost haben nicht ein Detail in ihren Wohnräumen verändert, als Friederike zu krabbeln begann. Sie haben auch die offene Treppe im Wohnraum nicht mit Gittern abgesperrt, weder oben noch unten. Es hat oft etwas gescheppert, und Friederike hat den einen oder anderen kleinen Sturz gedreht. Wie sollen Kinder lernen, was Scherben sind, wenn sie nie einen entsprechenden Unfall erleben? Wie sollen sie lernen, daß Scherben scharf sind, ohne sich je an einer zu schneiden? Aber einer der beiden Eltern war immer in der Nähe, zumindest akustisch, hatte die Ohren beim Kind und ein sicheres Gespür dafür, wenn eine verdächtige Stille eintrat. So haben Mareike und Jost die Gefahren für Friederike in vertretbaren, überwiegend harmlosen Grenzen gehalten, ohne sie ihr ganz zu nehmen und damit die Gelegenheiten, eigene Erfahrungen zu machen.

Als Friederike anfing zu krabbeln, hat sie, mit intensiver, nur zwei Tage dauernder Unterstützung, als erstes gelernt, rückwärts die Treppe herunterzukrabbeln, und sie bekam hin und wieder eine Warnung mit auf den Weg. Wenn sie sie ignoriert und ihre Erfahrung damit gemacht hatte, wurde sie aufgefangen und getröstet – sie hat keinen Schaden genommen. Sie ist ein richtiger kleiner Wirbelwind, immer in Bewegung, flott und gelenkig auf den kleinen Beinchen, ein Klettermaxe und für alle Experimente zu haben. Wenn sie auf die Nase fällt, sagt sie »aua«, ein Erwachsener muß »pusten«, und sie stürmt weiter, auf das nächste Abenteuer zu. Sie traut sich zu, Schwierigkeiten zu meistern, hat eine schon sehr sichere Einschätzung ihrer Kräfte und Grenzen und steckt kleine Mißerfolge locker weg, ohne sich entmutigen zu lassen.

Dies ist ein Bereich, in dem wir unsere Kinder entscheidend fürs Leben prägen – und in dem wir selbst ganz tief vorgeprägt sind. Jeder Mensch hat sein eigenes Sicherheitsbedürfnis und eine damit korrespondierende Risikobereitschaft. Hier können wir nur sehr schwer über unseren Schatten springen, aber bei ausreichend Zeit zur Abwägung kann es ab und zu gelingen. Außerdem können Mutter und Vater bei abweichenden Einstellungen einen Ausgleich zwischen beiden Standpunkten entwickeln.

Natürlich kann es nicht darum gehen, die Kinder sich selbst zu überlassen und ohne jede Begrenzung allen möglichen Gefahren auszusetzen, um sie »krisenfest« zu machen, wie man es zum Beispiel bei Jeannette Walls in dem autobiographischen Roman *Schloss aus Glas* lesen kann. Sie beschreibt eine völlig ungeschützte Kindheit ohne Regeln und Ordnung, dafür voller Gefahren und schwerster Bedrohungen, bis hin zur Begegnung der Kinder mit Klapperschlangen. Wie überall ist es der Mittelweg, den wir suchen müssen, und zwar der je individuell vertretbare – *den* Mittelweg für alle gibt es nicht. Das bedeutet: Wir sind selbst in der Pflicht.

Entscheidend erziehen wir aber durch das, was wir vorleben, was unsere Kinder beobachten, ohne daß es dazu Erklärungen und Erläuterungen gibt. Vorbilder prägen mehr als tausend Predigten und Appelle an das logische Denken. Dabei geht es um sämtliche Bereiche des Lebens, der Familie, der Begegnung mit anderen Menschen und der allgemeinen Lebensbewältigung. Schon unsere Grundhaltung zu den Herausforderungen des Lebens beeinflußt die der Kinder, manche gucken sich alles ab, das heißt, sie übernehmen fast kritiklos unseren Umgang mit dem Alltag, mit den Menschen und miteinander. Wie wir unsere Aufgaben und Pflichten angehen, ob mit Leichtigkeit und Freude, gleichgültig und ohne besondere sichtbare Regung oder mit Müdigkeit und Überdruß, prägt das alltägliche Empfinden und kann sich als eigenes Persönlichkeitsmerkmal des Kindes verfestigen.

Aber alle Kinder sind Optimisten, jedenfalls zu Beginn ihres bewußten Lebens. Sie haben grundsätzlich Sehnsucht nach der größtmöglichen Harmonie in der Familie, nach Frieden und Fröhlichkeit und bedingungsloser Liebe. Sie leiden unter schlechter Stimmung viel stärker, als wir es merken, weil sie selbst dafür noch keinen Ausdruck haben. Wenn uns als Eltern alles zuviel ist, was wir erledigen müssen, wir uns im Dauerstreß fühlen und darüber ständig klagen, verbreiten wir Unzufriedenheit und ein Gefühl der Überbeanspruchung, das Kinder schnell auf sich beziehen. Ein Kind kommt leicht auf die Idee, es selbst könnte die Hauptursache für diese Überlastung sein, und überlegt, wie es die Mutter und den Vater von ihren Sorgen befreien könnte. Es beginnt, Aufgaben freiwillig zu übernehmen, den Eltern abzunehmen, um ihnen die Bewältigung des Alltags zu erleichtern und vielleicht damit das Leben der Familie wieder harmonischer und die Eltern glücklicher zu machen. Je weniger ihm dies gelingt, um so mehr Ehrgeiz entwickelt es in der Erreichung dieses Ziels – und übernimmt sich damit zwangsläufig.

Für Eltern ist es oft sehr schwer, diese Zusammenhänge zu durchblicken, und noch viel schwieriger, sie zu durchbrechen. Zunächst kommt diese oft sehr tatkräftige Hilfe wie gerufen, die »große« Schwester kümmert sich schon mit acht hingebungsvoll um das jüngste Geschwisterchen, der siebenjährige Bruder kann schon Nudeln kochen und eine leckere Tomatensauce dazu zaubern, ein Fünfjähriger fand den Staubsauger immer schon faszinierend und benutzt ihn täglich mit großer Ernsthaftigkeit und Gründlichkeit. Unsere Kinder können oft viel mehr, als wir ihnen zutrauen. Und diese »Haushaltshilfen« sind ja hervorragend und völlig in Ordnung, verdienen unseren Stolz und unsere Anerkennung. Es ist nur, wie in allem, eine Frage des Maßes.

Ehe wir recht begriffen haben, was sich da abspielt, haben sich die kleinen Dienstfertigkeiten unserer Sprößlinge zur Gewohnheit eingeschliffen, wir nehmen sie zunächst dankbar hin, dann aus einer gewissen Not heraus immer öfter in Anspruch – »Du kannst das doch so schön« – und bald werden sie zur Selbstverständlichkeit. Ein Lob für die Unterstützung kommt immer seltener vor, und die Kinder müssen sich immer Neues ausdenken, um unsere Anerkennung zu erringen.

Auch das ist in gewissen Maßen noch vollkommen normal und eine gesunde Entwicklung. Aber wo ein Kind immer mehr Verantwortung für die Familienpflichten übernimmt und sich irgendwann viel zu früh seiner Kindheit selbst beraubt, müssen wir eingreifen. Dies ist ein Punkt, an dem wir uns selbst Grenzen setzen müssen. Diese Verantwortung gehört immer noch in die Hände der Erwachsenen, und jedes Kind hat ein Recht auf seine Kindheit. Es sollte sicher auch gewisse Pflichten übernehmen und zuverlässig ausführen, damit es langsam in die Verantwortung hineinwachsen kann, aber wie schon gesagt: Das ist alles eine Frage der Angemessenheit.

Prägend für unsere Kinder ist auch unsere Art, mit anderen Menschen umzugehen, mit dem Ehepartner und den Kindern, den eigenen Eltern. Durch unser Vorbild beeinflussen wir sehr nachhaltig die spätere Haltung unserer Junioren gegenüber anderen Menschen. Unser Vorbild wird sicher stark von unserem Menschenbild mitgeprägt. Gibt es für mich Unterschiede zwischen den Menschen? Gibt es Menschen, über die ich die Nase rümpfe, sie als minderwertig betrachte? Gibt es Menschen, die ich verachte? Reizt es mich, aus den Schwächen anderer meinen Vorteil zu ziehen?

Oder ist für mich jeder Mensch ein Geschöpf Gottes, mit all seinen Besonderheiten, Stärken und Schwächen? Kann ich ohne Vorbehalte anderen Menschen freundlich und achtungsvoll begegnen, auch wenn ich Negatives über sie gehört habe oder sie rein optisch als nicht »normal« wahrnehme? Bin ich bereit, mich auf einen anderen Menschen unvoreingenommen einzulassen, ihn in seiner Art und seinem Auftreten anzunehmen und gelten zu lassen?

Hier geht es ans »Eingemachte«, ganz recht, und es geht mich gar nichts an, wie Sie auf diese Fragen antworten. Es interessiert mich auch nicht, nur für Sie selbst ist das interessant. Auch auf dieses Thema bezieht sich der am Anfang dieses Abschnitts zitierte Satz »Erziehung beginnt mit Selbsterziehung«. Wenn man ernsthaft das Ziel verfolgt, seinen Kindern Werte zu vermitteln, hilft es sehr, sich über die eigenen Werte klar zu werden. Gerade auf diesem Gebiet bewirkt unser Vorbild viel mehr als der beste Religionsunterricht, die flammendste Predigt und die schärfste Zurechtweisung. Und es hilft sehr, die richtige Übersetzung des »elften Gebots« zu kennen, des wichtigsten Gebotes, das Jesus den zehn Geboten hinzugefügt hat. Es lautet im Urtext nicht: »Liebe deinen Nächsten wie dich selbst!«, sondern wörtlich: »Liebe deinen Nächsten, als wäre er du selbst!« Die volkstümliche Version rufen schon die kleinen Kinder einander auf dem Spielplatz zu: »Was du nicht willst, daß man's dir tu, das füg auch keinem andern zu!« Wenn wir lernen, uns selbst zu lieben, und dann dieses (christliche) Gebot befolgen, wird uns alles weitere auch gelingen.

Auch für diesen Lebensaspekt haben unsere Kinder ein untrügliches Gespür (siehe »Kindinstinkt«). Schon wie wir mit ihnen umgehen, ob wir ihnen eine Kindheit zu bereiten versuchen, wie wir sie gern erlebt hätten, merken sie genau. Und sie spüren, wie achtungsvoll oder achtlos wir miteinander umgehen, mit dem Ehepartner und anderen Familienmitgliedern. Was sie vor allem bis in die feinste Nuance wahrnehmen, ist das Maß an Liebe, mit dem wir alles tun. Und gerade Lieblosigkeit und Gleichgültigkeit, Abstumpfung und Desinteresse gegenüber den sensationellen, überraschenden und immer wieder verblüffenden Schritten der Entwicklung bei unseren Kindern sind der Hintergrund, vor dem sich emotionale Verwahrlosung, Gefühlskälte und Aggression entwickeln.

Später wird unser Vorbild überlagert von der Wirkung anderer fremder Vorbilder. Unsere Kinder werden andere Menschen mit anderen Wertmaßstäben und anderen Vorstellungen von einem gelingenden Leben kennenlernen und werden sich von ihnen beeinflussen lassen. Diese Menschen werden größeren oder geringeren Einfluß auf unsere Kinder haben, je nach Auftreten, Format und Glaubwürdigkeit.

Als Eltern können wir es nur begrüßen, wenn unsere Kinder möglichst viele Persönlichkeiten von Format kennenlernen, sich mit ihren Ansichten und Beweggründen vertraut machen, später dazwischen abwägen und zu ihrer eigenen Haltung finden können. Denn das ist der eigentliche Ablauf der »Bildung«, der Entwicklung zu einer eigenen Urteilsfähigkeit, zu eigenen Wertmaßstäben. Verschiedenste Vorbilder werden wahrgenommen, geprüft und deren Grundsätze und Verhaltensweisen gegeneinander abgewogen, und jeder Mensch entwickelt mit der eigenen Persönlichkeit immer mehr Gesichtspunkte, über die er sagt: »Das gilt für mich nicht, das kann ich so nicht akzeptieren und mittragen«, oder: »Das ist eine Haltung, die zu meinen Vorstellungen paßt, und daraus kann ich lernen und etwas übernehmen.«

Damit unsere Kinder aber diese reiche Auswahl kennenlernen können, müssen wir Erziehende eine Haltung haben und bewahren. Geben wir alles frei und sagen: »Du mußt selber wissen, was du willst,« enthalten wir ihnen genau diese Orientierungshilfen vor, die sie dringend brauchen, um sich und ihre Vorstellungen daran zu messen. Wir müssen Stellung beziehen, uns mit klaren Aussagen »outen« und eindeutige Werte vertreten. Nur dann können sie sich an uns reiben und ihr Profil dadurch schärfen. Das werden sie nämlich immer tun, auf jeden Fall, aber wenn wir dafür nicht selbst zur Verfügung stehen, dann suchen sie sich sonstwen: Unser Einfluß geht verloren, und wir kriegen nicht mehr mit, was läuft.

Sicher, es kostet Kraft und ist oft mühsam, immer wieder auf dem Prüfstand zu stehen und sich immer wieder testen zu lassen, aber der Lohn ist reich. Wenn wir in dieser wichtigen Phase Standhaftigkeit bewiesen haben und gleichzeitig die Bereitschaft, uns nicht festzufahren, sondern weitere Gesichtspunkte angemessen zuzulassen, können wir zu den willkommensten Beratern unserer Kinder werden – sicher nicht sofort, aber mit der Zeit.

Wenn wir unsere Kinder zur Selbständigkeit erziehen wollen, setzen wir damit auf ihre eigene Vernunft und darauf, daß sie eine eigene Vorstellung von den Abläufen entwickeln. Dieses Ziel erreichen wir mit Sicherheit nicht dadurch, daß wir ihnen alle Entscheidungen abnehmen, sie bevormunden und ihnen die Mündigkeit vorenthalten, die ihnen schrittweise zuwächst.

Hier lauern allerdings wieder einige Konflikte, die uns ziemlich auf die Probe stellen. Schon die Frage, was ich erlauben kann

und was ich verbieten muß, ist oft sehr schwierig zu beantworten. Aber unbestritten sind Verbote auch heute noch erforderlich, ganz ohne Zweifel. Sie dienen überwiegend dem
Schutz der Sprößlinge vor Bedrohungen und Gefahren, nicht
dem Setzen von Tabus und erst recht nicht dem Wahren von
Erkenntnisvorsprüngen, die wir Erwachsene zweifellos erst mal
haben.

Große innere Konflikte für die Eltern bringen zum Beispiel
die Vorschriften des Jugendschutzes mit sich. Zunächst einmal
wissen Eltern oft überhaupt nicht, welchen Inhalt diese Vorschriften konkret haben, und außerdem möchte man ja nicht als
spießig gelten und sich ausschließlich auf Gesetze berufen, statt
eine eigene Meinung an den Tag zu legen. Aber in den meisten
Zusammenhängen sind diese Regelungen gar nicht so dumm
gedacht. Zum Beispiel liegt das offizielle Mindestalter für Niko-
tin- und Alkoholkonsum bei sechzehn, für hochprozentige Getränke bei achtzehn Jahren. Bedenkt man die gesundheitliche
Schädigung, die der jugendliche Körper während der Wachstumsphase durch diese Nervengifte erleiden kann, noch dazu
die geistig-seelische Schädigung durch Gewöhnung und mögliche Abhängigkeit, ist diese Stufung sicher unbedingt einzuhalten, ja, ich möchte sogar eher dazu raten, diese Altersstufen noch
deutlich zu erhöhen. Sicher ist jedenfalls, daß wir als Eltern hier
nicht nur das Recht, sondern auch die Pflicht haben, Verbote
auszusprechen und deren Einhaltung zu überwachen.

In vielen Fällen sagt sich das in diesen Altersgruppen viel leichter, als es getan ist, aber es gibt Techniken, mit Aufmerksamkeit
das Verhalten unserer Kinder dennoch zu registrieren. An anderer Stelle erwähne ich, wie gut es ist, ein offenes Haus zu führen und die Freunde der Kinder kennenzulernen. Damit kann
man einen Eindruck gewinnen und vor allem den jungen Leuten einen Ort geben, wo sie sich im geschützten Raum treffen können, sich aber immer auch im eigenen Zimmer noch
ein bißchen unter Kontrolle fühlen. Die »richtigen« Freunde

werden diesen Schutz gern annehmen, statt abends auf dem Kinderspielplatz drei Straßenecken weiter mit allerlei anderen Jugendlichen »abzuhängen«, von denen bestimmt mindestens einer Haschisch und/oder Wodka anbietet und damit auch bei Dreizehnjährigen nicht haltmacht. Wer dann nicht kommen mag und Heimlichkeiten pflegen muß, ist uns auch gar nicht willkommen. Die Kinder mögen diese Kontaktscheueren bewundern und um ihre Eigenständigkeit beneiden, und das »Dazugehören« spielt genauso eine wichtige Rolle wie der Reiz des Verbotenen – trotzdem spüren sie gleichzeitig auch eine gewisse Skepsis, weil solchen »Freunden« eben der Respekt vor den familieneigenen Regeln fehlt.

Natürlich hilft es uns Eltern auch sehr, selbst nicht zu rauchen und nüchtern zu sein, wenn der Junior abends vom Sport oder vom Lernen mit Mitschülern nach Hause kommt. Dann ist nämlich der eigene Geruchssinn noch ungetrübt, und die Nase entlarvt Alkohol und Zigaretten sofort. Beim ersten Mal darauf angesprochen und »erwischt«, ist der Überraschungseffekt groß und möglicherweise auch die Bereitschaft, die Dinge offen anzusprechen, statt sich herauszureden und zu schwindeln. Man kann, möglichst ohne Vorwürfe und aufgeregtes Schimpfen, die Gründe noch einmal erläutern, warum diese Dinge schädlich und gefährlich sind, findet heraus, wer die Minderjährigen zum »Drogenkonsum« anstiftet und das Zeug anbietet, und tut gut daran, diejenigen zur Verantwortung zu ziehen.

»Du bist so peinlich!« hören wir dann unter Umständen. Aber nicht wir als verantwortungsbewußte Eltern sind peinlich, sondern es ist den Kindern peinlich, daß sie bei der Geschichte mitgemacht haben, sich haben erwischen lassen und nun vor anderen damit bloßgestellt werden und damit möglicherweise die »Freundschaft« zu diesen anderen verlieren. Die Bloßstellung kann man den Kindern in so einem Fall wohl kaum ersparen, denn die Verantwortungslosigkeit des Anstifters zu diesem Verhalten muß angegriffen und wirksam beendet werden, wollen wir verhindern, daß dessen Einfluß zunimmt und immer jüngere Kinder mit in diesen Kreis hineingezogen werden. Falls es ein ebenfalls Minderjähriger ist, ist ein Gespräch mit den Eltern angesagt, unter Umständen mit dem Kommentar, daß beim nächsten Mal Jugendamt und Polizei mit am Tisch sitzen. Ein Volljähriger gar bekommt die direkte Ansage, daß er zur Verantwortung gezogen wird, sollte er sich noch ein einziges Mal dabei erwischen lassen, Minderjährige zum Konsum von Alkohol, Nikotin und anderen Drogen zu verführen oder anzustiften.

Zu solchen Schritten rate ich aus eigenen heftigen Erfahrungen, und weil ich habe lernen dürfen, daß Eingreifen, Verantwortung wahrnehmen und rechtzeitiges Grenzensetzen sich lohnen. Es ist die Aufgabe der Eltern, ihre Kinder vor solchen Dingen zu schützen, und Eltern sind verantwortlich für das Fehlverhalten ihrer Kinder. Diese Eltern haben in einem solchen Fall ihre Aufsichtspflicht verletzt. Andere Eltern können sie nur darauf aufmerksam machen, falls sie es noch nicht gemerkt haben, und dürften eigentlich Dankbarkeit dafür erwarten. Im Wiederholungsfall sind Jugendamt und Polizei an der Reihe, denn wir können nichts weiter ausrichten.

In unserer Gesellschaft der Isolation und des Individualismus fehlt oft die soziale Kontrolle, die auf dem Dorf bis heute oft noch funktioniert. Wenn ich weiß, daß die Leute der Gegend mich kennen und wissen, wo ich wohne, mich unter Umständen auf Fehlverhalten direkt ansprechen, benehme ich mich entsprechend. Das ist kein unzumutbarer Druck, sondern eine wirksame und gute Hilfe, um mitzuwirken daran, daß Kinder nicht auf Abwege geraten. »Um ein Kind zu erziehen, braucht es ein ganzes Dorf«, wird oft und gern ein altes Sprichwort zitiert, und grundsätzlich ist das richtig. Nur wenn wir alle wieder hin- statt wegsehen und unsere Mitverantwortung für die gesamte Nachwuchsgeneration ernstnehmen, können wir den gefürchteten und in manchen Gegenden überhandnehmenden

Auswüchsen von Jugendgewalt und -kriminalität entgegenwirken. Damit rufe ich nicht dazu auf, den »Dorf-Sheriff« zu spielen. Ich halte nur das Einwirken auch auf fremde Kinder für absolut legitim, solange es um deren und den Schutz der eigenen Kinder und die Verhinderung von Straftaten und Übergriffen geht, nach dem Motto: Wehret den Anfängen.

Die beste Antwort auf »Du bist so peinlich!« ist im übrigen: »Ja, du auch!« Da weiß der Nachwuchs sofort, daß uns die Sache ebenfalls sehr gegen den Strich geht. Aber jeder von uns ist eine eigenständige Person, auch schon unser Kind, und deshalb muß sich keiner für den anderen schämen, sondern kann sich vom Verhalten des anderen distanzieren. Der ist eben so, aber er hat trotzdem meine Achtung als Individuum und als Mensch verdient. Wenn wir auch das konsequent vorleben, das Eintreten für die eigene Verantwortung durch Mitwisserschaft, es eindeutig als Stärke und nicht als Schwäche auslegen, Zivilcourage und Mitverantwortung zeigen, dann legen wir Keime für eine gute Entwicklung in der Zukunft.

Hier noch ein paar Anmerkungen zu unserer Gesetzeslage und Rechtsprechung: Mit unseren Altersstufen für Volljährigkeit und Strafmündigkeit haben wir einen Widerspruch in unserem Rechtssystem verankert, den wir uns als Rechtsstaat so eigentlich immer weniger leisten können. Volljährigkeit mit achtzehn, Wahlrecht auf kommunaler Ebene sogar mit sechzehn, gleichzeitig volle Strafmündigkeit mit einundzwanzig, das ist »schizophren« und verunsichert, statt klare Grenzen aufzuzeigen. Welcher Achtzehnjährige ist wirklich in der Lage, die Entscheidungen über sein Leben vollwertig und nachhaltig zu treffen? Und welches Wahlrecht üben Sechzehnjährige aus? Sie haben bis auf wenige Ausnahmen so viele andere Themen, die sie beschäftigen, daß sie mit Sicherheit kaum gezielt die Nachrichten verfolgen, geschweige denn Wahlprogramme durcharbeiten und vergleichen, um eine mündige und verantwortete Stimme abzugeben (unabhängig davon, wieviele Erwachsene das tun …).

Eher sehen wir heute, wie unsere Jugendlichen immer später die Eigenständigkeit und Reife erwachsener Lebensführung erlangen, immer älter sind, ehe sie freiwillig das »Hotel Mama« verlassen und eine »eigene Bude« beziehen, und auch auf diesem Gebiet legen viele Eltern ihren Sprößlingen zu viele Steine in den Weg. Natürlich ist es kostspieliger, eine eigene kleine Wohnung zu finanzieren oder in einer WG ein Zimmer zu bezahlen. Aber es gehört zum erfolgreichen Reifeprozeß jedes jungen Menschen, daß er auf diese Weise lernt, daß Freiheit immer auch mit Verantwortung verknüpft ist und außerdem Geld kostet, mit dem man haushalten muß. Mit einem eigenen festen Budget und einer eigenen (bescheidenen!) Existenz unterstützen wir ihren Reifefortschritt.

Liebevolle Konsequenz

Im Beitrag über das Grenzensetzen war von Strafen die Rede, ganz verstohlen in einem Nebensatz. So könnte es zumindest scheinen, aber ich will mich keineswegs um dieses Thema drücken, im Gegenteil muß es besonders gründlich behandelt werden. Wie schon ausgeführt, müssen Kinder Grenzen berühren und auch überschreiten, damit sie sie spüren und wahrnehmen können. Wo das Überschreiten einer Grenze sich nicht automatisch durch Schrecken oder Schmerzen »rächt«, sind wir Eltern in der Pflicht. Das gilt vor allem für die Grenzen, die wir selbst unseren Kindern setzen, weil uns gewisse Prinzipien wichtig sind.

Wo sollen wir damit beginnen, wo enden, wie die Befolgung durchsetzen? Sicher richtet sich unsere Grenzziehung in den meisten Fällen nach unseren persönlichen Erfahrungen und Ängsten. In vielen Fällen richtet sie sich auch nach allgemeingültigen Regeln, den gesellschaftlichen Grundregeln für ein friedliches Zusammenleben, den gesetzlich bestimmten Grenzen und den Traditionen unserer Familie, Volksgruppe, des Staates. Auf die Inhalte der für eine gelingende Erziehung notwendigen Grenzen kommen wir noch zu sprechen, hier soll es erst einmal um Grundsätzliches gehen.

Schon im Kindergartenalter können wir die Mithilfe unserer Kinder in manchen Punkten erwarten, zum Beispiel weitgehend selbständiges Anziehen, Stillhalten beim gründlichen Zähneputzen, die Vermeidung großer Überschwemmungen beim Baden und ähnliches. Spätestens jetzt sollten wir uns genau überlegen, mit welchen Angeboten wir unsere Kinder zu dieser Kooperation gewinnen können, denn die Motivation des Kindes zur aktiven Unterstützung eines gemeinsamen Zieles ist immer wirkungsvoller als die negative Androhung einer Sanktion – die erfolgreiche Motivation gibt zusätzlich Gelegenheit zu reichlich Lob und echter Anerkennung.

Oft geht es aber nicht ohne Strafen, damit die gesetzten Gebote spürbar werden. Das Muster lautet: »Wenn nicht …, dann …« Aber hinter dem »dann« steckt die Tücke. Was setzen wir sinnvollerweise als Sanktionen aus, die nicht eher Frohlocken statt Abschreckung bei unseren Sprößlingen auslösen? »… dann darfst du nicht mit zu Tante Ursula«, ist möglicherweise Anlaß für ein »Hurra, super, ich bleib' freiwillig hier!« Die Großtante Ursula ist nämlich immer so schnippisch und verbietet den Kindern sehr streng das Wort, solange Erwachsene reden, und das tut sie selber ununterbrochen über Stunden. Diese Sanktion geht also völlig ins Leere.

Anders verhält es sich mit: »… dann ist morgen nachmittag der Besuch bei Lukas gestrichen.« Das wirkt bei Florian eindeutig, aber es hat den Nachteil, daß wir selbst auf den freien Nachmittag verzichten müssen, denn Florian muß ja dann zu Hause bleiben – aber natürlich nicht allein. Damit ist nicht ausgeschlossen, daß sein Nachmittag trotzdem nett wird und Spaß macht, aber der lange geplante Besuch bei Lukas findet eben nicht statt. Leider strafen wir mit den wirksamsten Strafen oft uns selbst zwangsläufig mit, wenn wir konsequent sein wollen. Wenn wir die angedrohte Sanktion nun nicht durchführen, weil der Verzicht auf die eigene freie Zeit zu schwerfällt, können wir nicht erwarten, daß Florian je eine ähnliche Androhung ernst nimmt. Damit enthalten wir ihm aber gleichzeitig das eindeutige Erlebnis klarer Grenzen vor. Er hat mich als inkonsequent erlebt und wird in Zukunft jedesmal auf meine Inkonsequenz setzen, mit dem Ergebnis, daß es um jede Vereinbarung Diskussionen gibt, Kämpfe, Wutanfälle und ähnliche Ärgerlichkeiten.

Sie glauben es vielleicht nicht, aber der umgekehrte Weg ist viel leichter. Wenn wir unsere Versprechen halten, die »guten« wie die »schlechten«, und das den Kindern nicht nur immer wieder versichern, sondern es auch tun, sind wir für unsere Kinder viel leichter einzuschätzen, und sie fühlen sich sicher im Umgang mit uns, ohne Angst vor unliebsamen Überraschungen. Es reicht vielleicht schon, das Exempel ein-, zweimal durchzuexerzieren, dann weiß Florian, diese Sache wird konsequent durchgezogen, und ihm nützt es, sich an die Regeln zu halten, wenn er seine Ziele erreichen und geplante Vorhaben verwirklichen will. Er wird auf weitere Kämpfe verzichten, und auch seine Geschwister lernen anhand seines Beispiels, nur durch das Miterleben meiner konsequenten Haltung, daß sie mit solchen Machtproben nichts erreichen.

Natürlich ist diese Konsequenz zu Beginn mühsam und kostet eine Menge Selbstdisziplin. Aber sie zahlt sich so schnell aus und verhilft allen, Eltern wie Kindern, zu einer grundlegenden Einigung über Familienregeln, die für lange Zeit, manche für immer, als klare Grundregeln akzeptiert sind. Dabei kann es um die selbstverständliche Teilnahme an den gemeinsamen Mahlzeiten gehen, um die pünktliche Einhaltung von Verabredungen oder Erfüllung kleiner Pflichten, um die Erledigung der Hausaufgaben vor dem Spielen, um das Üben auf dem Musikinstrument und beliebig viele andere Dinge. Unsere Konsequenz ist ein entscheidender Faktor unserer Glaubwürdigkeit und unserer natürlichen Autorität, die von Kindern geachtet und respektiert wird, ohne daß wir das besonders einfordern müßten.

Dabei ist es sehr wesentlich, daß zwischen Vater und Mutter eine möglichst breite Einigkeit über die Erziehungsziele und -regeln herrscht. Kinder finden sehr schnell heraus, wie sie den Vater gegen die Mutter ausspielen können und umgekehrt. Wenn Vater abends nach Hause kommt, rennt die achtjährige Lara ihm entgegen: »Vati, Vati, Mutti will nicht erlauben, daß ich Gummibärchen esse!« – »Aber ein paar Gummibärchen können doch nicht schaden. Hier, mein Kind«, antwortet der Vater, und der Ärger ist vorprogrammiert. Woher soll er auch wissen, daß am Nachmittag der Zahnarzt die schlecht geputzten und leider schon reparaturbedürftigen Zähne gerügt und mehr frisches Obst statt Süßigkeiten angeraten hatte? Das hätte er aber erfahren, hätte er Lara nach dem Grund für das mütterliche Verbot gefragt, statt sofort deren Anordnungen umzuwerfen. Wenn er in seiner Freude großzügig den Kindern etwas Gutes tun will, kann er doch auch eben fragen: »Was hat Mutti denn dazu gesagt?« Die widersprüchliche Haltung beider Eltern, die häufig auch noch zu einem offenen Konflikt wird, beeinträchtigt nur den Respekt vor beiden Eltern und belastet die gesamte Familienatmosphäre. Und der Vater vergibt sich ja nichts dadurch, daß er sich zunächst nach den Hintergründen für eine bestimmte Anordnung erkundigt. Dann kann er ja immer noch möglicherweise in ruhiger Überlegung mit der Mutter allein einen Kompromiß zwischen deren ganz starrer und seiner sehr lockeren Sicht in der Frage der Gummibärchen finden.

Auf körperliche Züchtigung und Gewalt möchten die meisten Eltern heute gern verzichten, und gewaltlose Erziehung sollte eine Selbstverständlichkeit sein. Aber wenn den eigenen Eltern noch öfter mal »die Hand ausgerutscht« ist, ist das bei eigenen Kindern plötzlich ganz schön schwer zu vermeiden. Wie schnell ist es passiert, und hinterher bin ich mir selbst so böse, daß ich vor Wut heulen könnte. Hier hilft es, sich eine Beherrschungsstrategie zuzulegen. Ein Trick ist es zum Beispiel, in einer Situation, in der wir kurz vor dem Ausrasten sind, dem Kind ganz klar und möglichst ruhig zu sagen: »Du hast wirklich großes Glück, daß ich mir so fest vorgenommen habe, dich nie zu schlagen, sonst hättest du jetzt richtig was abbekommen. Ich will dich jetzt nicht mehr sehen, ich ärgere mich so sehr über den Mist, den du da gemacht hast, daß ich mich erst mal beruhigen muß. Im Augenblick kann ich gar nicht richtig denken – wir reden später darüber, wenn ich Zeit gehabt habe nachzudenken.«

Der siebenjährige Gregor, jüngstes von drei Geschwistern und immer der charmante kleine Tausendsassa, rümpfte beim Mittagstisch die Nase über den Nachtisch: Es gab hausgemachtes Stachelbeerkompott mit süßer Sahne. »Mag ich nicht.« Zunächst löffelte er die Sahne fein säuberlich von der Oberfläche ab, dann »ritt ihn die wilde Wutz«, und er griff zur Maggiflasche, würzte das Kompott reichlich nach und rührte gründlich um.

Da hatte er seine Mutter aber falsch eingeschätzt: Statt ihm das verdorbene Kompott zu erlassen, bestand sie darauf, daß er fünf Löffel davon essen müsse, nicht drei, nicht zwei, sondern fünf. Es hat Stunden gedauert, die die Mutter in ruhiger Geduld den Vorgang mit allen Fluchtversuchen und der abschließenden Überwindung des Würgereizes überwachte, aber eins steht fest: Der Magen hat die fünf Löffel nicht übelgenommen, und Gregor hat nie wieder Essen mutwillig verdorben.

Manchmal geht es auch nicht ohne sanfte Gewalt: »Das muß jetzt aber sein. Wenn du nicht freiwillig mithilfst, muß ich dich leider zwingen und festhalten, dann kann ich aber nicht mehr dafür garantieren, daß es nicht wehtut.« Als Erwachsene sind wir natürlich die Stärkeren, aber wenn es zum Wohl des Kindes und nicht nur zur eigenen Machtbestätigung oder dazu getan wird, aus Prinzip den Willen des Kindes zu brechen, ist es meiner Meinung nach in manchen Fällen legitim, auch diese körperliche Überlegenheit einzusetzen. Wenn das ein- oder zweimal geschieht, hat das Kind sicher seinen zwecklosen Widerstand aufgegeben und kooperiert. Und unsere Kinder können genau unterscheiden, ob wir es ernst meinen, und ob wir mit diesem Druck ein uneigennütziges Ziel verfolgen oder nur unsere Macht bestätigt sehen wollen. Hier hilft also nur eine freiwillige Selbstkontrolle.

Ganz wichtig in diesem gesamten Zusammenhang ist es auch, deutlich und klar erkennbar zu machen, welches konkrete Verhalten wir von unseren Kindern erwarten, also das »richtige« Verhalten ausdrücklich zu beschreiben und auch durch Lob zu bestätigen, wenn es gelingt. Wenn wir bei unseren Kindern darin hellseherische Fähigkeiten voraussetzen, können wir nur scheitern. Wir ziehen Grenzen um uns herum, erwarten zum Beispiel, daß die Kinder an die Tür klopfen, ehe sie ins Zimmer gestürzt kommen, oder daß sie nicht in ein Gespräch hineinreden, uns und andere nicht unterbrechen. Hier erwarten wir die Respektierung unserer persönlichen Bedürfnisse nach Intimität und Autonomie. Wenn dieser grundsätzliche Respekt verletzt wird, reagieren wir ungehalten, werden ungeduldig und schimpfen. Oder wir lassen die Verletzung immer wieder durchgehen, ertragen sie und regen uns nicht weiter darüber auf. Hier ist nur fraglich, was dem Kind weiterhilft. In seinem Erwachsenenleben spätestens, wahrscheinlich schon in der Schule, wird es mit denselben Regeln konfrontiert und zwangsläufig Sanktionen für deren Nichteinhaltung kassieren. Wenn es diese Anforderungen nicht zu Hause in der eigenen Familie als Grundlagen für einen anständigen Umgang mit gegenseitigem Respekt unter vernünftigen Menschen kennengelernt hat, wird es sich in der Schule damit sehr schwertun – später im Berufsleben erst recht.

Warum sollen wir so tun, als ob es diese Konventionen, also allgemein gültigen Vereinbarungen, in unserer Gesellschaft nicht gäbe? Nur weil uns die ständige Auseinandersetzung zuviel ist, lästig wird? Oder weil wir meinen, dadurch weniger liebevoll zu sein? Damit stehlen wir uns aus der Verantwortung, enthalten dem Kind wertvolle Regeln vor, die es spielend innerhalb kürzester Zeit gelernt hätte. Hier liegt nämlich der Clou: Eine Regel, deren Einhaltung ein-, zweimal hintereinander konsequent durchgesetzt wird, stellt das Kind nicht mehr infrage, sie wird akzeptiert und selbstverständlich. Voraussetzung ist allerdings, daß sie umgekehrt ebenso streng gilt: Auch ich als Mutter oder Vater darf nicht einfach ohne Anklopfen in das Kinderzimmer hereinplatzen oder seine Rede beliebig unterbrechen. Was ich für mich verlange, muß in solchen Fällen ebenso konsequent vorgelebt werden, damit das Kind den Wert dieser Regel am eigenen Leib spüren und um so leichter akzeptieren kann.

Möglicherweise hat jetzt mancher (alte Lateiner) den Spruch aus der Römerzeit im Ohr: »Quod licet Jovi, non licet bovi – Was Jupiter darf, darf der Ochs noch lange nicht.« Er enthält sicher eine gewisse Weisheit und verdient auch Geltung, denn selbstverständlich gibt es Regeln, die nicht gleichermaßen für Kinder wie für Eltern gelten. Die Anwendung dieses Grundsatzes muß meiner Meinung nach aber genau abgezirkelt sein. Für die Regeln des persönlichen Respekts, die gerade beschrieben wurden, sollte das nicht gelten – sie müssen heute für alle Individuen als Grundlage des achtungsvollen Umgangs miteinander gleichermaßen gültig sein, auch gegenüber Kindern.

Anders verhält es sich jedoch mit grundsätzlichen Verboten wie zum Beispiel einem Alkohol-, Rauch- oder Ausgehverbot. Hierbei geht es um die Gesundheitsfürsorge, die wir pflichtgemäß wahrnehmen müssen. Da gibt es gewisse Altersgrenzen, die sinnvoll sind und eingehalten werden sollten. Ein wesentlicher Aspekt ist auch hier der Grundsatz »Wehret den Anfängen.« Über die gesundheitliche Belastung durch das Rauchen von Zigaretten, die nicht erst beim Lungenkrebs und ähnlichen schweren Folgen beginnt, sondern schon bei der deutlichen Einschränkung des Lungenvolumens, der verminderten sportlichen Belastbarkeit und Kurzatmigkeit, der Hirnschädigung durch das Nervengift Nikotin und andere enthaltene Giftstoffe, der eingebildeten und dann faktischen Sucht, brauchen wir hier sicher nicht viele Worte zu verlieren. Daß es schädlich ist und in jugendlichem Alter, zumal während der Wachstumsphase, erst recht, ist wohl unbestritten. Ein jugendlicher Raucher bewegt sich dazu automatisch im Dauernebel anderer Raucher, auch älterer Jugendlicher, die möglicherweise bald auch zu anderen Suchtmitteln greifen, ohne Rücksicht auf die Jüngsten, die natürlich, um »dazuzugehören«, mitmachen müssen.

Genau an diesem Punkt sind wir als Eltern am häufigsten völlig machtlos. Ein Verbot will durchgesetzt werden, aber wie sollen wir das kontrollieren? Unsere Jugendlichen auf Schritt und Tritt beobachten? Nein – es muß Vertrauen geschaffen werden in die Grundsätze, die Eltern und die Gesellschaft setzen.

Bis vor kurzem gab es für Eltern, die ihren Kindern das Rauchen verbieten, mit Recht verbieten, nicht die mindeste Unterstützung in Gesellschaft und Politik. Mittlerweile haben endlich die meisten Bundesländer ein generelles Rauchverbot in öffentlichen Gebäuden, also auch in Schulen, erlassen. Mit dieser Manifestation der generellen Ablehnung dieses verbreiteten Gifts und der – hoffentlich irgendwann – konsequenten Durchsetzung dieser Norm finden verbietende Eltern endlich einen gewissen Rückhalt in der Gesellschaft. Das gleiche gilt für Alkohol, der zwar immer schon einem Verbot unterlag, dessen Einhaltung jedoch kaum kontrolliert wurde. Inzwischen werden die allgemeinen Regeln des Jugendschutzes wieder häufiger öffentlich diskutiert, und sportliche Spitzenereignisse wie das tödliche »Komasaufen« schon Vierzehnjähriger haben zu einer traurigen neuen »Popularität« dieser Thematik geführt. Der öffentliche Konsens der ablehnenden Haltung unterstützt die Eltern und stützt vor allem ihre Glaubwürdigkeit. Der Vorwurf, das Verbot habe nur eine spaßverderbende Zielrichtung, ist entkräftet, die allgemeine Bereitschaft, dieses Verbot zu stützen, bewirkt seine allgemeine Stärkung.

Trotzdem stehen wir immer vor dem Dilemma der Durchsetzung. Ein Verbot ist nur soviel wert wie seine konsequente Kontrolle. Da wir diese nicht leisten können, müssen wir zwangsläufig zu anderen Mitteln greifen, dem Anreiz oder der »Bestechung«. »Ein Verbot wird nichts nützen, denn du kannst es dann ja heimlich tun. Also machen wir einen ›Deal‹: Wenn du es schaffst, bis zu deinem achtzehnten Geburtstag konsequent nikotinfrei zu leben, dann bezahle ich deinen Führerschein.« Ist das nicht ein verlockendes Angebot? Man kann die Erfüllung eines heißen Wunsches in Aussicht stellen, je nach individuellem Gutdünken. Allerdings sollte man regelmäßig die Nähe des Kindes suchen und dabei die Nase spitzen – wenn der Atem Zigarettenqualm enthält, ist das Anreizmittel leider wirkungslos gewesen und ein für allemal verloren, für beide Seiten.

Eine andere »Technik«, ein Kind dazu zu bringen, daß es freiwillig eine Aufgabe übernimmt, einen Auftrag ausführt oder ein Ziel erarbeitet, ist die »Erpressung«, so nennen es jedenfalls meine eigenen Kinder. »Wenn du den Tastenschreib-/Sprach-/Computerkurs nicht machst, kürze ich dein Taschengeld auf die Hälfte/werden die Eistanzstunden gestrichen«, oder ähnliches. Eine liebgewordene Unterstützung, die wir gern getan haben, denn wir möchten ja, daß das Kind mit Geld umgehen lernt oder sportlich aktiv ist, wird zur Disposition gestellt. Das schmerzt beide Seiten, aber kann zum Ziel führen. Wir müssen als Eltern unsere Kinder hin und wieder zu ihrem Glück zwingen – so sage ich meinen das auch ganz offen und ehrlich. Warum soll ich nicht zugeben, daß ich mich der Mittel der »Bestechung« und »Erpressung« bediene, wenn es zum Besten meiner Kinder ist? Auch wenn man den Einsatz dieser Mittel gut abwägen muß: Besser als Gewaltandrohung und Schläge sind sie allemal, und nicht viel später werden unsere Kinder selbst sehen, wie sie davon profitieren, und es womöglich eines Tages auch zugeben – wer weiß?

Gerechtigkeit oder Gleichbehandlung?

Ist das denn nicht dasselbe? Kurze Antwort: Nein! Das eine hat mit dem anderen nur wenig zu tun. Sicher gibt es Fälle, wo Gerechtigkeit durch Gleichbehandlung erzeugt wird, in etlichen juristischen Fragen zum Beispiel. Aber in der Kindererziehung ist Gleichbehandlung ein schwerer Fehler! Das ist auch der Grund, aus dem unsere integrierten Gesamtschulen so unverantwortlich versagt haben – sie gingen davon aus, daß alle Kinder mit gleichen Grundlagen ausgestattet sind und mit denselben Maßnahmen gleich gut gefördert werden können. Was für ein folgenschwerer Irrtum!

Wenn wir als Eltern mehrerer Kinder uns um Gerechtigkeit bemühen, dann müssen wir das einzelne Kind in seinem jeweiligen Alter, seiner Entwicklungsstufe, seinen Anlagen und seinen Bedürfnissen sehen und wahrnehmen. Alle Eltern mehrerer Kinder, die ich kenne, und das sind sehr viele, staunen immer wieder, wie unterschiedlich ihre Kinder sind, obwohl sie eigentlich dieselbe »Mischung« aus denselben Komponenten sind, von derselben Mutter und demselben Vater. Kein Sohn ist wie sein Bruder, keine Tochter wie ihre Schwester und keine Schwester wie ihr Bruder oder umgekehrt. Selbst eineiige Zwillinge, die mit identischen Erbanlagen ausgestattet sind, entwickeln sich trotzdem unterschiedlich, haben verschiedene Begabungs- und Interessenschwerpunkte. Manchmal ist zudem ein Mädchen eher wie ein Junge gepolt, was seine Interessen betrifft, und auch Jungs interessieren sich oft gar nicht für die »typischen Jungenthemen«. Andere Söhne sind dermaßen »echte« Jungs, daß man sich die Augen reibt, genau wie es »typische« Mädchen gibt, obwohl wir als Eltern alles versucht haben, sie gegen all diese alten immer noch umherwabernden Klischees nicht zur »Zicke« zu erziehen. Jedes Kind hat vom ersten Schrei an seinen eigenen Charakter, der seine Ansprüche, seinen Umgang mit Erfahrungen und seine Aufnahme- und Anpassungsfähigkeit formt.

Dann kommt die Position in der Geschwisterreihe, die sich wiederum auf die Entwicklung jedes Kindes auswirkt, das unterschiedliche Wachstum des Körpers, seine hormonelle Entwicklung, die immer individuell und selten vergleichbar abläuft, die Einflüsse der männlichen und weiblichen Vorbilder, mit denen es in Kontakt gerät, die Auswirkungen einer Trennung der Eltern oder innerfamiliärer Spannungen und so weiter, die bei Heranwachsenden völlig verschiedene Reaktionen und Gedanken hervorrufen. Kein Kind ist wie ein anderes, nie.

Wie kann da Gleichbehandlung gerecht sein? Sie versucht nicht einmal, die verschiedenen Ausgangssituationen der Kinder einzubeziehen, im Gegenteil. Sie ignoriert sie und versucht, sie zu beseitigen. Wollen wir gleichgeschaltete charakterlose Menschen statt eigenständiger, selbstsicherer und phantasievoller Individuen? Dann ist Gleichbehandlung der richtige Weg. Sie läßt alles am Wegrand hinter sich, was nicht der Norm entspricht, dem mittleren Gleichmaß, und verlangt von allen die Anpassung an genau dieses Mittelmaß – siehe Gesamtschule.

Wir als Eltern können das nicht wollen, selbst wenn einige Politiker das seit Jahrzehnten immer wieder großspurig als den richtigen Weg verkaufen, immer wieder durchzusetzen versuchen und immer wieder nach Gesamtschule schreien, mit verschiedensten neuen hübschen Pseudonymen wie »Gemeinschaftsschule« oder »Eine Schule für alle«. Das ist ein Schwindel, fallen Sie nicht darauf herein!

Gerechtigkeit für unsere Kinder kann nur bedeuten, jedem einzelnen Kind in seiner Art, mit seinen Fähigkeiten und Veranlagungen, seinen Bedürfnissen und Sorgen gerecht zu werden. Das ist der einzig legitime Anspruch, den wir immer wieder stellen können, an uns selbst, die Kinderbetreuung, das Schulsystem und die Politik.

Und auch dies können wir unseren Kindern ohne weiteres offen sagen. »Als Karla so alt war wie ich jetzt, da durfte sie mit in die Disko, und zwar noch viel länger, als ich euch gebeten habe!« schreit Lena wütend. Erst versuchen wir zu erklären: »Das stimmt nicht, sie war deutlich älter. Und da war doch vor ein paar Wochen dieser scheußliche Unfall. Außerdem gingen damals nicht so viel ältere Leute dahin, das Publikum bestand fast nur aus bis zu Sechzehnjährigen, und damals gab es auch weniger Drogen, außerdem war Leon als großer Bruder mit und hat auf sie aufgepaßt«, versuchen wir unserem Küken die Sache begreiflich zu machen. Aber die Dreizehnjährige ist und bleibt uneinsichtig, schmeißt Türen und tobt. Eigentlich wollten wir sagen: »Ich hab' einfach Angst um dich. Ich bemühe mich, jedem von euch gerecht zu werden, und dabei muß ich euch zwangsläufig unterschiedlich behandeln, weil ihr unterschiedlich seid.«

Wir müssen uns nicht rechtfertigen für unterschiedlichen Umgang mit ihnen, müssen und können ihn sogar oft nicht einmal erläutern, denn oft machen wir das nach Gefühl, unserem Mutter- oder Vatergefühl. Und gerade dann machen wir es meistens am besten, nämlich richtig, denn wir tun es mit Liebe, dem stärksten Gefühl, das uns in der Förderung unserer Kinder in ihrer Einzigartigkeit am sichersten führt.

Und wenn unsere Kinder die Liebe, die Gedanken und das Einfühlungsvermögen spüren, mit denen wir zu Werke gehen, vertrauen sie uns und können unsere Entscheidungen gut akzeptieren. Die Liebe allerdings dürfen wir nie verlieren, bei aller Anstrengung und vielen oft nicht leichten Entscheidungen.

Vor kurzem sprach ich mit einem Vater. Er und seine Frau waren vollkommen am Ende ihres Lateins mit ihrem Sohn Martin. Er begegnete ihnen nur noch mit Frechheiten und Unverschämtheiten, Vertrauensbrüchen und Hinterhältigkeiten. Er nutzte sie aus, instrumentalisierte seine Mutter und seinen Vater zu seinen eigenen Zwecken, belog, betrog, bestahl sie und zeigte vor ihnen nicht einen Funken von Achtung, von Liebe ganz zu schweigen.

Er hatte alle erdenklichen Jugendsünden durchprobiert, von waghalsigen Mutproben über typisches Suchtverhalten, beginnend mit Zigaretten und Alkohol bis hin zur Medikamentenabhängigkeit, die ihn zu Straftaten antrieb. Unzählige Male hatten die Eltern ihn auf der Straße aufgelesen, bei der Polizei abgeholt oder im Krankenhaus wiedergefunden. Er ließ keine Provokation aus, hatte die Schule ständig geschwänzt, und seine Zukunftsaussichten sahen entsprechend aus: kein Schulabschluß auch nur entfernt zu ahnen, geschweige denn eine Berufsperspektive. Martin, der eigene Sohn, war ein Mensch der »untersten Kategorie« für seine Eltern, unehrlich, kriminell, straffällig, asozial. Beide Eltern, auch die Mutter, standen kurz davor, sich von ihrem nun achtzehnjährigen Sohn loszusagen, ihn aufzugeben. Der Vater war angesehener praktischer Arzt in einer Kleinstadt, und die Mutter war das organisatorische Rückgrat der Praxis.

Die Eltern hatten inzwischen aufgehört, sich zu schämen. Der Vater erzählte mir, er und seine Frau hätten damals dieses Buch über »antiautoritäre« Erziehung von A. S. Neill »verschlungen« und sich in der Kindererziehung die Inhalte spontan zum Prinzip gemacht. Ihre Kinder sollten »selbstbestimmt« ihren eigenen Weg ins Leben finden, ohne elterliche Einschränkungen und Vorschriften. Die Eltern selbst entstammten beide sehr strengen, konservativen Elternhäusern, in denen »mit harter Hand« erzogen wurde. Religiöse Prinzipientreue, eine Art verklemmter Puritanismus und immer wieder versteckte, aber auch offene Drohungen waren verbunden worden mit drakonischen, selten körperlichen, sondern vor allem seelischen Strafen. Sie wollten alles besser machen!

Leider hatten sie »das Kind mit dem Bade ausgeschüttet«. Sie hatten Martin die Erziehung verweigert. Sie hatten weder Respekt noch Gehorsam, noch Manieren, noch das Einhalten irgendwelcher sonstiger Regeln von ihm verlangt. Und nun vergalt er ihnen den Entzug einer respektablen Haltung mit Verweigerung des Respekts aller ihrer Werte und Lebensziele. Er hatte nicht erfahren, wozu es sich lohnt, sich Mühe zu geben und anderen Menschen Freude zu machen. Er war nicht für ein Leben in einer Gemeinschaft vorbereitet und nicht an Anpassung gewöhnt. Er hatte auch die Liebe nicht erfahren, durch die eine starke Erziehung Wirkung und Legitimation erhält.

Nicht-Erziehung kann also noch viel größeren Schaden anrichten als eine »schlechte« Erziehung. Ein solches nicht erzogenes Kind schwimmt orientierungslos in einem geistigen Sinn-Vakuum herum, in dem es nirgends Halt findet. Es wird so lange alles mögliche ausprobieren, bis es irgendwo an Grenzen stößt und dadurch eine Richtung erkennen kann, der zu folgen sich lohnt. Leider sind die Grenzerfahrungen, je älter ein Kind ist, um so schmerzhafter und gefährlicher. Grenzgänger im Erwachsenenalter schrammen oft ganz hart am Rande des Todes entlang, ehe sie irgendwo die Grenze ernsthaft spüren und akzeptieren können. Ob die Experimentierfreude der »Erziehungsexperten« wohl dieses Risiko wert ist? Und mit welcher Berechtigung benutzen wir unsere Kinder als Versuchskaninchen?

Für solchen Mißbrauch – diesen Ausdruck verwende ich hier sehr bewußt – müssen uns unsere Kinder zu wertvoll und zu schade sein. Kein Kind darf aus derart eigennützigen Gedanken heraus »vor die Hunde« gehen. Jedes Kind hat ein Recht auf Erziehung, und die schulden wir als Eltern ihm; es hat keine anderen, von denen es dieses Recht einfordern könnte. Also brauchen wir Kraft, Ausdauer und vor allem Liebe, dann werden sich die meisten Probleme gut lösen lassen. Theorien und Ideologien helfen da nicht weiter, sondern sorgen höchstens für Verunsicherung.

3. Wertmaßstäbe für das Leben

Wertmaßstäbe für das Leben müssen wir heute neu suchen. Die Welt, in der wir leben, ist geprägt von Äußerlichkeiten, wirtschaftlichem Denken, weltumspannenden Kontakten und Informationenüberflutung. Ein normales Gehirn ist mit dieser Vielfalt und Gleichzeitigkeit der Beanspruchungen überfordert. Zusätzlich erwachsen große Schwierigkeiten daraus, daß wir Menschen der Elterngeneration auf diese rasante Entwicklung hin zum globalen Welterleben nicht ausreichend vorbereitet waren und bis heute nicht sind. Viele von uns überlassen diese anspruchsvolle Herausforderung zunehmend den Jüngeren und verzichten darauf, sich die neue Entwicklung anzueignen und sich dadurch ein eigenes fundiertes Urteil zu bilden. Trotzdem urteilen wir – aber pauschal, hart und negativ. Eine Entwicklung, die uns zurückläßt und uns keinen Anschluß bietet, kann nur eine schlechte Entwicklung sein.

Dadurch sind und bleiben wir unfähig, den Jüngeren bei der nötigen Orientierung zu helfen, ihnen mit unseren Wertmaßstäben bei der Bewertung der Entwicklungsstufen und -stränge Anhaltspunkte zu geben, die ihnen ein Sortieren der Flut an neuen Impulsen erleichtern könnten. Was bleibt ihnen übrig, als sich »eigene« Wertmaßstäbe zu suchen?

Unsere geldgesteuerten Medien, die die verbreiteten Informationen nach Quotenwirksamkeit und Werbeeinnahmen auswählen müssen, dabei aber immer den Anschein von Objektivität und Wahrheit erwecken wollen, haben eine unüberschätzbare Macht über die Auswahl dieser Wertmaßstäbe. In dieser Welt der Medien- und Wohlstandsgläubigkeit stehen Geld und äußerer Schein so im Rampenlicht, daß Hintergründe leicht verschwimmen und im Schlagschatten der »Events« verkümmern können. Wie sollen weniger erfahrene jüngere Menschen sich gegen diese übermächtigen Einflüsse behaupten und wehren?

Die dadurch entstehende Wohlstandsgläubigkeit führt dazu, daß Menschen nur noch einem einzigen Antrieb folgen: »Was bringt mir das?« Das ist die Kernfrage der Existenzsicherung, der Lebensgrundlage, der Beseitigung von Ängsten und Sorgen. »Was habe ich persönlich davon, mich für dieses Ziel einzusetzen, meine Kraft hier zu investieren? Wieviel springt für mich dabei heraus?« Ich denke, wir alle kennen solche Menschen, manche nur zu gut. Mittlerweile wird deutlich, zunächst für die kleineren gesellschaftlichen Gruppierungen, aber inzwischen auch für Politiker, daß diese Haltung zu einem Auseinanderbrechen der sozialen Grundlagen führt.

Im nordrhein-westfälischen Landtag fand im Jahr 2006 eine Beratung und Expertenanhörung zum Thema Werteerziehung statt, zu der Wissenschaftler, Fachleute und Pädagogen aus vielen gesellschaftlichen Bereichen geladen worden waren. Die politischen Parteien waren vertreten, Vertreter von Erziehungseinrichtungen, Kindergärten und Kinderheimen, Diakonie und Caritas, Schulleiter- und Lehrerverbänden, der evangelischen und katholischen Kirche, Experten aus Handwerk, Industrie und Wirtschaftsverbänden, Fachleute aus den zuständigen Ministerien, Elternverbände, auch der Elternverein Nordrhein-Westfalen. Viele von ihnen hatten eine kurze Rede vorbereitet und sprachen sich stark für eine neue Werteorientierung, bessere Erziehung der Jugend, Gewaltprävention und Vorbeugung gegen Orientierungslosigkeit, Respektverweigerung und Übergriffe aus. Die Erziehungspartnerschaft zwischen Schule und Elternhaus wurde betont, die Verantwortung der Eltern beschworen und deren Eigensucht und Rücksichtslosigkeit angeprangert. Es gab heftige Schuldzuweisungen an Schulen und Lehrkräfte, die ihrer Verpflichtung zur Erziehung der Kinder nicht nachkämen, deren Eltern diese versäumten. Es ging hoch her.

Hochtrabende Zielsetzungen und Appelle wurden vorgetragen und großartige Maßnahmen und Effekte beschrieben. Ziemlich zum Ende der Veranstaltung stellte eine junge Erzieherin eine Frage, mit der niemand gerechnet hatte: »Über welche Werte reden wir hier eigentlich?«

Für mich war das anschließende betretene Schweigen ein Schlüsselerlebnis. Konnte das wahr sein, daß auf diese Frage keiner der großen Wissenschaftler und Experten eine Antwort wußte? Nicht mal die Kirchenvertreter? Gab es keinen Minimalkonsens, den man als verläßlich ansehen und daher in dieser Situation feststellen konnte?

Nein, ich als »hauptberufliche« Mutter habe die Frage beantwortet: Die Grundwerte unserer christlich geprägten Gesellschaftsordnung basieren auf den zehn Geboten der Bibel. Darüber hinaus weiterhelfen kann dann unser Grundgesetz, in dem der Wertekanon für unser Staatswesen aufgestellt ist. Für tiefergehende Fragen haben wir noch ein Bürgerliches Gesetzbuch, das als ebenfalls sehr alte gültige Rechtsnorm viele Grundfragen regelt, und das deutsche Strafgesetzbuch, das klar und deutlich aufzeigt, was als unzulässige Grenzüberschreitung in unserer Gesellschaft nicht geduldet wird. Natürlich kann man nicht alle 2.385 Paragraphen des BGB im Kopf haben, nicht mal die 146 (eigentlich 186) Artikel des Grundgesetzes mit all ihren Absätzen und Inhalten, und das ist damit auch nicht gemeint. Aber es gibt mit diesen gesetzlichen Regelungen, die sich der demokratische Staat, also das Volk, selbst gegeben hat, eindeutige und klare Werte, die für diese Gesellschaft gelten, die jeden Bürger, jeden Zuwanderer und jeden Beamten binden.

Die Veranstaltung zeigte, daß alle Beteiligten den Mangel von Werten in der Gesellschaft beklagten und tausend Methoden anpriesen, wie dieser Mangel bekämpft werden sollte, aber womit dieses Vakuum zu füllen war, darüber hatte noch niemand nachgedacht. Die plötzliche Unsicherheit bei der Frage nach den konkreten Inhalten war für mich erschreckend – gerade Politiker, die als gewählte Volksvertreter die Richtung angeben sollen, wohin das Schiff steuert, gerade Lehrkräfte, die als auf das Grundgesetz vereidigte Beamte diesem Staat besonders verpflichtet sind, und gerade Vertreter der beiden großen Kirchen wären doch wie kaum ein anderer dazu berufen gewesen, diese Frage zu beantworten. Haben wir unsere Werte schon so weit aus den Augen verloren, daß wir nur noch Stellvertreterdiskussionen über Tertiärfragestellungen führen können – weil wir die Inhalte unserer Denkstrukturen selbst nicht mehr begreifen, weil wir uns so weit entfernt haben von unserer Geschichte, Herkunft und Tradition?

Kann es sein, daß kaum jemand sich mehr traut, ethische Werte wie Achtung vor der Menschenwürde, Recht auf Unversehrtheit, christliche Nächstenliebe offen auszusprechen? Nicht mal mehr vor kleinen Gruppen wie Elternversammlungen, und schon gar nicht vor einer größeren Öffentlichkeit? Schämen wir uns unserer ethischen Wurzeln, unserer göttlichen Herkunft schon so, daß wir sie zuschütten und vergraben müssen? Sind wir schon so tief verstrickt und verwoben in Lobbyistentum, Karrieredenken, Fraktionszwang und diplomatische Berechnung, daß wir keine klare ethische Haltung mehr vertreten können?

Wem das zu altmodisch ist: Tradition ist nicht die Aufbewahrung der Asche, sonder das Weitergeben des Feuers. Wenn wir solche Themen anfassen und ernsthaft besprechen wollen, dann müssen wir den Mut haben, Roß und Reiter zu benennen. Nur das kann uns helfen, einen klareren Blick für das Wesentliche im Leben zurückzugewinnen. Die Erziehung unserer Kinder liegt in den Händen der Eltern. Und auch die Schule muß ihren Beitrag dazu leisten und ihren Erziehungsauftrag wahrnehmen.

Am allerwenigsten aber dürfen wir weiter wegsehen und uns abwenden, wenn wir Zeugen von Fehlverhalten und Unrecht werden. Zivilcourage ist nicht für die anderen da, sondern für mich selbst – jeder ist in der Pflicht.

Überfluß und Überdruß

Uns geht's zu gut. Wir wissen gar nicht mehr, was Menschen eigentlich aushalten können. Entsetzt sehen und hören wir schreckliche Nachrichten aus aller Welt und denken doch, wie gut, daß wir davon nicht betroffen sind. So richtig vorstellen, wie diese Menschen die Hungersnot, den Wassermangel, die Flutkatastrophe, die Orkanschäden, den Verlust von Familienmitgliedern, vor allem ihrer Kinder, verkraften, können wir uns nicht. Dabei richten wir uns gemütlich in unserem Wohlstand ein und spenden hier und da ein kleines Geld, um unser Gewissen zu beruhigen. Und diese Haltung geben wir an unsere Kinder weiter.

Ihnen muten wir eine Überflutung mit Wohlstand zu. Schon die Spielzeugberge, die sich in den Kinderzimmern von Geburtstag zu Weihnachtsfest aufhäufen, sind beängstigend. Den Spielzeugpark in den Kinderzimmern kann kaum jemand mehr überblicken, und ganz früh gesellt sich auch noch aller erdenklicher Elektronikschrott dazu. Immer mehr Geräte, mit denen bewegte Bilder, Töne, Geräusche erzeugt werden, sammeln sich an, und unsere Kinder können kaum den Kopf aus den unüberschaubaren Bergen herausstrecken, von Überblick ganz zu schweigen. Dabei entwickeln auch die schlausten Spielsachen sich immer mehr zu vorgefertigten Elementen, die ein Kind einmal zusammenstellt und dann nie wieder anfaßt.

Legosteine waren früher wirklich einzelne Steine, aus denen wir Kinder völlig unterschiedliche, im Maßstab ganz eigenwillige Kreationen entwickeln konnten, vom Elefanten über das

Puppenhaus bis zu Eisenbahn und Rennwagen. Heute haben sie Bauelemente wie fertige Torbögen, Rundfenster, Erker und Türen, die schon die gesamte Spielpalette in ein bestimmtes Schema mit einem festgelegten Maßstab pressen. Spielzeuge müssen immer näher an den großen Originalen, immer »echter« werden – offenbar sind jedenfalls die Erwachsenen, die sie herstellen, und die, die sie kaufen, davon überzeugt – und für unsere Kinder bieten sie immer weniger kreativen Spielraum. Diese Übersättigung mit perfekten Gegenständen, die nur noch die Erwachsenenwelt kopieren, statt der Phantasie der Kinder Freiraum zu lassen, führt schnell zu Langeweile mit dem jeweiligen Spielzeug.

Viele Geschenkwünsche der Kinder scheinen heute mehr damit zu tun zu haben, daß Florian sich genau diesen Bagger wünscht, weil Hendrik den auch hat, und daß Leonie jene neue Barbie-Puppe besitzt, die Mareike nun auch haben muß. Schon unsere Kinder denken in Statussymbolen, statt auf den Spielwert ihrer Wunschobjekte zu achten. Wenn dieser Wunsch erfüllt ist, hat Leonie bald schon eine neue Ausstattung für ihr Puppenhaus, bei der Mareike wieder nicht mithalten kann, und Hendrik interessiert sich nicht mehr für Bagger, sondern lockt mit seiner neuen Autorennbahn, die Florian dann selbstverständlich auch haben will. Das »Wettrüsten in den Kinderzimmern« eskaliert immer mehr. Die Wut mancher Kinder über ihre Entscheidungsnot und Ratlosigkeit angesichts dieses phantasietötenden Überangebots kann ich gut nachempfinden – sie können sich gar nicht dagegen wehren, sind ihm hilflos ausgeliefert.

Wir als Eltern müßten es eigentlich besser wissen und sind diejenigen, die wirksam gegensteuern können. Ein Geschenk von nachhaltigem Wert zum Geburtstag oder zu Weihnachten ist ausreichend. Es kann vielleicht aus mehreren Komponenten bestehen oder aus verschiedenen Teilen zusammengesetzt werden, damit Großeltern und Paten auch etwas zum Schenken haben. Zum Puppenwagen könnten die Bettwäsche, das Sonnenschirmchen, ein Wetterschutz und so weiter dazugeschenkt werden, zu einer Holzeisenbahn gibt es tausend nette Zusatzteile, die das Spielen bereichern können – dasselbe gilt für viele andere Spielzeugangebote. Allerdings braucht es erstens die Überzeugung, daß das besser ist fürs Kind, und dann etwas Phantasie. Aber so ist gewährleistet, daß das Kind alle Teile kombinieren kann und nicht hin- und hergerissen ist zwischen den vielen verschiedenen Spielsachen, die schon bald in der Ecke landen.

Überfluß an materiellem Gut, von wem auch immer geschenkt, ist kein Ersatz für gemeinsame Zeit und phantasievolle Spiele, und er symbolisiert auch nicht den Wert meiner Liebe zu meinem Kind oder den Wert meines Kindes für mich – auch wenn manchmal Familienangehörige um das »wertvollste«, weil teuerste Geschenk wetteifern. Überfluß kennzeichnet möglicherweise meine Einkommenssituation, aber auch das stimmt oft nicht, denn gerade in Familien, deren Haushaltslage prekär ist, häufen sich solche Spielzeughalden besonders gern, damit das Kind sich vor anderen nicht schämen muß.

Die Folge dieses Überflusses: Kinder wissen oft den Wert ihrer Sachen gar nicht zu schätzen. Es geht ums Haben, nicht ums Benutzen und Gebrauchen, und wenn das Haben erfüllt ist, wendet sich das Interesse sofort neuen Objekten der Begierde zu. Erfüllen wir bereitwillig immer wieder solche Wünsche und bedienen wir diese Konsummentalität unserer Kinder, züchten wir uns kleine Nimmersatte heran, die niemals zufrieden sein können, weil es eben ums »immer mehr«, »immer größer«, »immer besser« geht und nicht um echte Herzenswünsche. Langeweile entsteht und wächst und läßt sich nicht mehr eindämmen.

Abwechslung in dieser materiellen Überflutung bietet da nur noch die Zerstörung, am besten eine möglichst gewaltsame. Vandalismus, Zerstörung aus Langeweile, aus Wut auf die Wattewelt, die keinen Widerstand bietet, keine Grenzen setzt und nicht maßhält, das ist das Ergebnis. Wo die kleinen Spielzeugmillionäre gerade sind, wird herumgeschmiert, werden Spuren hinterlassen, wird geritzt, geschnitzt, besprüht, verbogen, zertrampelt, ramponiert, vermüllt und eingesaut, was gerade vorhanden ist. Viele Kinderspielplätze bieten ein anschauliches Spiegelbild dieser Vorgänge, in Schulen, Bussen, Straßenbahnen, an öffentlichen Plätzen, auf Schritt und Tritt begegnen uns die Spuren dieser Wut auf den unerträglichen Wohlstand.

Daß Jugendliche Pfandflaschen nicht zurück zum Laden tragen, sondern lieber auf die Bahngleise werfen, wenn gerade ein Zug kommt, daß sie überall Scherben verbreiten müssen, ob im Sandkasten, auf der Rutschbahn oder mitten auf der Straße, daß sie den Anblick einer gepflegten Grünanlage so wenig ertragen können, daß sofort überall Müll verteilt werden muß, all das ist Ausdruck solchen Überdrusses und der Wut auf die unmenschlichen Materialschlachten, den »Mammonismus« unserer Zeit. Materielle Werte gelten nichts, nicht mal das Pfand lohnt es abzuholen, denn das Taschengeld ist ja reichlich bemessen.

Und das Vorbild, das wir Erwachsenen bieten, ist oft nicht gerade erfrischend. Sind Sie mal in einer Stadtrandsiedlung an einer Grün- oder Freifläche entlang spazierengegangen? Alles ist voller Brennesseln, und hinter der ersten Reihe Büsche gammeln unüberschaubare Berge von stinkendem Garten- und Hausmüll vor sich hin! Brennesseln brauchen viel Stickstoff und wachsen da besonders gut, wo Müll verrottet. Bei schönem Wetter am Wochenende sieht man die netten Nachbarn ihre Unkrauteimer und Schubkarren hinter die Büsche kippen. Die saubersten Häuslebauer beanspruchen nämlich fast überall das Recht auf eine private Deponie direkt hinterm Gartentor. Die Städte stellen zwar mittlerweile sogar kostenlos Komposttonnen zur Verfügung, aber es ist anscheinend zu lästig, die zu benutzen, und praktischer, den Müll in die Landschaft zu kippen. »Das verrottet doch!« Wie lange das dauert, spielt keine Rolle.

Und genau diese Leute sind es oft auch noch, die die herum-
gammelnden und Müll verstreuenden Jugendlichen anschnau-
zen und zur Ordnung rufen wollen – zu wessen Ordnung
denn? Wir machen uns ja lächerlich, eine Haltung von Kindern
zu fordern, die wir uns selbst nicht abverlangen, obwohl wir als
Erwachsene weiß Gott die stärkeren Voraussetzungen und die
größere Verpflichtung dazu hätten. Und einen großen Unterschied sehen Kinder darin nicht, ob ein Erwachsener eine volle
Karre Gartenmüll oder ein Kind »nur« eine kleine Flasche in
die Landschaft schmeißt.

Erziehung beginnt mit Selbsterziehung, und das fängt nicht erst
bei solchen Selbstverständlichkeiten an. Aber es erfordert Disziplin, in allen Handlungen des täglichen Lebens. Dazu gehört
Disziplin im Anschaffen, Maßhalten in der Erfüllung von Wünschen, gewissenhafter Umgang mit Gegenständen und Sach-
werten – aber vor allem das Bewußtsein, daß ich in allem, was
ich tue oder unterlasse, Vorbild bin für all diejenigen, die gerade
zufällig zusehen.

Quellen der Sicherheit

Erinnern Sie sich an das Gespräch von Lena und Marina? Die
Positionen der beiden jungen Frauen am Anfang dieses Buches
sind beispielhaft für die Grundfrage des menschlichen Lebens
nach Familiengründung und Kindern heute. Warum entscheiden sich immer wieder Menschen dafür, diese manchmal nicht
nur leichte Belastung auf sich zu nehmen?

Glücklicherweise gibt es immer wieder Beispiele für dauer-
haftes Eheglück, in sich ruhende Elternpaare, harmonische
Familien und gelingende Erziehung. Wer solche Menschen
kennt, hat in ihnen den tröstlichen Beweis, daß die Familie
als Keimzelle der Gesellschaft das verläßlichste Grundmodell
für die Sicherung der Arterhaltung ist und bleiben wird, allen

gegenläufigen politischen und gesellschaftlichen Strömungen zum Trotz. Dieser immer wieder erbrachte Beweis gibt vielen Menschen die Zuversicht, daß es auch ihnen gelingen kann, dieses Ziel zu erreichen.

Noch dazu gibt es erstaunlich viele Beispiele für Menschen, die auch trotz unermeßlicher Hindernisse und Schwierigkeiten dieses Ziel erreicht haben, manchmal im Zickzack- oder Schlingerkurs, aber dennoch mit beachtlich positiven Ergebnissen.

Natürlich ist es nicht selbstverständlich, daß immer alles in der Familienplanung glatt läuft, und niemand hat die Garantie auf ein komplikationsloses Leben. Ganz unterschiedlich verlaufen die Lebenswege, und selten entsprechen sie den Erwartungen. Die größte Belastung sind kranke Kinder, gefährdete Kinder und verlorene Kinder – Schicksalsschläge, die uns treffen und uns gnadenlos in die Knie zwingen. Und manchen trifft immer dann, wenn er den absoluten Tiefpunkt erreicht glaubt, meint, es gehe nicht mehr schlimmer, noch ein weiterer Schlag.

Felizitas und Christof hatten zwei Töchter im Abstand von vier Jahren. Die zweite, Christiane, wurde mit einer unheilbaren Krankheit geboren, die damals noch ziemlich wenigen Ärzten bekannt war. Sie wurde erst nach Jahren endgültig diagnostiziert und ist bis heute unheilbar. Man kann den Verlauf der Erkrankung lediglich hinauszögern, Symptome und Schmerzen lindern. Felizitas versorgte ihr krankes Kind bis zur Selbstaufgabe, war immer für es da und immer weniger für andere Anforderungen zu erreichen. Sie hatte sich so in der Gewalt, daß Christiane nicht eine Träne bei ihr sah. Christiane ihrerseits tröstete ihre Mutter, indem sie von ihrer baldigen Genesung sprach und ihren Zustand immer beschönigte; Felizitas hörte sie nie klagen. Sie belogen sich gegenseitig, statt der Situation realistisch ins Auge zu sehen, und waren damit beide allein.

Christiane starb mit 14 Jahren. Felizitas war am Ende ihrer Kraft und sah keine Zukunft mehr. Der Tod ihrer Tochter bedeutete zugleich tiefen Schmerz und Befreiung, Erlösung. Für Felizitas waren diese vierzehn Jahre geprägt von der Sorge um ihr Kind und dem völligen Verzicht auf jedes eigenständige Leben. Langsam rüttelte sich das Leben der Familie wieder zurecht, die drei verbliebenen Mitglieder suchten nach einem neuen Selbstkonzept, denn natürlich hatte das Geschehen sich auf alle ausgewirkt.

Erst durch einen unübersehbaren Hinweis bemerkte Felizitas, daß sie nicht nur Christiane, sondern auch Christof verloren hatte. Er hatte die künstliche Fröhlichkeit im Wechsel mit bedrückendem Schweigen zu Hause nicht mehr ausgehalten, war viel unterwegs und hatte eine andere Frau kennen- und liebengelernt. An eine Wiederaufnahme der ehelichen Beziehung war nicht zu denken, die über all die Jahre aufgestaute Anspannung entlud sich in gegenseitigen Vorwürfen und heftigem Streit, und die Familie zerbrach vollends.

Felizitas wurde von diesem neuen Schlag so getroffen, daß sie überzeugt war, auch ihr Leben sei zuende. Aber das war ein Irrtum, sie fing sich und entdeckte die Chance in der neuen Situation. Die große Tochter war schon fast zwanzig und verließ das Haus für eine betriebliche Ausbildung. Felizitas fand eine neue berufliche Aufgabe und bald einen neuen Partner, der sie bis heute liebevoll unterstützt.

Gertrud und Richard wünschten sich vier Kinder flott nacheinander – sie hatten erst recht spät geheiratet. Ein Sohn kam, bald darauf eine Tochter, kurze Zeit später wieder eine Tochter, und ein paar Monate später war auch schon das vierte Kind unterwegs. Die Freude konnte größer nicht sein, aber im achten Schwangerschaftsmonat gab es Probleme. Plötzliche Wehen waren nicht mehr aufzuhalten, der kleine Sohn wurde per Notkaiserschnitt zur Welt gebracht, noch ehe Gertruds

Narkose richtig wirkte, und war nach der Entbindung verschwunden. Gertrud erfuhr nur, daß er mit Blaulicht zur Kinderklinik gefahren worden und dort fünf Stunden später gestorben sei, obwohl er nicht krank gewesen sei – sie hat ihn nie gesehen. An seiner Beerdigung konnte sie nicht teilnehmen, weil sie sich völlig zermetzgert fühlte und noch nicht wieder klar denken konnte. Der Traum vom harmonischen Kinderquartett war zerplatzt. Aber die drei kleinen Kinder zu Hause brauchten sie, und sie war schnell wieder auf den Beinen, ohne zu jammern.

Schon wenige Monate später war Gertrud wieder schwanger, eigentlich undenkbar, aber trotzdem wahr. Auch während dieser Schwangerschaft, wie in allen anderen zuvor, konnte sie sich nicht besonders schonen und ging, allen ärztlichen Empfehlungen gemäß, ihrem normalen Tagesablauf nach, der natürlich von intensiver Familienarbeit geprägt war. Diesmal gab es zum Ende des siebten Monats Komplikationen, Gertrud landete im Krankenhaus, lag mehrere Wochen unter wehenhemmenden Medikamenten mit ununterbrochenen sägenden Kopfschmerzen flach, voller Unruhe wegen der drei Kinder zu Hause, deren Vater weiterhin seinem aufreibenden Beruf nachgehen mußte, den er nicht verlieren wollte und durfte. Die Kinder wurden fremdbetreut, blieben aber zum Glück zu Hause in der gewohnten Umgebung.

Gertruds Kind, eine Tochter, starb und mußte tot geboren werden. Auch dieses Kind hatte nach Aussage der Ärzte keinen gesundheitlichen Defekt. Für Gertrud war dies der endgültige Abschied von ihrer Traumfamilie mit vier Kindern. Aber hängenlassen konnte sie sich nicht, ihre kleinen Kinder warteten zu Hause. Zum Trauern war keine Zeit. Gertrud funktionierte weiter, und die Familie raufte sich zusammen. Noch im Krankenhaus ließ Gertrud sich sterilisieren, um eine weitere Risikoschwangerschaft sicher auszuschließen.

Die Schulzeiten der Kinder waren mit allerlei Konflikten gepflastert, Gertrud erlebte mit Lehrern ihrer Kinder unvorstellbare Geschichten, die zum Teil hier ebenfalls geschildert sind. Gertrud hatte bald das Gefühl, sie sei magnetisch für alle denkbaren und undenkbaren Arten von Prüfungen, ständig auf der Gratwanderung zwischen friedlichem gesichertem Zusammenleben und aufbrechenden Zwiespalten zwischen ihrer eigenen Geradlinigkeit und der Pflichtvergessenheit, Ignoranz und Rücksichtslosigkeit in ihrer Umgebung.

Nur wenige Jahre vergingen in relativer Normalität, bis eines Tages Richard morgens nicht aufstand. Er war halbseitig gelähmt, hatte einen Schlaganfall mit gerade mal fünfzig Jahren. Gertruds Angst um ihren Mann ist kaum zu beschreiben. Hinzu kam die Angst um die Existenz der Familie und der Kinder, die noch nicht einmal in der Berufsausbildung waren. Gertrud begann, sich auf alle nur denkbaren Stellenanzeigen zu bewerben. Am Telefon schon wurde sie ausgelacht: »Wie alt sind Sie, über vierzig? Na dann sind Sie aber Traumtänzer, bei uns anzurufen!« Es war wirklich ausweglos, zumal mit drei jugendlichen Kindern. Es dauerte bange Monate mit Rehabilitationsmaßnahme in einem entfernten Kurort, aber glücklicherweise erholte Richard sich vollkommen und war auch beruflich so gut abgesichert und eingebunden, daß er beinah so weiterarbeiten konnte, als habe er nie gefehlt.

Ein paar Jahre später holte die Vergangenheit sie wieder ein. Die Tochter wurde aufgefunden, glücklicherweise »rechtzeitig«: Sie hatte versucht, sich umzubringen. Eine Aufnahme in eine psychiatrische Klinik war unausweichlich. Eine suizidgefährdete Jugendliche konnte man in der Familie nicht engmaschig genug beaufsichtigen, um einen erneuten Versuch zu verhindern – sie mußte vor sich selbst geschützt werden. Für Gertrud brach eine Welt zusammen, als man sie eine Woche später telefonisch davon in Kenntnis setzte, daß die Jüngste, nennen wir sie Larissa, landesweit gesucht werde, denn sie sei heute nacht ausgerissen.

Gertrud zermahlte sich innerlich: Wo kann das Kind nur sein? Warum ist es so verzweifelt? Warum habe ich nichts gemerkt? Was habe ich falsch gemacht, und wann?

Auf einen derartigen erneuten Schicksalsschlag war sie nicht gefaßt gewesen und wußte nicht, wie sie nun auch noch diese Sorge verkraften sollte. Larissa kehrte in die Klinik zurück, aber hatte begonnen, sich mit Rasierklingen die Haut zu zerschneiden, erst ganz verborgen und unauffällig. Eine solche Selbstzerfleischung war noch viel schwerer zu heilen als Lebensmüdigkeit. Gertrud wußte nicht mehr ein noch aus und war total verzweifelt. All die alte weggesteckte Trauer brach sich ihren Weg ans Licht. Gertrud war zu einem normalen Gespräch nicht mehr in der Lage, die Tränen liefen, sobald sie einem Menschen in die Augen sah. Sie verlor völlig die Kontrolle über ihr Seelenleben und brauchte ebenfalls eine Therapie. Es war kein Ende der Probleme abzusehen, stattdessen häufte sich eins aufs andere.

Der älteste Sohn war zum Studium weit weg und kaum zu erreichen, meldete sich nur selten zum kurzen »Ja, mich gibt's noch«, oder wenn er Geld brauchte. Er konnte das emotionale Chaos zu Hause nicht ertragen. Richard zog sich immer mehr in seine beruflichen Aufgaben zurück, hatte bis spät abends zu tun und war bei der Heimkehr so müde, daß er bald einschlief. Gertrud dagegen konnte überhaupt nicht mehr schlafen, ging gar nicht mehr ins Bett, um Richard nicht mit ihrer Unruhe zu stören. Larissa war inzwischen zu Hause, probeweise. Nachts überwachte Gertrud alle Geräusche im Haus, um Larissa an weiterer Selbstzerstörung zu hindern – es mißlang. Eine neue Klinikaufnahme war erforderlich, und Larissa ging wieder »auf Tour«. Diesmal dauerte es Tage, bis die Polizei sie fand, blutüberströmt in einer Bahnhofstoilette. Die Höllenangst, Untätigkeit und Hilflosigkeit dieser Zeit durchleben zu müssen, war ein einziger Alptraum. Es gab Zeiten, da war sie zerrissen von Trauer und Wut, aller Welt böse und auch auf ihren Mann wütend, von dem sie sich völlig alleingelassen fühlte in dieser ausweglosen Situation. Erst viel später verstand sie, daß auch Richards Verhalten nur Ausdruck seiner Hilflosigkeit war.

Larissa ging es immer schlechter, ihr Zustand wurde von Woche zu Woche sichtbar schlimmer. Sie begann, zu hungern und sich so weiter zu zerstören, weil sie keine Klingen mehr bekam. Die Klinikärzte sagten ihr, ihre Mutter sei an allem schuld. Bis dahin hatte Gertrud über diese Sorgen geschwiegen, aus Scham für ihr Versagen, aber eines Tages vertraute sie sie einer Freundin an. So erfuhr sie von einer anderen Klinik, die empfehlenswert sei. Gertrud organisierte einen Termin und verlegte ihre Tochter in die andere Klinik, für alle anderen, sogar für ihren Mann, überraschend. Immerhin brachte sie die Kraft auf, sich gegen alle Anfeindungen des behandelnden Chefarztes, des Pflegepersonals, die Verzweiflung und Scham ihres Mannes und gegen ihre eigenen Zweifel durchzusetzen. Es konnte nicht mehr schlimmer werden – das war ihr einziger Trost.

Gertrud war völlig erschöpft und erledigt. Sie gab den Kampf auf und hoffte nur noch, daß die Ärzte in der neuen Klinik ihr Kind retten würden, vor sich selbst und seiner Zerstörungswut. Nach zweieinhalb Monaten, die sie ihre Tochter nicht besuchen durften, gab es einen kleinen neuen Annäherungsversuch. Sie waren sich vollends fremd geworden, auch dieses Kind war verloren. Wie sollte dieses Leben nur weitergehen? Was kam als nächstes?

Aber heute, nach über drei Jahren der Trennung, ist Larissa wieder zu Hause in der Familie und hat sich mit ihrem Leben so angefreundet, daß sie Zukunftspläne schmiedet. Gertrud hat gelernt, die Kinder loszulassen und ihnen altersgemäße Selbständigkeit abzuverlangen; das hatte Larissa eindeutig gefehlt. Gertrud läßt sich nicht mehr für jede Kleinigkeit einspannen und steht nicht mehr stets zu Diensten. Allerdings wundert sie sich, daß sie selbst überhaupt noch lebt und sogar ziemlich gesund ist, nach all dieser Zeit.

Sie hat auch gelernt, immer gefaßt zu sein auf Schicksalsschläge, die ihr wohl deshalb aufgeladen werden, weil sie stark genug ist, sie zu tragen. Und sie weiß, daß jede sorgenvolle Stunde sie auch um Erfahrungen bereichert und sie hat reifen lassen. Sie steht heute so fest in ihrem christlichen Glauben, daß auch das schlimmste Erdbeben in ihrem Leben ihn nicht mehr erschüttern kann.

Das Erstaunliche: Weder Felizitas noch Gertrud bereuen es, Kinder bekommen zu haben. Sie hadern beide nicht mit ihrem Schicksal, sondern sind dankbar für ihre gesunden Kinder und ihr eigenes gesundes Leben. Auch Christof und Richard sagen, sie würden immer wieder genauso entscheiden. Sie alle staunen rückblickend, was ein Mensch in seinem Leben alles ertragen und durchstehen kann, wenn er sich nur immer wieder auf die Liebe als Quelle neuen Lebens und der dazugehörigen Kraft besinnt. Sie haben mehr oder weniger bewußt in all dieser belasteten Zeit auch immer noch neue Hoffnung aus den wunderbaren gemeinsamen Erlebnissen der ersten Zeit nach der Geburt der Kinder schöpfen können. Die Väter hätten vielleicht das eine oder andere besser machen können, vor allem eine so sorgenbeladene Mutter nicht so alleinlassen sollen, aber als Mann steht man, wie vorn schon beschrieben, etwas außerhalb des Geschehens.

Damit ist natürlich eine der Quellen für zusätzliche Probleme benannt: das Gefühl eines Vaters, doch irgendwie abseits zu stehen. Die meisten Väter fühlen instinktiv, daß die Bindung zwischen Mutter und Kind noch eine andere Qualität hat als die zum Vater. Daher kann es kommen, daß man als Vater sich oft nicht in der Lage sieht, seiner Frau wirklich hilfreich zur Seite zu stehen. Dazu kommt, daß der fast immer berufstätige Ernährer der Familie an seinem Arbeitsplatz ein bereitetes Rückzugsfeld hat, also ohne besondere Rechtfertigung dort »abtauchen« kann.

Dabei haben Väter in solchen Krisensituationen oft wesentliche Einflußmöglichkeiten. Sie können durch ihren eigenen guten Kontakt zu den Kindern ebenfalls frühzeitig aufmerksam werden auf Alarmsignale, den Kindern helfen, Konflikte zu versachlichen und eine »männliche« Sicht der Welt und des Lebens beisteuern und damit die Auswahl an Lösungsstrategien für Krisen immens erweitern. Hier haben wir vielleicht das größte Defizit, das von der traditionellen Aufgabenteilung in der Ehepartnerschaft herrührt. Wenn die Kinder einzig zum Aufgabenbereich der Frau gezählt werden, können solche Ausweichmanöver entstehen.

Es gibt dagegen ein probates Mittel, das allerdings viel zu selten Anwendung findet, dabei ist es so einfach zu verwirklichen: ein regelmäßiger »Vatertag«. Der Vater geht regelmäßig mit jedem Kind allein auf eine eigene Unternehmung, die auch dem Kind Spaß macht. Ob das ein Zoo- oder Zirkusbesuch, das Ansehen einer Ausstellung, Schwimmengehen oder Fußballspielen, das »Mitarbeiten« am Arbeitsplatz, ein Wochenendausflug zum Zelten und Angeln oder was auch immer ist – es wird sich auf das Verhältnis spürbar positiv auswirken. Und es ist nie zu spät, damit zu beginnen. Auf der Basis einer so vertieften Beziehung wird der Vater ganz anders zur innerfamiliären Konfliktbewältigung beitragen können, indem er andere Aspekte hinzufügt und andere Fragen stellt. Diese große, wertvolle Chance nehmen leider die wenigsten Paare wahr.

Vielleicht wären Felizitas und Christof zusammengeblieben, hätten sich über die Prioritäten ihres Familienlebens während Christianes Krankheit besser abgestimmt und hätten eine solidere gemeinsame Basis für einen Neuanfang nach Christianes Tod gehabt. Vielleicht wäre Gertrud das Gefühl der völligen Vereinsamung in den schwersten Krisensituationen und viel Panik erspart geblieben, wenn Richard sich früher und stärker hätte in deren Bewältigung einbringen können.

Ihre Kinder sind für diese Eltern die Verbindung der Herkunft mit der Zukunft, der Reichtum ihres Lebens, der seidene Faden, durch den sie mit der Ewigkeit verknüpft sind. Schwer vorstellbar nach all diesen Härten, die für sie mit der Nachwuchsgeneration verbunden sind. Aber schon der Ausdruck »verbunden« deutet darauf hin, daß diese letzten Endes doch ziemlich heil durchlebten Krisen die Beziehungen vertieft, die Gespräche intensiviert und manche Familienmitglieder enger zusammengeschweißt haben.

Das Wissen um die Bedeutung von Kindern für ihre Eltern und um die vielen Weichenstellungen, an denen etwas schieflaufen kann, ist schon sehr alt:

> *Eure Kinder sind nicht euer Besitz.*
> *Sie sind die Töchter und Söhne*
> *der Sehnsucht des Lebens nach sich selbst.*
> *Sie kommen durch euch, aber nicht von euch.*
> *Ihr könnt ihnen eure Liebe geben, aber nicht eure Gedanken,*
> *denn sie haben ihre eigenen Gedanken.*
> *Ihr könnt ihren Körpern ein Zuhause geben,*
> *aber nicht ihren Seelen, denn ihre Seelen wohnen*
> *in dem Haus von morgen, das ihr nicht besuchen könnt,*
> *nicht einmal in euren Träumen.*
> *Wenn ihr wollt, könnt ihr euch bemühen,*
> *zu werden wie sie, aber ihr dürft sie nicht dazu bringen,*
> *zu werden wie ihr, denn das Leben geht nicht rückwärts*
> *und hält sich nicht auf beim Gestern.*
> *Epikur 341–270 v. C.*

Das sind hohe Forderungen, denen zu folgen sehr schwer ist, zumal in einer Zeit der ständigen Eile und Zeitnot und der Überflutung mit Eindrücken und Angeboten. Hier helfen nur die Rückbesinnung auf das Wesentliche und der bewußte Verzicht auf Teilnahme an all den Äußerlichkeiten und Oberflächlichkeiten unseres heutigen Lebens. Das Innere aufsuchen, finden und entfalten, zuerst bei uns selbst und dann bei unseren Kindern, das muß unser Ziel in der Erziehungsarbeit sein.

Und da die Weitergabe des Lebens gottgewollt ist, gibt er die Kraft zu einem Gelingen dieser freudigen Anstrengung immer wieder, auch wenn wir uns vollkommen alleingelassen fühlen. »Unser tägliches Brot gib uns heute«, ist nicht nur die Bitte um Ernährung; es kann gleichzeitig enthalten: »Gib mir nur soviel zu tragen, wie ich von der Stelle kriege, und bitte auch die Kraft dazu.« Wenn man in dieser Zuversicht seinen Tag angeht, hat man eine sichere Grundlage, die weit tragen kann – siehe Gertrud.

Vom Wert der Liebe

Zur Sicherheit sei der Begriff geklärt, um den es mir geht: Liebe bedeutet nicht Sex. Liebe bedeutet Zuneigung, Sympathie, Hingabe an einen anderen Menschen, ein anderes Geschöpf. Liebe bedeutet freudige Bereitschaft, den eigenen Herzschlag mit dem eines anderen zu synchronisieren, also dessen Empfindungen wahrzunehmen und mitzufühlen. Sex kann allenfalls daraus erwachsen. Familienarbeit ist emotionale Schwerstarbeit und ohne Liebe nicht zu bewältigen, aber gerade deshalb nimmt sie uns auch voll in Anspruch und kann sehr anstrengend sein. Und Liebe ist dabei ein ganz wichtiges Mittel der Unterstützung. Ohne Liebe geht diese Arbeit nur halb so leicht und halb so gut.

Wer aus reiner Pflichterfüllung die Belange anderer Menschen jeden Tag in seine Planung miteinbinden muß, verbraucht dafür viel mehr Energie, weil er den Impuls dazu immer wieder bewußt auslösen und sich daraufhin kontrollieren muß, ob alles zusammenpaßt. Er benötigt unter Umständen einen genauen Zeitplan, um die Anforderungen aller zu bewältigen. Wo wir aber mit Liebe an einen anderen Menschen denken, kommt er uns immer dann automatisch in den Sinn, wenn wir Pläne machen – er gehört einfach mit zu unserem Leben. Das erleichtert die Sache ungemein.

Wo wir mit Liebe anderen Menschen begegnen, kommt uns auch ein entsprechendes Echo entgegen. Wer auf die Menschen liebevoll, das heißt einfühlsam, zugeht, der ist beliebt, geachtet und geschätzt und kann sich in Sympathie sonnen. Diese Sonne bringt er selbst zum Glühen, indem er sie täglich anfacht durch sein Verhalten – »Wie man in den Wald hineinruft, so schallt es heraus«. Unser Leben kann sich durch die Entdeckung dieses Zusammenhangs ganz plötzlich zum Positiven wenden. Wir können aktiv auf unsere Umwelt und ihr Verhalten einwirken, ohne irgend jemandem zu nahe zu treten – einem liebenswürdigen Menschen kann kaum jemand mit offener Feindseligkeit begegnen.

Genau das ist es auch, was in den Kirchen gepredigt und von der Bibel eingefordert wird. Es geht um die Aufmerksamkeit für die kleinen Impulse zum Neuanfang, ständige Bereitschaft, die eingefahrenen Gleise infragezustellen und zu verlassen, neue Wege zu suchen, die besser zusammenführen.

♥ Liebe kostet Kraft

Wer immer in eigene Überlegungen und Pläne einen oder mehrere andere Menschen und deren Interessen und Neigungen einbezieht, braucht dazu ein vielfach vernetztes Denken. Er wägt ab, gewichtet, zieht vor oder ordnet nach. Er kalkuliert seine Mitmenschen und ihre Gefühle ein, empfindet mit ihnen, empfindet auch ihre Schmerzen und Nöte mit, sorgt sich um sie. Er macht es sich nicht leicht, ignoriert nicht einfach alle Menschen um sich herum und verfolgt nur eigene Interessen, sondern er nimmt weitreichende Rücksichten. Natürlich ist das eine belastetere Art zu leben, als wenn man nur sich selbst liebt, und es verlangt entsprechenden Krafteinsatz.

♥ Liebe gibt Kraft

Die Menschen, die der gerade beschriebene in seinen Plänen mitberücksichtigt, profitieren direkt davon. Ihnen hält er die Tür auf, ihnen bringt er Brötchen vom Bäcker mit, für sie steht an einem verregneten Herbsttag frischer heißer Tee bereit oder nach einer großen Anstrengung eine kühle Erfrischung. Aber wie hoch wird er für seine liebevolle Aufmerksamkeit geschätzt, wie sehr geliebt für seine ehrliche Einfühlsamkeit und Echtheit. Und: Er steckt an. Alle, die einen solchen Menschen um sich haben, werden von seinen Ideen und seiner Warmherzigkeit angesteckt, inspiriert, fangen Feuer. Diese Wertschätzung und Nachahmung, schließlich Vervielfältigung der eigenen Zuneigung zu erleben und zu erfahren, macht soviel Freude; die eigene Liebe tausendfach vermehrt wiedergegeben zu bekommen, macht unendlich reich. Aus solchem Reichtum läßt sich unschätzbar viel Kraft schöpfen.

♥ Liebe spart Kraft

Oft begegnen wir Menschen, deren ganzes Leben aus Kampf besteht. Schon ihr Gesichtsausdruck zeigt die ständige Anspannung. Einer Mutter wird zum Beispiel im Laden von ihrer elfjährigen Tochter der Fahrradhelm hingehalten: »Hier, Mami, mein Helm. Mami, mein He-helm!« Mit völlig verbiestertem Gesichtsausdruck zischt sie zwischen zugekniffenen Zähnen hervor: »Ohne ›bitte‹ mach ich hier gar nichts mehr!« Sie ist offenbar schon lange furchtbar genervt und hat die Liebe zu ihrem Kind vollkommen vergessen. Oder war sie nie da? Sie wirkt unzufrieden und unglücklich, und der dazugehörige Mann macht einen desinteressierten, gleichgültigen und müden Eindruck. Aber sie sind in den Ferien auf einer Insel, das Wetter ist schön, Meer und Strand sind in der Nähe. Sie könnten es so wunderbar haben, wenn sie ihre Liebe wiederfänden und den Kampf gegeneinander, gegen die jetzige Lebenssituation und ihre scheinbare Ausweglosigkeit nicht nötig hätten.

Aber nicht vielen Menschen oder zumindest nicht genug Menschen ist der hohe Wert ihrer Liebe klar. Anscheinend denken sie gar nicht darüber nach, was ihnen fehlt, haben womöglich noch gar nicht gemerkt, wie schlecht es ihnen geht, daß an der Familiensituation etwas nicht in Ordnung ist und geändert werden muß. Wahrscheinlich hat sich diese Unzufriedenheit und Lieblosigkeit langsam eingeschlichen und eingeschliffen und ist mittlerweile zur festgefahrenen Gewohnheit geworden.

Schade, daß es überhaupt soweit gekommen ist, denn je tiefer man in so eine Situation hineingerutscht ist, um so mehr Kraftaufwand ist dazu nötig, sich wieder herauszuhieven. Vor allem aber: Was tun wir unseren Kindern damit an? Kinder spüren die emotionale Kälte genau, wenn auch unbewußt, und beziehen solch eine Situation immer auf sich selbst – denn ihr Denken ist selbstbezogen. Daher kommen so viele Kinder auf die Idee, sie selbst seien die Ursache für die Unterkühlung in der Familie. Die Belastung, die aus dieser Annahme entstehen kann, ist unvorstellbar hoch und kann zu seelischen Verwundungen führen, die nur schwer heilen.

Kevin ist das zweite von vier Kindern seiner Familie. Mit zwölf beobachtete Kevin, daß sein Vater mit einer Freundin in intensivem sms-Kontakt stand – der Vater ließ sein Telefon offen herumliegen. Kevin sprach seine Mutter darauf an, in der Familie gab es nur noch Zank, der die Trennung und Scheidung der Eltern zur Folge hatte.

Mit dreizehn war Kevin wichtigstes Mitglied einer dörflichen Jugendgang, die ihre Mutproben mit Alkohol durchführte. Er rauchte (nicht nur Zigaretten), »hing ab« mit seinen »Kumpels« bis zum Morgengrauen, schwänzte die Schule, versteckte sich tagsüber im Haus und schlief seinen Rausch aus, während die Mutter arbeitete. Wenn sie von der Arbeit zurückkehrte, war er schon wieder verschwunden. Noch vor seinem vierzehnten Geburtstag erhielt die Mutter eines Morgens gegen halb fünf einen Anruf aus der Notaufnahme des Krankenhauses, ihr Sohn sei dort eingeliefert worden und liege im Koma – schwere Alkoholvergiftung. Ein paar Tage später war Kevin wieder fit. Seine Clique himmelte ihn an, er war der Jüngste, aber King der Gruppe und mußte seine Waghalsigkeit nun steigern. Beliebte nächtliche Aufenthaltsorte wurden die nahgelegene Eisenbahnbrücke oder die Autobahn. Es galt zu klettern, zu balancieren, den »Kick« zu erleben. Kurz vor dem Fliegenlernen landete Kevin wieder in der Notaufnahme, mit derselben Diagnose. Er war inzwischen dabei, seinen endgültigen »Abflug« vorzubereiten. Kevin war lebensmüde, er »wußte«, daß es niemandem wehtun würde, wenn er einfach verschwände, weil es sowieso niemanden interessierte, was er tat, wie er lebte, wie es ihm ging.

In der geschlossenen Station einer Jugendpsychiatrie verlor er noch mehr seinen Lebenswillen, unternahm dort einen Suizidversuch, randalierte nach seiner Rettung und wurde mit Medikamenten und mithilfe einer Fixierliege »ruhiggestellt«, einer Art fahrbares, ungepolstertes Feldbett auf dem – auch für alle Besucher zugänglichen – Flur mit vier breiten Ledermanschetten an den Ecken für Hände und Füße. Kevin war fünfzehn.

Er kehrte zurück in seinen Heimatort, geriet sofort wieder in die Clique und in die alten Gleise. Seine Mutter reagierte nur noch mit Weinen und Hilflosigkeit, schließlich Ablehnung, sein Vater machte ihm Vorwürfe für sein Desinteresse an Schule und Beruf, seinen Egoismus, seine Rücksichtslosigkeit und Respektlosigkeit und verbannte ihn aus seiner neuen Familie. »Laß dich hier nicht mehr sehen, du bist ein schlechtes Vorbild für meine Kinder!« Alle Vorwürfe und Drohungen des Vaters konnten nicht verhindern, daß Kevin wieder und wieder ins Krankenhaus und in die Psychiatrie kam.

Er verliebte sich in eine Mitpatientin, wenn man dieses Wort für diese rohe, emotional unterkühlte Beziehung überhaupt gebrauchen kann. Kevin lernte ihre Familie kennen. Die Eltern und Geschwister begegneten ihm unvoreingenommen, mit Mitgefühl, Wärme und ehrlichem Interesse für ihn und seine Situation – einem Interesse, das ihn völlig erstaunte, das er noch nie erlebt hatte. Diese Beziehung, in der er bald wie eine Art Patensohn behandelt wurde, reichte schon aus, ließ ihn langsam seinen Wert für sich selbst und seine Mitmenschen erahnen und weckte seine so jung gestorbene Neugier auf das Leben und seine Zukunft wieder.

In einem viel späteren Gespräch sagte Kevin: »Ich bin ja schuld an der Trennung und Scheidung meiner Eltern.« Auch als Zwanzigjähriger war er davon immer noch felsenfest überzeugt.

Aber wir, die Erwachsenen, sind diejenigen, die eine solche Entwicklung zu verantworten haben und auch den Schlüssel zur Rettung in der Hand halten. Für Kinder ist es existentiell wichtig, daß sie wissen, sie sind nicht die Ursache einer Krise oder sogar Trennung. Natürlich kann das plötzliche Erkennen der Lieblosigkeit wie in diesem Fall den Impuls zu grundsätzlichen Zweifeln an der Beziehung und entsprechenden Trennungsgedanken geben. Aber die Kinder müssen wir da heraushalten. Wir müssen ihnen ganz eindeutig sagen: »Du bist nicht schuld an dieser Situation, mit dir hat das nichts zu tun.« Kevins Geschichte ist kein Einzelschicksal, sondern es kann als exemplarisch für eine riesige Dunkelziffer psychischer Belastungen, Erkrankungen und schwerer Krisen im Jugendalter gelten.

Es ist auch in der schlimmsten Krise immer die Anstrengung wert, sich auf die Liebe zu besinnen, die ursprünglich die Grundlage der Ehebindung und der Familiengründung gewesen ist. Auch unter dem dicksten Schutt kann man sie wieder herausgraben und freilegen, wenn man sich ehrlich bemüht.

Voraussetzung ist aber, daß beide Partner von Grund auf dazu bereit sind. Dazu ermutigt auch Notker Wolf in seinem Buch *Aus heiterem Himmel*.

Besser ist es natürlich, die Ehe von Anfang an so zu pflegen, daß ein solches Abgleiten vermieden wird. »Die Ehe ist eine Brücke, die jeden Tag neu gebaut werden muß«, sagt eine chinesische Weisheit, die ich bereits an anderer Stelle erwähnt habe. Das ist dafür ein schönes Sinnbild. Wenn ein Paar sich fest vornimmt und bewußt gegenseitig verspricht, die Liebe und Zufriedenheit immer wieder aktiv aufzusuchen, die Basis für die Heirat war, kann vieles schon gar nicht mehr schiefgehen. Dann reicht es, sich in Krisenzeiten gegenseitig daran zu erinnern und über die Ursachen der Krise zu reden. Selbst wenn diese Ursachen so leicht nicht aus der Welt zu schaffen sind – allein die gegenseitige Unterstützung und das daraus entstehende Vertrauen und Gefühl des Zusammenhaltens reichen schon, um wieder Zuversicht zu gewinnen und an Lösungsstrategien leichter heranzugehen.

Ein wunderbares und sehr hilfreiches Buch dazu ist *Die Wahrheit beginnt zu zweit* von Michael Lukas Moeller. Der Untertitel verrät, worum es geht: »Das Paar im Gespräch«. Moeller leitet nachvollziehbar her, daß die Paarbeziehung wesentlich davon geprägt wird, daß und wie man miteinander spricht. Dabei ist entscheidend, daß die Partner einander teilhaben lassen an Erlebnissen, Gedanken und Gefühlen und sich ganz regelmäßig zu diesen Zwiegesprächen verabreden. Manch ein Paar wird derart strenge Regeln nicht unbedingt brauchen, solange beide Partner in lebhaftem Austausch miteinander stehen und einander zuhören. Für andere ist diese Methode eine sinnvolle und nützliche Hilfe. Denn eine offene, vorbehaltlos ehrliche Kommunikation ist die Grundlage einer gelingenden dauerhaften Beziehung.

Das klingt ziemlich ernüchternd. Liebe braucht Zeit? Wo soll ich die denn nun auch noch hernehmen? Hier knüpfe ich an die These von vorne an, nämlich daß Erziehung mit Selbsterziehung beginnt. Denn den Schlüssel auch zur Selbsterziehung besitzen wir und müssen ihn umdrehen, und dazu gehört einfach der Wille, ihn zweckgerichtet zu benutzen und nicht nur in einer Schublade liegenzulassen und zu vergessen.

Ja, Liebe ist eine Frage der richtigen Zeiteinteilung. So, wie wir uns Zeit nehmen für ein schönes gemeinsames Essen, für einen Kinobesuch oder ein Konzert, genauso können wir uns Zeit nehmen für das liebevolle Miteinander in der Familie. Das beginnt schon beim Aufstehen. Wenn der Junior aufwacht und wir uns wieder umdrehen und noch mal eindösen, führt das nur dazu, daß es hinterher hektisch wird und alles hopplahopp gehen muß. Wenn man aber sofort reagiert, einer kleinen Schmuseeinheit vielleicht noch eine »Toberunde« folgen läßt, um dann über ein dynamisches Waschen und Anziehen zum Frühstück überzuleiten, ist die gute Laune für den Tag garantiert, und er kann allen gelingen.

Die ersten paar Male ist es noch mühsam, sich morgens nach dem Kind und seiner meist sehr regelmäßig durchgehaltenen Weckzeit zu richten, vor allem am Wochenende, aber bald überwiegt der Spaß am gemeinsamen Aufwach-Kuscheln, Bettenknautschen und Necken. Es hilft sehr, diese Schmuseeinheiten zu ritualisieren. Regelmäßige feste Spiel- und Kuschelzeiten, das gemeinsame Frühstück, Mittag- und Abendessen, der Mittagsschlaf als Erholungspause nach den unendlich spannenden Eindrücken des Vormittags, das gleichmäßig und rechtzeitig durchgezogene Abendritual mit Baden, Essen und Zähneputzen, die fest versprochene Gute-Nacht-Geschichte auf Papis Schoß – das alles sind Zeitmarken, mit denen ein Kind lernt, den Tagesablauf einzuschätzen und einen Begriff von Zeit zu entwickeln. Gleichzeitig gibt der regelmäßige Tagesrhythmus dem Kind einen verläßlichen ruhigen Hintergrund für die vielen Überraschungen, die es im Lauf des Tages erlebt.

Leider ist der Wert eines solchen festen Tageskorsetts für ihr Kind heutigen Eltern nur noch selten bewußt. Statt dessen wird das einzige Kind einem oft chaotischen, ständig wechselnden Tagesablauf der Eltern angepaßt und muß mit, zum Einkaufen, zum Arbeitsplatz, zum Sport, zur Fortbildung, zum Plausch mit Freund oder Freundin und so weiter. Das ungeordnete Hin und Her kann ein Kleinkind noch halbwegs verkraften, solange die Mutter oder der Vater verläßlich anwesend sind. Je mehr Wechsel und Unruhe es jedoch erleben muß, um so unruhiger wird es auch selber werden. Oft äußert sich das zum Beispiel in unregelmäßigem Schlaf-Wach-Rhythmus oder unruhigen Träumen.

Wenn man aber eine optimale Ausgangslage für sein Kind will, ist es ratsam, den Tagesablauf so gleichmäßig wie möglich einzurichten – und es lohnt sich. Untersuchungen über das Urlaubsverhalten von Familien mit Kindern haben erwiesen, was auch für das Alltagsverhalten gilt: Wenn für die Kinder optimale Bedingungen gewährleistet sind, haben auch die Eltern die meiste Ruhe mit ihnen. Auf eine Kurzformel gebracht: Zufriedene Kinder – zufriedene Eltern.

4. Erziehung und Schule

Schulzeit: kostbare Zeit

Unser deutsches Schulsystem ist seit Jahrzehnten wegen seiner vielfältigen Differenzierung und seiner hohen Qualifikation weltweit anerkannt. Schon 1794 wurde der allgemeine Schulunterricht als Staatsaufgabe in die preußische Verfassung aufgenommen. Deutschland war 1871 der erste europäische Staat, der die grundsätzliche allgemeine Schulpflicht einführte. Dies war eine überragende soziale Errungenschaft, denn damit wurde die Kinderarbeit abgeschafft und gleichzeitig allen Schichten der Gesellschaft der freie Zugang zu Bildung gesichert, also ihr Stellenwert in der Gesellschaft enorm gehoben.

Seitdem sind wir Eltern verpflichtet, unsere Kinder vom sechsten Lebensjahr an mindestens bis zum Abschluß ihres zunächst vierzehnten, heute des achtzehnten Lebensjahrs zur Schule zu schicken. Da es für die Kinder kein Entrinnen aus dieser Pflichtveranstaltung gibt, ist im Gegenzug die staatliche Schule verpflichtet, diese Pflichtschulzeit optimal zu nutzen und den Kindern in dieser Zeit ein Maximum an Wissen, Fertigkeiten und Erziehung zu vermitteln. Jedes Kind hat nur diese eine Schulzeit, und die muß höchstmöglich mit dem Lernen der entscheidenden Grundlagen für ein selbstbestimmtes, verantwortungsbewußtes und erfolgreiches Leben ausgefüllt werden.

Dies ist die Verpflichtung der Schule und der Lehrer. Sie kann aber nicht ohne die konstruktive Mitwirkung der Eltern erfüllt werden, denn für die Kinder ist die tatkräftige Unterstützung ihrer Eltern entscheidend für ihre Motivation und die Akzeptanz der schulischen Inhalte und Abläufe. Die Eltern müssen in ihrer Haltung und ihren Planungen der Schule als wichtigster Aufgabe der Kinder die entsprechende höchste Priorität einräumen, vor allen anderen Familien- und Freizeitbelangen. Schule und Elternhaus verfolgen ein gemeinsames Ziel: die Kinder fitzumachen für eine glückliche Zukunft in Würde und Sicherheit. Eine auf dieses gemeinsame Ziel gerichtete intensive Kooperation muß die unbedingte Grundlage des Handelns beider beteiligten Seiten in diesem Prozeß sein.

Deshalb müssen wir unsere Vorbehalte aus der eigenen Schulzeit und aus den Schilderungen anderer zurückstellen und unserem Kind einen unvoreingenommenen Schulstart ermöglichen. Im Interesse des Kindes täten wir sogar gut daran, ihm möglichst positive, freudige Erwartung zu vermitteln und ihm gleichzeitig seine Mitverantwortung für ein Gelingen seiner Schullaufbahn zu verdeutlichen. Kinder, die immer gut zuhören und alle Aufgaben gewissenhaft erledigen, sind in der Schule erfolgreich – das muß unsere Botschaft sein. Falls gegenteilige Erfahrungen eintreten, ist es immer noch früh genug, diese Aussage zu relativieren und dem Kind zu zeigen, daß wir hinter ihm stehen und es unterstützen, auch in der Bemühung, unsere »Erfolgsbotschaft« in die Tat umzusetzen.

Leider hapert es heute schon in vielen Familien an diesen Grundvoraussetzungen. Wie soll ein Kind erfolgreich in der Schule mitarbeiten, wenn schon morgens die ganze Familie verschläft, die Eltern möglicherweise sagen: »Macht nichts, da findet sowieso nichts Wichtiges statt«, und der leere Magen knurrt, die Stifte, Bücher und Turnzeug nicht zur Hand sind, die Schuhe nicht zugeschnürt und die Kleidung nicht gepflegt und sauber? Wie soll ein Kind erfolgreich in der Schule mitarbeiten, wenn zu Hause nur Streit und Sorgen die Stimmung prägen, wenn sich die Eltern zanken und die Kinder als Machtmittel gegeneinander mißbrauchen, wenn überhaupt Eltern nur an sich denken und die Bedürfnisse ihrer Kinder gar nicht wahrnehmen, geschweige denn darauf eingehen und sich, also ihr Leben, auf diese Bedürfnisse einstellen?

Das ist nicht jedermanns Sache, sagt da jemand. Aber bitteschön: Warum setzt jemand Kinder in die Welt, wenn das nicht seine Sache ist, den Kindern das für sie nötige Leben zu ermöglichen? Hier geht es nicht um die materiellen Grundlagen, nicht um Geld und Konsum, sondern hier geht es um die ideellen Grundlagen, also die ruhige sichere Grundstimmung, das Gefühl, genau so gewollt, gewünscht und geliebt zu sein, und die Rückendeckung für den Erwerb einer möglichst umfassenden Bildung als Basis für ein zufriedenes und glückliches Leben – um nicht mehr, aber auch nicht weniger!

Daher ist es ganz wesentlich, daß wir persönliche Vorlieben und Schwächen für eine überschaubare Zeit zurückstellen und das Kind im Blick haben. Jedes Kind hat nur die eine Schulzeit, und es wird nie wieder so leicht und effektiv lernen können wie jetzt.

Schule – Leistung: ein Widerspruch!

Das ist schwer vorzustellen, zugegeben. Trotzdem ist es nicht nur provokant, sondern leider sehr ernst gemeint. Natürlich ist es sehr riskant, dieses Thema zu bearbeiten, vor allem deshalb, weil das nicht ohne Verallgemeinerungen möglich ist, und damit wird immer irgend jemandem unrecht getan. Und wahrscheinlich kann das eine oder andere etwas überzeichnet wirken.

Da aber diese Fragestellung einer der Hauptimpulse für die Entstehung dieses Buches ist, muß ich darüber schreiben und bitte hiermit schon vorsorglich alle betroffenen Leser, sich keinen Schuh anzuziehen, der ihnen nicht paßt. Und wenn er paßt, dann nehmen Sie bitte wahr, daß meine Absicht ist, wachzurütteln, aufmerksam zu machen auf Dinge, die eindeutig falsch laufen, damit wir sie endlich verändern können. Ich will erreichen, daß schon die Kinder, die heute zur Schule gehen, in den »Genuß« von dringend notwendigen Veränderungen kommen, die jetzt erst von der Politik langsam erkannt, dann irgendwann später gegen Widerstände durchgesetzt und irgendwann in entfernter Zukunft vielleicht einmal Realität werden – oder auch nicht. Auf jeden Fall ist es nicht meine Absicht, irgendwen zu beleidigen, zu diskriminieren oder schlechtzumachen.

Trotzdem werde ich mit einigen Grundsätzen, die in vielen Schulen als selbstverständlich betrachtet werden, streng ins Gericht gehen. Dabei mag die eine oder andere subjektive Beurteilung die Darstellung beeinflussen, aber ich stelle gar nicht den Anspruch auf Objektivität – das kann wohl auch kein Mensch ernsthaft tun. Der Mensch ist ein von Grund auf subjektives Wesen. Und gerade daher rühren großartige Leistungen und Chancen, aber auch viele der Schwierigkeiten, die ich in unserem Schulalltag häufig wahrnehme.

Seit etwa vier Jahrzehnten ist in unseren Schulen die Bereitschaft zu Leistung und Anstrengung immer mehr geschwunden: Sie erinnern sich, Studentenrevolte, »antiautoritäre« Erziehung, emanzipatorische Pädagogik, »integrierte«, das heißt angepaßte, einfügende, allumfassende Gesamtschule als angeblich sozialste, bestfördernde Schulform, das sind die »Errungenschaften« einer neuen Schulpolitik, die auf das Prinzip der »Selbstlernprozesse«, des »Lernen Lernens«, des Lehrers als »Coach« und »Moderators« eines »selbstgesteuerten Lernprozesses« und so fort zurückzuführen sind.

Damals galt Erziehung plötzlich als illegitimer Eingriff in die Persönlichkeitsrechte eines Kindes, als unberechtigte Manipulation. Daß aber mit dieser ganzen ideologischen, auf eine neue Sozialisierung des Menschen setzenden Umwälzung die Manipulation erst begann, wird vielen erst heute sichtbar, und einige

147

andere weigern sich standhaft wider besseres Wissen, diese Tatsache endlich anzuerkennen und zuzugeben.

Das Ergebnis war und ist, daß leistungsfähige Kinder, die mit eigenen Gedanken und Beiträgen den Unterricht vorantreiben und neue Lerninhalte mit anderen Wissensbereichen verknüpfen wollen, in ihrer Leistungsbereitschaft ausgebremst werden (»Du wartest jetzt und bist mal still!«) und bald als »Streber« diffamiert werden, häufig sogar mit bewußter Duldung oder gar aktiver Beteiligung vieler Lehrkräfte. Begabung und Intelligenz wurden und werden oft noch immer als unverdienter Vorteil betrachtet, auf dessen Nutzung ein Mensch zu verzichten hat, wenn er ein soziales Gewissen besitzt – verzichtet er nicht, ist er rücksichtslos und asozial. Was ist das? Mißgunst, Sozialneid?

Oft sind die Kinder auffällig »helle«, deren Eltern zum beruflich erfolgreichen Bildungsbürgertum gehören, weil diese Eltern mit ihren Kindern von klein auf viel gesprochen haben, ihnen die Welt erklärt haben, sie gefördert haben, ihnen viele Lernanlässe und Bildungsereignisse wie Konzert- oder Theaterbesuche geboten haben, sie ins Museum und auf Reisen mitgenommen und ihnen Einblicke verschafft haben, die so manche Lehrkraft bis zum Tag der schulischen Begegnung mit diesem Nachwuchs nicht erreicht haben. Wenn nun auch noch die Lernfreude und Anstrengungsbereitschaft der Sprößlinge eine unzweifelhafte Zuversicht in das Gelingen eines erfolgreichen Lebens dokumentiert, wo mancher doch als Beamter im Schuldienst die Entwicklungschancen seiner Zukunft als sehr begrenzt absehen kann, und wenn man außerdem aus einer nicht begüterten und »privilegierten« Familie stammt, ist man vielleicht etwas anfällig für Empfindlichkeiten auf diesem Gebiet. Aber warum soll Begabung ein unverdientes Privileg sein?

Der Gedanke, sozial sei Verzicht auf die Nutzung von nicht erworbenen, sondern geschenkten Vorteilen, hat etwas Einnehmendes. Aber logisch nachvollzogen ist er oberflächlich und dumm, sobald man an die unermeßlichen Potentiale denkt, die dadurch ungenutzt veröden. Genau dieses bescheinigen uns in den letzen Jahren die Ergebnisse der PISA-Untersuchungen der OECD, denn mir kann niemand weismachen, unsere Kinder seien allesamt in der Intelligenz und Auffassungsgabe so deutlich gegen unsere Elterngeneration abgesackt, daß der Durchschnitt so mäßig ausfällt. Woher sollte das kommen, wenn das genetische Potential unzweifelhaft gegeben ist? Also ist nur der zu Beginn genannte Rückschluß logisch: Schule hat heute nicht mehr viel mit Leistung zu tun.

Erschwerend kommt hinzu, daß die ungenutzten Möglichkeiten, die die Kinder und Jugendlichen in sich spüren und nicht freisetzen dürfen, zu psychischen und disziplinarischen Problemen führen.

Jeder Mensch strebt von Geburt an nach Anerkennung, und zwar nach der begründeten, durch sein Verhalten hervorgerufenen Anerkennung der anderen; für seine reine Existenz kann er genausowenig Lob erwarten wie jedes andere Glied der Schöpfung. Schon im Grundschulalter haben Kinder ein sicheres Gespür dafür, ob ein Lob als notwendiges Beiwerk oder auf eine konkrete Leistung hin erteilt wird, und ob es berechtigt ist oder nicht. Lob und Anerkennung von einer kompetenten Person auf einer gerechtfertigten Grundlage sind der entscheidende erzieherische Anreiz, der zu einer einsatzfreudigen, sozialen und verantwortungsbewußten Existenz führt.

Wichtig ist dabei, daß jedes Kind ausreichend Gelegenheit dazu hat, selbst auch vor sich und seinen Leistungen Hochachtung zu haben. Das bedeutet, Elternhaus, Kindergarten und Schule müssen ihm Anreiz geben, über sich hinauszuwachsen, Anforderungen zu bestehen, die ihm selbst erst einmal sehr hoch erscheinen. Bei maßvoller geduldiger Unterstützung in überschaubaren Teilschritten nur da, wo es notwendig ist, kann das Kind später rückblickend mit Stolz sagen: »Das war richtig schwer, aber ich habe es geschafft!« Solche Erlebnisse lassen es über sich selbst hinauswachsen, seine Grenzen als veränderbar entdecken und neugierig und mutig auf neue Herausforderungen zugehen. Gleichzeitig wird es stolz sein, unsere Anerkennung für seine Leistung genießen, seine Leistungsfähigkeit ausbauen und die Bestätigung immer wieder neu erringen, weil es sich viel zutraut.

Je sicherer nun ein Mensch in seinem Selbstvertrauen ist, desto sicherer ist er in seinem sozialen Umfeld, desto besser kann er andere anerkennen und achten, unterstützen und fördern, desto sicherer kann er seine eigenen Potentiale und Entwicklungsmöglichkeiten einschätzen und sich in seinen Fähigkeiten steigern. Dabei dient ihm als natürliches Mittel der Ein- und Zuordnung das Messen. Rangkämpfe sind ein Urtrieb und finden bei fast allen Tierarten statt; deshalb treiben Menschen zum Beispiel Wettkampfsport. Schon auf dem Spielplatz und im Kindergarten beobachten Kinder sich gegenseitig, messen sich aneinander und zollen einander Anerkennung für besondere Eigenschaften und Stärken. Wenn sie Mannschaftsspiele organisieren, gruppieren sie ihre Spielkameraden so sinnvoll den Aufgabenstellungen gemäß ein, daß wir Erwachsene oft staunen – sie haben die Stärken jedes einzelnen Mitspielers erkannt und analysiert und nutzen sie strategisch geschickt für einen möglichst erfolgreichen Wettkampf: »Du kannst schnell rennen, du bist der Läufer!«, »Du triffst gut, du bist der Werfer!«, »Du bist klein, du bist der Hase, der sich schnell wegducken und verstecken kann!«

Völlig realistisch kalkulieren sie ihre Chancen und Risiken und nutzen die besonderen Eigenschaften jedes einzelnen im Sinne des Mannschaftsziels. Dabei nehmen sie kein Blatt vor den Mund, und sie wissen auch, die hier in diesem Sinne genutzte Stärke kann in anderem Zusammenhang eine Schwäche bedeuten: »Dich können wir beim Pflaumenklauen nicht gebrauchen, du bist klein, du kommst da nie dran!« Aber dann gibt es einen Vorschlag zur Güte: »Du kannst ja Schmiere stehen!«, auch eine verantwortungsvolle Aufgabe. Wir kennen diesen Sinn für Gerechtigkeit und Anerkennung alle aus der eigenen Kindheit; es gab immer eine Möglichkeit, einen Ausgleich zu finden, und ein Spielkamerad, der gute Einfälle hatte, allen eine angemessene Rolle zu vermitteln und für Ausgleich zu sorgen, war besonders beliebt.

Damit ist das Zusammenleben wunderbar geordnet. Kinder haben keine Schwierigkeiten, ihre Stärken und Schwächen realistisch einzuschätzen und einzusetzen. Und es belastet sie kein bißchen, solange sie auf ihre Weise am Geschehen beteiligt sind und ihren Beitrag leisten dürfen, dessen Wert unbezweifelt anerkannt wird. Das Scheitern, den Mißerfolg in den Teilaspekten sehen nur wir Erwachsenen – weil wir darauf konditioniert sind, die Negativpunkte in den Blick zu nehmen. Wir haben uns daran gewöhnt, in solch schonungslosen Analysen eine Beleidigung zu spüren, in realistischen Aufgabenzuweisungen eine Einschränkung, in klaren persönlichen Aussagen einen Übergriff. Aber dabei übertragen wir unsere Erfahrungen aus dem Erwachsenenleben auf die Welt der Kinder, statt umgekehrt ihren gesunden unbefangenen Blick auf das Wesentliche in unsere Welt zu übernehmen. Neidereien, Eifersüchte, Mißgunst entstehen in unseren Erwachsenenköpfen durch unsere eigenen Minderwertigkeitsgefühle und Komplexe. Wir sind verletzt, weil wir mit klaren Beurteilungen durch andere nicht umgehen, sie nicht als wertvollen Lerntip auffassen können, sondern wiederum den Blick fürs Negative besonders schärfen. Neidereien, Eifersüchte, Mißgunst lernen unsere Kinder von uns, wir leben sie vor.

Diese Haltung prägt auch die allgemeine Bildungsdebatte in Deutschland. Unsere Kinder sollen individuell ihren Neigungen und Veranlagungen entsprechend gefördert werden – so steht es mittlerweile in vielen Landesschulgesetzen. Unsere Kinder dürfen sich aber nicht individuell ihren Neigungen und Veranlagungen entsprechend entwickeln, weil viele Politiker, Bildungsforscher, Funktionäre und auch Lehrer ihnen ihre besonderen Stärken und Chancen mißgönnen. Wie oben schon erwähnt, galt Begabung lange Zeit – und gilt noch! –, besonders in politisch »sozial« orientierten Kreisen, als ein ungerechtes, unverdientes Privileg, dessen Nutzung dem einzelnen unberechtigte Vorteile verschafft und deswegen verhindert werden muß. Daß eine besondere Begabung auch die Verpflichtung beinhaltet, sie zum Gewinn der Gemeinschaft einzusetzen und nutzbar zu machen, zumal wenn die Gemeinschaft sie durch Unterricht fördert, verschwand völlig aus dem Blickfeld. Herausragende Leistungen waren deshalb fragwürdig, weil sie immer im Verdacht schwebten, auf unberechtigten Vorteilen zu beruhen. Dahinter stand ein gewisser »Klassen«-Neid auf intellektuelle Begabungen, die zu einer »gehobenen«, weil verschmutzungsarmen Tätigkeit befähigen; das beinhaltet automatisch die Abwertung und Geringschätzung aller nicht als intellektuell eingestuften Veranlagungen. Der »Kampf der Arbeiterklasse« gegen die Ausbeutung der Frühindustrialisierung bietet dazu den Hintergrund, der allerdings nicht von »Arbeitern«, sondern ursprünglich von einer Gruppe von intellektuellen Ideologen um Karl Marx, Friedrich Engels, Rosa Luxemburg und andere initiiert wurde, und zwar schon in der zweiten Hälfte des 19. Jahrhunderts. Genau dieses Gedankengut machte sich die schon beschriebene Studentenrevolte der Neuen Linken um 1968 zu eigen und solidarisierte sich demonstrativ mit der »unterprivilegierten Arbeiterklasse«. Intellektualität galt als Privileg und gleichzeitig als Grund zu einem schlechten Gewissen, weil es Menschen gibt, die damit von Natur aus nicht so reichlich ausgestattet sind. Kommunist zu sein war schick, besonders in Studentenkreisen, vor allem wenn man aus besonders begütertem Hause kam und sorglos viele Jahre auf Kosten der Eltern »studieren«, also politisch agitieren konnte. Der Aufruf »Macht kaputt, was euch kaputtmacht!« war wichtiger Ausdruck dieser Grundhaltung. Im Zuge dieser Theorien wurden praktische, handwerkliche Qualifikationen völlig ent-

wertet und werden noch heute ständig diffamiert und abqua-
lifiziert. Bis in die heutige Bildungsdebatte halten sich diese
abstrusen Gedankengänge, finden ihren Niederschlag zum Beispiel in der als Mitleid getarnten Abwertung und Diffamierung
der Hauptschule als »Restschule« – dabei fördert gerade sie in
besonderem Maße handlungsorientierte Begabungen und be-
ruflich-praktische Grundlagen.

Was als politisch-ideologischer Feldzug beziehungsweise Stell-
vertreterkrieg gegen das Kapital als Machtmittel und seine
Eigentümer als vermeintliche Machthaber begann, wurde im
Zuge einer flächendeckenden Einflechtung in die Inhalte sämt-
licher geisteswissenschaftlichen Studienfächer zu einer Grund-
ideologie, die schrittweise immer stärker zum vorrangigen
Beurteilungsmaßstab an allen Universitäten und Hochschulen geriet. An den Hochschulen etablierte sich ein linkslibe-
rales Denkprinzip, das alle hochschulpolitischen Debatten von
Grund auf prägte und bis heute prägt.

Mit dieser Denkweise ging und geht die grundsätzliche Ablehnung, ja Verunglimpfung des Leistungsgedanken als Kriterium
einher. Leistung in der Schule und im Leben zu fordern und zu
bewerten, konnte ja nur die Zementierung von Ungerechtigkeiten bedeuten und wurde daher rundheraus abgelehnt. Gerade
in der schulischen Entwicklung und in schulpolitischen Entscheidungen hat sich dieser Grundsatz verheerend ausgewirkt.
Das Schulwesen wurde als dringend reformbedürftig befunden,
was grundsätzlich zutreffend war. Aber die inhaltliche Richtung war die, die uns heute die katastrophalen PISA-Befunde
beschert: Abfragen von Wissensinhalten, Auswendiglernen von
Vokabeln oder Gedichten, des Kleinen und Großen Einmaleins,
Kopfrechnen, Einüben von Techniken durch Wiederholen – all
diese erprobten Lernmethoden waren auf einmal verpönt! Damit war auch Leistungsbereitschaft und Arbeitswille verpönt.
Das Ergebnis ist, daß ehrgeizige Schüler, die Leistungswillen
und eigenes Interesse an schulischen Inhalten zeigen, sofort als

»Streber« gelten, und zwar nicht nur den Mitschülern, sondern auch vielen Lehrern. Mit dieser Entwicklung ist eine grundlegende Leistungsfeindlichkeit an unseren Schulen etabliert, die sich über Schüler und Lehrer bis hin zu Schulleitern und sogar Schulaufsichtsbeamten erstreckt – selbst Eltern haben sich anstecken lassen von diesem unsäglichen Denken. Jemand, der Ehrgeiz entwickelt, ist suspekt, weil er offenbar Karriere machen und damit andere überflügeln will – ihn muß man behindern. Fortkommen ist nur noch gemeinsam in der Gruppe zulässig; jemand, der allein aus eigener Kraft erfolgreich ist und sich aus der Gruppe herausentwickelt, ist damit unsozial und muß in seine Schranken gewiesen werden. Es ist zum Haareraufen!

Auf allen Ebenen wurde und wird immer noch von manchen Ewiggestrigen die Beurteilung von Leistungen in Form von Noten abgelehnt. 2008 tobte ein öffentlicher Streit über »Kopfnoten«, die die sogenannten soft skills der Schüler widerspiegeln. Sie heißen übrigens Kopfnoten, weil sie im Kopf des Zeugnisbogens stehen, und nicht etwa, wie gern falscherweise behauptet, weil sie den »Kopf« eines Schülers beurteilen. Das laute Zetern über diese Beurteilungen hat eine Zeitlang in den Ohren gegellt, aber was wird mit diesen Noten erreicht? Beurteilt werden das Arbeits- und Sozialverhalten eines Schülers, also ob er die schulischen Aufgaben ernsthaft und sorgfältig erfüllt, und ob er sich in die Gemeinschaft einfügt, Rücksicht nimmt und sich »anständig« benimmt. Sein eigenes Verhalten kann jedes Kind und jeder Jugendliche beeinflussen und steuern – er kann sich gehenlassen oder zusammenreißen und benehmen. Voraussetzung ist allerdings, daß das erwartete Verhalten Konsens ist und die Regeln klar definiert sind, nach denen es eingestuft wird. So hat jeder Schüler seine Kopfnoten in der Hand, zumal sie von der Gruppe von Lehrern erteilt werden, die den Schüler unterrichten, nicht von einem einzelnen.

Es könnte also ganz einfach sein, in der Schule Leistung gerecht zu bewerten, wenn Leistungsfeindlichkeit nicht zu weit verbreitet wäre. Diese Denkweise stellt die Wurzel der heutigen bildungspolitischen und sozialpolitischen Neiddebatte dar. Statt erfolgreichen Menschen Anerkennung und Achtung für herausragende Leistungen und besondere Verdienste zu zollen, beargwöhnen wir die Quellen ihres Reichtums und ihrer Zufriedenheit und suchen ausdauernd nach dem Haar in der Suppe. Auf der anderen Seite ernten in den Medien ausgerechnet die Menschen die meiste Aufmerksamkeit und Beachtung, die sich durch besondere Schamlosigkeit, Tabuverletzungen und Mißachtung aller Regeln der Höflichkeit und des gegenseitigen Respekts hervortun. Dabei haben wir »normalen« Menschen meistens ein ungutes Gefühl, wenn wir die Geschmacklosigkeiten und Ausfälligkeiten dieser Leute in den Medien vorgeführt bekommen. Das Gefühl, »Das könnte ich auch, es gehört nichts dazu, aber ich würde mich schämen, so dumm daherzuschwatzen und andere lächerlich zu machen«, beschleicht uns und sorgt für einen äußerst faden Beigeschmack. Und, glücklicherweise, kann uns niemand dazu zwingen, diese Zeitschrift zu lesen, jene Sendung zu hören oder anzusehen. Wir haben die Möglichkeit, uns dagegen zu entscheiden und abzuschalten.

Für Kinder ist das Abschalten wesentlich schwieriger, denn sie sind durch die bewegten Bilder noch viel stärker gefesselt. Daher müssen wir als Erwachsene erstens das Vorbild bieten und zweitens die Verantwortung übernehmen, die unsere Kinder noch nicht tragen können, das heißt: für sie abschalten.

Zurück zum Kernpunkt: Wenn wir, unkritisch diesen Strömungen folgend, die Veranlagungen unserer Kinder mißachten, brachliegen lassen oder gar deren Entwicklung behindern, statt sie als besondere Aufgabe wahrzunehmen, herauszubilden und ihnen Vertrauen in ihre Stärken zu vermitteln, vertun wir ihre Zukunft. Mit welchem Recht? Und: mit welchem Ziel?

Schon Karl Marx sagte: »Ein dummes Volk regiert sich leichter.« Natürlich ist es viel leichter, Menschen in eine eigene vorbestimmte Richtung zu lenken, wenn sie kaum über Wissen von gesellschaftlichen, politischen und wissenschaftlichen Zusammenhängen verfügen, wenn sie wenig ethische Beurteilungsmaßstäbe für entscheidende Grundsatzfragen der Gesellschaft haben, wenn sie vor allem wenig Vertrauen in den eigenen gesunden Menschenverstand besitzen. Die PISA-Untersuchungen über die geistige und intellektuelle Leistungsfähigkeit unserer Jugendlichen haben bewiesen, wir sind auf dem sicheren Weg dorthin. Wissen über unsere Kultur mit ihren Traditionen und die Techniken zum Verarbeiten und Verwerten dieses Wissens werden in der Schule kaum mehr vermittelt, nur noch »Kompetenzen«, also Techniken zum kurzfristigen Ad-hoc-Einsatz, um einen guten Eindruck zu erwecken. Erschließung von Fremdwissen zur eigenen Verwendung, Darstellungs- und Präsentationstechniken und die Fähigkeit, sich selbst, auch auf Kosten anderer, möglichst positiv zu positionieren, werden vermittelt und anerkannt. Eigene geistige und schöpferische Leistungen finden in den Schulen oft Mißtrauen und Argwohn statt Anerkennung – sie werden häufig angezweifelt und als nicht selbst erbracht entwertet. »Das kannst du gar nicht allein gemacht haben«, begründet die Lehrerin, der Lehrer das Mißtrauen. Sie besonders zu würdigen, verlangt ja auch von einem Lehrer in der heutigen Zeit besonderes Format – er müßte sich entgegen dem allgemeinen Trend und der allgemeinen Auffassung zum Prinzip der Leistung, des Fleißes und der Einsatzbereitschaft bekennen. Außerdem muß er selbst fleißig und gebildet sein, um die Inhalte solch einer Arbeit überprüfen und würdigen zu können. Dies schätzen zu können fordert von ihm selbst eine entsprechende Einstellung und Haltung, denn nur dann kann er sie bei anderen, zumal seinen Schülern, überhaupt gelten lassen und sogar anerkennen und loben.

Aber genau das spüren unsere Kinder – ich behaupte, alle – und können die ehrliche Anerkennung für eine wirklich nach Kräften erarbeitete Leistung sehr sicher von dem Berufs-Routine-Lob für selbstverständliche Kleinigkeiten, die sie keinerlei

Anstrengung gekostet haben, unterscheiden. Allerdings ist eine Erziehung, die nur auf der ständigen Forderung von Höchstleistungen besteht und alles andere nicht gelten läßt, genauso schädlich wie eine Erziehung, die Geringfügigkeiten in den Himmel lobt und Selbstverständlichkeiten wie Heldentaten hervorhebt. Wie überall im wahren Leben gilt es den Mittelweg zu finden, der sowohl die individuell eigenen Möglichkeiten als auch die Vergleichswerte aus der Gruppe (Geschwister, Schulklasse und so weiter) berücksichtigt. Angemessenheit, also das richtige Maßhalten, eine gerechte Abwägung ist daher auch hier unentbehrlich.

Die helfenden Maßstäbe dazu finden wir nicht durch viel Lesen von schlauen Büchern, durch Schulungen oder Seminare. Wir finden sie am leichtesten in unserem ehrlichen Herzen, das wir uns nicht haben verbiegen lassen. Die meisten von uns haben einen »gesunden« Sinn für Gerechtigkeit, ein Gespür für den fairen Umgang miteinander, für ehrlichen gelebten Anstand und für die Verschiedenheit und Individualität jedes Menschen bei gleichzeitiger Anerkennung der völligen Gleichwertigkeit aller Menschen als vollwertiger Teil der Schöpfung, ohne »Be-Wertung« seiner Begabungen und Veranlagungen. Wir müssen diesen Sinn, dieses Gespür nur ausgraben, freischaufeln, von den ideologischen Verkrustungen befreien und lebendig werden lassen wollen und uns immer wieder ins Bewußtsein rufen – und dann freilich danach handeln, es zum obersten Prinzip unseres Handelns erheben und ständig vor Augen haben. Nur so können wir für uns selbst und auch für andere glaubwürdig werden in dieser Haltung und dadurch auch als Vorbild wirken. Übrigens ist dies genau das Prinzip, auf dem der christliche Glaube beruht, den wir in unserem Alltag leider oft mißachten und geringschätzend belächeln.

Leider sind viele der heute immer noch diensttuenden Lehrkräfte mit etwas zweifelhaften Motiven in diesen Beruf gegangen. Die drei Hauptgründe, die bei vielen meiner Mitschüler zur Entscheidung für den Lehrerberuf führten, waren erstens der »Halbtagsjob« mit Zeit für eine eigene Familie, zweitens viel Ferien und drittens eine hervorragende Absicherung im Staatsdienst. Viele von diesen Leuten haben inzwischen herausfinden müssen, daß vor allem der erste dieser Gründe so nicht zutrifft und das Ansehen ihres Berufsstandes unter dieser Erwartungshaltung erheblich gelitten hat – für sie eine herbe Enttäuschung. Aber statt einzusehen, daß es nur legitim ist, wenn ihnen Leistung abverlangt wird wie allen anderen berufstätigen Menschen auch, die für ihre Arbeit bezahlt werden, versteifen sich manche auf einen Anspruch auf Erfüllung ihrer etwas naiven Erwartungen und nehmen es dem Schicksal, den Eltern und vor allem ihren Schülern persönlich übel, daß sie sich derart »gegen sie verschworen« haben. Das klingt nach spätpubertärer Trotzreaktion, aber nur so kann ich mir das Verhalten einiger Vertreter dieses Berufsstandes halbwegs erklären, das auch mich immer wieder in Erstaunen versetzt. Im Abschnitt »Schule aus Kindersicht« beschreibe ich einige besonders krasse Beispiele.

Diese realitätsferne Erwartungshaltung mancher Lehramtsstudenten multiplizierte sich während des Studiums dann mit den neuen ideologischen Glaubenssätzen der umgekrempelten Studieninhalte: Kinder müssen sich »frei entwickeln«, und sie haben schon den »richtigen Riecher« für die für sie wichtigen Lerninhalte. Wir Lehrer brauchen nur »Angebote« zu machen und dabei zuzusehen, wie die Kinder ihre »eigene Entwicklung steuern« und vorantreiben – dies wurde das Credo der Leichtigkeit und »Selbststeuerung« der Lernprozesse und gleichzeitig die Legitimation zum Verzicht auf Leistung, Anstrengung, Ehrgeiz und Einsatzfreudigkeit, das Credo der »Dünnbrettbohrer«.

Und in unseren Schulen gibt es davon leider bis heute immer noch viel zu viele.

Der sich fortschrittlich dünkende Lehrer mußte »antiautoritär« sein. Diese Haltung wurde aus der Veröffentlichung von Alexander S. Neill *Theorie und Praxis der antiautoritären Erziehung* über sein Internat »Summerhill« abgeleitet, das in den siebziger Jahren wie eine Bombe bei Pädagogen und Eltern einschlug. Aber was ist das, »anti«-autoritär? Man kann höchstens »nicht-autoritär« sein und im Gegensatz zu einer autoritären Haltung auf den gezielten Einsatz der eigenen Autorität und Würde verzichten, also darauf verzichten, Respekt, Gehorsam, das Einhalten von Regeln einzufordern. Viele Eltern haben das so aufgefaßt und in der Erziehung umgesetzt. Aber diese Pädagogen taten und tun genau das nicht. Im Gegenteil beschweren sie sich noch über den Respektmangel bei ihren Schülern.

Dabei sind sie schon auf den ersten Blick von den »klassischen«, also »autoritären« Lehrern zu unterscheiden. »Coolsein« ist angesagt, auch bei Lehrern, im Benehmen, im Auftreten, in der Kleidung. Statt in klassischer Berufskleidung, Anzug mit Krawatte, Kostüm oder gepflegtem Rock und Bluse, kamen die »modernen« Lehrer und Lehrerinnen plötzlich in schrubbeligen Jeans, Turnschuhen, mit weit offenem Hemd oder sogar im kragenlosen, schmuddeligen T-Shirt, im Schlabber- oder Kartoffelsack-Look, also extrem informeller Freizeitkleidung an. Sie meinten, sich den Jugendlichen in ihrer Kleidung anzupassen und damit die Distanz zwischen sich und den Schülern zu verringern. Dies zwang und zwingt die Schüler dagegen, besonders »echt mega-cool« zu sein, um sich wiederum von den sich anbiedernden Lehrkräften abzusetzen. Die teils exzessiven Auswüchse provokanter jugendlicher »Mode-Trends« sprechen eine beredte Sprache.

Hinzu kommt: Eine Tätigkeit, die ich in Freizeitkleidung angehe, wird dadurch abgewertet zur nicht ernsthaften, sondern spielerischen Betätigung, also zur Nebensache. Viele von diesen Lehrkräften wundern sich, daß sie mit ihrem Unterricht und ihrem Auftreten von den Schülern nicht respektiert werden.

In vielen unserer Schulen begegnen uns Eltern die oben beschriebene strukturelle Leistungsfeindlichkeit und eine Grundhaltung der Zumutung, die viele immer wieder erschrecken. Gleichzeitig gibt es viele hochengagierte Lehrkräfte, die für jeden Schüler dasind und mit bewundernswerter Einsatzbereitschaft und großem Interesse den Unterricht gestalten. Diese aktiven, energiesprühenden Persönlichkeiten müssen leider innerhalb der Kollegien oft schlechte Erfahrungen machen. Sie sind generell in der Minderheit und dadurch schon benachteiligt. Ihnen werden als Lohn für ihren natürlich überdurchschnittlichen Einsatz Knüppel zwischen die Beine geworfen, sie werden von Kollegen angefeindet, weil sie zeigen, was möglich wäre, wenn alle anderen sich gleichfalls genauso einsetzen und bemühen würden. Das kann man aber auf Dauer nicht zulassen, denn es könnte ja zu entsprechenden Erkenntnissen in der Elternschaft, in der Schulaufsicht und in den übrigen Aufsichtsbehörden führen. Möglicherweise könnten sogar die Medien darauf aufmerksam (gemacht) werden. Also herrscht das Prinzip des Geleitzuges: Das Tempo aller hat sich dem Langsamsten anzupassen. Eigentlich gehört es im Lehrerberuf – wie in vielen anderen Bereichen des Arbeitsmarktes auch – zum »guten Ton«, sich beladen, bedauernswert und mit Zumutungen zugeschüttet zu fühlen, und auf keinen Fall darf Arbeit Freude machen.

Eine Mutter schilderte mir ihre Verzweiflung. Ihr Sohn Matthias war in der dritten Grundschulklasse und ein aufgewecktes Kerlchen. Schon zu Beginn der ersten Klasse hatte seine Lehrerin ihm zu verstehen gegeben, seine neugierigen Fragen seien ihr lästig, und er solle sich auf die gestellten Aufgaben konzentrieren und das ewige Nachfragen nach Dingen unterlassen, die damit nichts zu tun hätten. Die Mutter hatte das erst unterstützt und gehofft, das Verhältnis würde sich bessern, aber das Gegenteil sei eingetreten. Matthias habe keine Lust mehr, zur Schule zu gehen, verweigere oft die Hausaufgaben – Lernen sei für ihn ein rotes Tuch, und außerdem sei er sehr häufig krank. Die Klassenlehrerin versuche mittlerweile, Matthias auf eine Sonderschule (inzwischen »Förderschule«) für Schwererziehbare abzuschieben. Das sei aber doch keine Lösung für ein so intelligentes Kind. Die Mutter habe Angst um ihn, wenn er weiterhin den Unterricht in dieser Schule bei dieser Lehrkraft besuchen solle. Matthias' Noten seien deutlich schlechter geworden, und bald gehe es um die Wahl der weiterführenden Schule. Da komme höchstens eine Hauptschule in Frage, war die Aussage der Klassenlehrerin gewesen, Matthias sei zu unaufmerksam und unkonzentriert für eine andere Schulform. Das Gespräch mit der stellvertretenden Schulleiterin – einen »echten« Leiter habe die Schule seit über einem Jahr nicht – habe nur eine kurze, schroffe Bestätigung der Aussage der Klassenlehrerin ergeben. Die Mutter wußte nicht ein noch aus, denn ein Weitergehen zur Schulaufsicht, so fürchtete sie, könne die Aggressionen der Lehrerin und damit die Schulangst ihres Kindes nur verstärken und dazu führen, daß das Sonderschulverfahren sofort eingeleitet werde.

Das glauben Sie nicht? Es ist nur einer von unzähligen Fällen, wo studierte Pädagogen genau das Gegenteil von dem tun, was ihre Aufgabe ist. Es ist nur einer von unzähligen Fällen, in denen Kindern schon zu Anbeginn ihrer Schulzeit die Freude am Lernen und die Neugier auf Wissen genommen wird. Es ist nur einer von einer riesigen Vielzahl von Fällen, in denen Eltern mit derartigen Drohungen so eingeschüchtert werden, daß sie aus Angst um ihr Kind kuschen und nur noch beten, daß die Zeit vergehen möge. Ich bemühe mich immer, auch die kritiklose Unterstützung der Eltern für einen kleinen Rabauken zu relativieren, und hetze nicht gern Eltern gegen Lehrer und Schule auf, aber leider muß ich aus diesen zu oft miterlebten Geschichten schließen, daß es sich beileibe nicht um Einzelfälle handelt.

Ein Vater, der gut Deutsch mit leicht türkischem Akzent sprach, erzählte mir, sein Sohn Ahmet besuche die siebte Klasse einer integrierten Gesamtschule. Ihm sei der Besuch einer Realschule von den Grundschullehrern empfohlen worden, denn er könne auf jeden Fall die Mittlere Reife schaffen. An der Gesamtschule habe er sogar die Chance auf ein Abitur. Ahmet sei hier geboren, spreche akzentfrei deutsch und habe immer gute Noten gehabt. Aber seit Anfang dieses siebten Schuljahrs sei die Klasse wegen mehrerer zurückgesetzter Schüler sehr voll, und der neue Klassenlehrer versuche nun, die Schülerzahl zu reduzieren. Anders könne er, der Vater, sich nicht erklären, was vorgehe: Er sei mit Fristsetzung von zwei Wochen dazu aufgefordert worden, für seinen Sohn eine Hauptschule zu suchen, die ihn aufnehmen werde, sonst werde er zur Förderschule für Schwererziehbare verwiesen. Man habe Buch geführt über einige Vorkommnisse aus der fünften Klasse, das reiche für die Begründung des Schulwechsels, auch wenn Ahmet seitdem nichts mehr angestellt habe.

Ja, da staunen Sie? Ich auch. Auch manche ach so »sozialen« Gesamtschulen sortieren unliebsame oder lästige Schüler aus, in diesem Fall auf eine perfide Art und Weise mit extremen Einschüchterungsstrategien, weil sie meinen, mit diesen Eltern leichtes Spiel zu haben – Migrantenfamilien wehren sich seltener.

Die Englischlehrerin einer sechsten Klasse am Gymnasium, nennen wir sie Frau Kreisinger, hatte der Pflegschaftsvorsitzenden auf deren Bitte nach einigem Sträuben einen Gesprächstermin eingeräumt. Die Vorsitzende hatte den Auftrag der Mehrheit der Eltern, die Lehrerin auf die Unterrichtsinhalte anzusprechen, im besonderen die englischen Kinderliedchen, die die Kinder singen und dazu an den Händen gefaßt im Kreis tanzen mußten. Die Zwölfjährigen hatten sich beschwert, das sei Kindergartenkram. Die Mutter leitete das Gespräch ein mit dem Hinweis auf das gemeinsame Erziehungsziel von Eltern und Schule und führte weiter aus, auch für Frau Kreisinger als Lehrkraft sei es sicher wichtig, etwas über das Echo ihres Unterrichts bei den Schülern zu erfahren. Da wurde sie von der Lehrerin mit einem harschen »Nein!« unterbrochen: Für sie habe das keinerlei Bedeutung.

Nach erstaunter Rückfrage wiederholte die Lehrkraft diese Aussage und bestätigte sie schließlich ein drittes Mal vehement. Die Mutter konnte ihr Entsetzen nur schwer verbergen und antwortete schließlich: »Wenn das wirklich so stimmt, wie Sie das sagen, dann haben Sie an einer Schule nichts zu suchen!« und ging, begleitet von wütenden Beschimpfungen der Dame. Ein Gespräch mit der Schulleitung schloß sich direkt an, wo die Mutter erfuhr, Frau Kreisinger sei die fortschrittlichste Eng-lisch-Lehrkraft der Schule mit den modernsten Unterrichtsme-thoden. Daß das höchstens Grundschulmethoden seien, wurde schließlich eingeräumt. Ob Frau Kreisinger dazu aufgefordert wurde, ihre »modernen Methoden« altersgerecht anzupassen, ist nicht zu erfahren gewesen – über die internen Maßnahmen der Schulleitung steht Eltern keinerlei Information zu.

Tatsache ist, daß Schulleitungen immer zu ihren Kollegiums-mitgliedern halten, schlimmer noch als Ärzte untereinander in dem sprichwörtlichen Krähenvergleich, und die teilweise un-faßbaren Maßnahmen der Lehrkräfte decken. Gegen feindliche Grundhaltung gegenüber dem eigenen Kind und bequeme und faule Arbeitshaltung von Lehrern kommen Eltern deshalb nicht an, auch wenn sie hundertprozentig recht haben. Selbst wenn ein Lehrer die Haltung an den Tag legt, das einzige, was in der Schule störe, seien die Schüler, können wir als Eltern kaum etwas erreichen.

Dabei könnte es so einfach sein: Wenn alle Leute in der Schule gemeinsam die Kinder und ihre Belange in den Mittelpunkt stellen würden, mit Verständnis und Interesse für die kindliche Denk- und Lernweise in den verschiedenen Altersstufen agieren würden, wären alle Schwierigkeiten auf einen Schlag gelöst.

»Wenn du ein Schiff bauen willst, fang nicht an, Holz zu sammeln, Bretter zu sägen und Arbeit zu verteilen, sondern wecke in den Menschen die Sehnsucht nach dem großen, weiten Meer.« (Antoine de Saint-Exupéry: *Wind, Sand und Sterne*) Dieses Prinzip der Visionen als Leitmotiv kann die Arbeit an einem gemeinsamen Ziel derart beflügeln, daß sie zum Kinderspiel wird. Warum wissen das so wenige?

Bildungspolitische Verirrungen

Auf keinen Fall darf Arbeit Freude machen, mit diesem Satz endet einer der vorigen Absätze. Dies ist allerdings nicht ein spezifisches Kennzeichen des Lehrerberufs, sondern zieht sich in unserer »Freizeitgesellschaft« durch sämtliche Sparten und Branchen. »Wer Arbeit kennt und danach rennt und sich nicht drückt, der ist verrückt!« Dieser ursprünglich scherzhaft ironisch gemeinte Spruch ist inzwischen zum erschreckend ernstgemeinten Motto breiter Massen geworden, mitgepflegt durch unsere Gewerkschaften, die sich zu Sachwaltern der Arbeitszeitverkürzung, des Anspruchsdenkens und der Freizeitmentalität erhoben haben. In der Lehrerschaft und ihrer mächtigsten Gewerkschaft, der GEW, verbindet sich diese Mentalität leider in fataler Ergänzung mit der kategorischen Ablehnung des Leistungsgedankens. Auf erschreckend unbelehrbare Art und Weise beharren ihre Vertreter und Funktionäre auf dieser starren Haltung und ignorieren jedweden Nachweis ihres gefährlichen Irrtums.

Da einige politische Parteien und manche parlamentarischen Gremien ebenfalls mit vielen Angehörigen des Berufsstands der Pädagogen besetzt sind, auch Ministeriumsposten im Bildungsbereich überwiegend an diese Berufsgruppe gehen, begegnen wir auch dort häufig dieser Grundhaltung. Einzelne Aussagen aus den PISA-Untersuchungen, den OECD-Studien TIMSS (Third International Mathematics and Science Study) und BiJu (Bildungsverläufe im Jugendalter) und den Auswertungen des Max-Planck-Instituts für Bildungsforschung Berlin werden von Vertretern dieser Richtung vorsätzlich selektiv umgedeutet, um die eigene Ideologie zu untermauern. Da eine übergreifende Koalition von GEW-Ideologen, grünen und roten Politikern mit Unterstützung einer weit verzweigten Gruppe von Redakteuren in Zeitungen, Funk- und Fernsehhäusern diese Falschinformationen gezielt, wissentlich oder zumindest ungeprüft effektvoll verbreitet, entsteht durch Überrepräsentation in den Medien der falsche Eindruck, diese Behauptungen seien in ihrer gezielten Vereinfachung zutreffend. Unsere Medienwelt mit zig Fernsehprogrammen und Internet vervielfältigt sie in kürzester Zeit und überdeckt weitgehend die wenigen kritischen oder gegenteiligen Informationsquellen, die sich Interessierte erschließen können. Selbst wenn die Wissenschaftler, die die Untersuchungen konzipiert, durchgeführt und ausgewertet haben, sich zu Wort melden und Richtigstellungen verlangen, wie das der Leiter des deutschen PISA-Konsortiums Professor Manfred Prenzel (Universität Kiel) mehrfach öffentlich getan hat, wird das durch das laute, entrüstete Gezeter überdeckt und übertönt. Und solange solche Institute überwiegend von der öffentlichen Hand finanziert werden, können sie meistens nur die politisch gewollten Ergebnisse veröffentlichen, während andere gewonnene Aussagen durch Unterschlagung beziehungsweise Vernachlässigung fast unbemerkt und der öffentlichen Wahrnehmung entzogen bleiben (so 2007 nachgewiesen durch Ulrich Sprenger, Arbeitskreis Gesamtschule, www.schulformdebatte.de).

Diese Mischung aus Gleichbehandlungsideologie in Einheitsschulen, Leistungsfeindlichkeit und mangelnder eigener Leistungsbereitschaft vieler seit Jahrzehnten einflußreicher Schulpolitiker und Verantwortlicher für entscheidende Weichenstellungen hat unser gesamtes Bildungswesen und unsere Grundhaltung zu Erziehung, Lernen und Arbeit in diese schwere Krise geführt, in der sie sich zur Zeit befinden. Das Resultat der Krise ist wenigstens, daß heute Bildung und Erziehung endlich Thema der öffentlichen Diskussion sind und als grundlegende gesellschaftliche Aufgabe erkannt und die betreffenden Forschungsgebiete unterstützt werden.

Leider ist damit noch nicht viel gewonnen, weil die unterschiedlichen Ausdeutungen und angeblich neuen Erkenntnisse stark voneinander abweichen. Auch die Ergebnisse wissenschaftlicher Forschung zum Lernen, zur Pädagogik und Erziehung werden vielfältig, je nach den eigenen Interessen und Erwartungen, ausgelegt, und dem Trend der Spezialisierung auf Einzelaspekte folgend wird auch die Klitterung und selektive Verwendung von Forschungsergebnissen sehr weit betrieben, statt die Meta-Forschung, also die zusammenfassende ordnende Übersicht über alle gesammelten Forschungsbereiche, zu betrachten, aus der allein sich wirklich verläßliche Aussagen herleiten lassen.

Wir haben trotzdem viele gute Schulen, an denen hervorragende Arbeit geleistet wird, die ihre Verantwortung für ihre Schüler stark wahrnehmen, sich bewußt und zielorientiert weiterentwickeln. Obwohl aber in allen Bundesländern die »Kulturhoheit« des föderalistischen Systems hochgehalten wird und man deshalb eigentlich völlig unterschiedliche Ideen und deren Auswirkungen in Schulen und Hochschulen erwarten sollte, begegnet man bundesweit mit wenigen Ausnahmen immer wieder denselben Ansätzen, Bezeichnungen und Konzepten. Ob Hamburg, Schwerin, Schleswig, Dresden, Düsseldorf oder anderswo, es herrschen überall ähnliche Vorstellungen von »gutem Unterricht« und »moderner Schule«.

Überall begegnen wir »Steuerungsteams«, die ihre Schule »weiterentwickeln«, in Seminaren die »Kompetenzen« dazu erarbeiten und in »hausinternen Fortbildungen« an ihr Kollegium weitergeben, die Kollegen »weiterqualifizieren« und ihnen »Methodentraining« und »Projektkompetenz« vermitteln … Ähnlicher Fachbegriffe gäbe es genug, um dieses Buch allein damit zu füllen. Sie sind sprachlicher Ausdruck, begriffliche Überhöhung eines verbreiteten Unzulänglichkeitsgefühls, das leider häufig berechtigt ist, aber ebenso bedauerlich oft das zufriedene Arbeiten behindert.

Eine hochtrabende Sprache breitet meistens den Mantel der Erhabenheit über bescheidene Inhalte. Und so ist es auch hier: Die notwendigen pädagogischen Inhalte und klaren Verbesserungskonzepte fehlen. Die meisten dieser Fortentwicklungskonzepte befassen sich ausschließlich mit der äußeren Form des Unterrichts, statt die Inhalte und die konkrete Art der Vermittlung zu überprüfen und deren Wirkung zu belegen.

Das sei am Beispiel »Methodentraining« erläutert: Das bedeutet, daß der Schüler entscheidet, ob er lieber eine Präsentation mit Computer und Bildschirm / Beamer oder eine Darstellung mit Tafelbild vorzieht. Es bedeutet, daß die Schüler für ein Referat zwischen einer Wandzeitung aus Fotos, Zeitungsausschnitten, gedruckten Merkzeilen und der Verteilung von Kopien ihrer Darstellungen an alle Mitschüler wählen können. Die anschließende Diskussion des Referates behandelt die Art der Darbietung, die Systematik der Bilder, die der Schüler ausgewählt hat, seine Art, mit Mimik, Gestik und Betonung seiner Sprache umzugehen, höchstens noch den Gesamteindruck, den das Referat bei den Mitschülern hinterläßt. Man stelle sich diese Diskussion in einer 10. Klasse unter Fünfzehn-/Sechzehnjährigen vor bei einem Referat zum Thema »Experimente mit Behinderten und Sterbehilfe im Dritten Reich«. Statt die Aussagen, den Inhalt und die Gründlichkeit und erschöpfende Auslotung des Themas zu bedenken und durch Rückfragen und gemeinsame Beschäftigung mit entstehenden Fragestellungen das Thema für alle Schüler gründlich zu erschließen, wird die Verpackung beurteilt. Auch die Note des sehr »modernen« Lehrers fußt darauf und nicht etwa auf der Gründlichkeit, mit der der Schüler das Thema erarbeitet hat. Dadurch erwerben die Schüler zwar eine »Präsentationskompetenz«, aber kein Wissen. Das geschichtliche Wissen über die unbegreiflichen Geschehnisse im Dritten Reich wird dadurch nicht gefestigt oder gar vertieft, die vermittelten Aussagen nicht einmal auf Richtigkeit überprüft. Der Verfasser des Referates könnte sogar für völlig falsche Aussagen eine hervorragende Note erhalten.

Das alles wird gerechtfertigt mit der optimierten und objektivierten Beurteilbarkeit der Schülerleistungen. Lehrerfortbildungsangebote beinhalten in großer Häufung die Vermittlung derartiger Konzepte, der Lehrer soll zum »Lern-Begleiter« herangebildet werden, der den Schülern nur noch Angebote macht und dabei zusieht, wie jeder Schüler das Pensum und den Inhalt seiner schulischen Arbeit selbst wählt und einteilt. Nach diesen Vorstellungen des Erwerbs der »Selbstlernkompetenz« dürfen die Kinder sich völlig frei mit den Dingen beschäftigen, die sie interessieren. Wenn ein Dreizehnjähriger sich für Killerspiele oder Internetpornographie »interessiert«, was dann?

Seit den schulpolitischen Ansätzen der achtziger Jahre zur »Gestaltung des Schullebens und Öffnung von Schule« zieht sich zudem das Prinzip durch weite Bereiche der schulischen Landschaft, daß statt formeller Richtlinien und Erlasse, die schulische Abläufe amtlich autorisiert regeln – und gegen die Eltern offiziell Einwände erheben können –, auf informellem Wege »Handreichungen«, »Konzepte« und ähnlich bezeichnete Papiere in den Schulen verbreitet werden, auf deren Grundlage Schulleiter und Lehrer die schulische Arbeit umgestalten, unter Ausschluß der parlamentarischen Gremien und der Mitwirkungsverbände und Elterngremien. Diese Technik, quasi durch Umgehung der offiziellen Pfade und Beratungen auf kaltem Wege Neuerungen in die einzelnen Schulen einsickern zu lassen, ist den Aktivitäten einzelner Stiftungen auf dem Gebiet der Schulentwicklung mit zuzurechnen.

In Nordrhein-Westfalen ist die Bertelsmann-Stiftung treibende Kraft für solche Ansätze weit über das Bundesland hinaus gewesen und hat zum Beispiel mit einem Pilotprojekt »Selbständige Schule« die völlige Abnabelung der Schulen von den inhaltlichen Vorgaben des Kultusministeriums betrieben – mit Unterstützung aus eben diesem Ministerium. In Düsseldorf hatte man den Projektschulen nicht nur die Eigenorganisation, Lehrereinstellung sowie Personal-, Finanz- und Sachmittelverwaltung freigegeben, sondern auch gleich die Formulierung ihrer eigenen Curricula. Die Projektschulen sollten nicht mehr an die allgemeinen Lehrpläne gebunden sein, sondern machten sich mit einem Riesenaufwand an die Entwicklung eigener hausinterner Lehrpläne. Elternproteste gegen die Beliebigkeit der völlig freigegebenen Inhalte und die individuelle Zufälligkeit, da jede Lehrkraft ihr persönliches Hobby zu ihrem Unterrichtsschwerpunkt machen konnte und damit die Spiel- und Spaßschule auf schleichendem Fuß eingeführt wurde, wurden von oberster Stelle abgeschmettert oder milde belächelt. Mit Einführung des Kurswahlsystems in der gymnasialen Oberstufe und Freigabe der Abiturfächerwahl war schon auch die allgemeine Hochschulreife inhaltlich beliebig und völlig zufällig in ihrer Zusammensetzung geworden. Wenn eine Familie aus beruflichen Gründen gezwungen war, den Wohnort zu wechseln, hatten die Kinder solcher Schulen kaum eine Chance, in der neuen Schule irgend etwas von ihren Arbeitsschwerpunkten und ihrer bisherigen schulischen Basis wiederzufinden und daran anzuknüpfen.

Unter Johannes Rau als Ministerpräsident, immerhin selbst der Lehrerzunft zugehörig, erfuhr diese Schulpolitik mit der »Denkschrift« seiner sogenannten Bildungskommission 1995 ihren traurigen Höhepunkt. Die Verselbständigung der Schulen, die ja eine staatlich verordnete Pflichtveranstaltung für unsere Kinder sind, ist letzten Endes nur an dem enormen Arbeitsaufwand gescheitert, den sie mit sich bringt. Eine gewisse Entflechtung des bürokratischen Irrsinns der Schulverwaltung wäre sicher eine der positiven Errungenschaften dieser Bestrebungen, aber sie kann nicht funktionieren ohne klar definierte Lehrpläne in jeder Stufe, Vergleichsarbeiten, Lernstandserhebungen und Zentralabitur, also systematische Abstimmung des Wissensniveaus, das erreicht werden muß. Das aber wird erst jetzt in den letzten Jahren schrittweise eingeführt und etabliert.

Mittlerweile heißt das Ziel »Eigenverantwortliche Schule« und soll vor allem die Zufriedenheit der Lehrerkollegien mit ihrem Gestaltungsspielraum erhöhen, aber daran bleibt noch viel zu arbeiten. Erstaunlich bleibt, wie derartige »Konzepte«, von einer Ideenschmiede wie der Bertelsmann-Stiftung als Steigbügelhalter lanciert, einen solchen Durchmarsch durch die schulpolitischen Entwicklungen in fast allen Bundesländern machen können. Ehemalige »Bertelsmänner« finden wir inzwischen in einer Vielzahl von bildungspolitisch orientierten Stiftungen als Abteilungsleiter und Geschäftsführer, in Qualitätssicherungsinstituten von Kultusministerien, in den Verwaltungsinstitutionen der Länder selbst. Ich will nicht allen diesen Leuten schlechte Absichten unterstellen, sondern ich kenne mehrere, die sehr ehrenwerte und humanethisch hochrangige Ansichten und Ziele vertreten, aber sie kommen von einem gemeinsamen Hintergrund, der den Nährboden für das emanzipatorische Menschenbild und einen Bildungsliberalismus bildet, der eben diese schädlichen Auswirkungen mit beinhaltet. Und sie alle verbreiten diese Haltung, enthalten in bestechend attraktiv erscheinenden Konzepten.

Wenn solchen Aktivitäten eine eindeutige Absicht zur Umerziehung einer Gesellschaft durch die Veränderung schulischer Prinzipien zugrunde liegt, gibt es einen beinahe sektenhaften Effekt, einen leichten Anklang an »Gehirnwäsche«, der bei Lehrern zum Teil schon weit fortgeschritten zu sein scheint. Aber unsere Kinder sind kein Experimentierfeld für Bildungsforscher und keine Versuchskaninchen. Noch einmal: Jedes Kind hat nur die eine Schulzeit, aus der es ein Maximum an Bildung und Allgemeinwissen mitnehmen können muß.

Wir müssen unbedingt zu einer grundlegenden gesellschaftlichen Einigung darüber finden, daß unsere Kinder unser kostbarstes Gut und unsere Zukunft sind und wir mit ihnen, ihrer
Zeit und ihren Potentialen so gewissenhaft, liebevoll und sorg-
sam wie irgend möglich umgehen müssen. Jedes einzelne Kind
hat ein Recht auf sorgsamste und bestmögliche Förderung.
Ideologische Zielsetzungen müssen in diesem Zusammenhang als unethisch und daher unzulässig ausgeschlossen werden.

Medien – die »vierte« Macht im Staat

Eine weitere Komponente des deutschen Bildungsdilemmas
sind unsere Medien – das macht sich kaum ein Konsument
bewußt. Viele von ihnen sind, wie weiter vorn schon dargestellt,
ebenfalls »durchseucht« von dem Gedankengut der Neuen
Linken um 1968 und leider auch heute noch weit davon entfernt, sich endlich kritisch dem gegenüberzustellen. Ob es um
öffentlich-rechtliche Medienanstalten oder Privatsender, Ta-
geszeitungen oder Illustrierte geht – viele Themen finden wir
fast gleichlautend dargestellt und bewertet. An der oben beschriebenen Hauptschulschelte haben die Medien zum Beispiel
regen Anteil, und auch die direkte Schlußfolgerung aus den
schlechten PISA-Ergebnissen, daß wir unser gegliedertes Schulsystem in eine reine Einheitsschullandschaft umwandeln müßten, wird ständig in allen möglichen Rundfunksendern und
Printmedien wiederholt. Dadurch entsteht der Eindruck, diese
Darstellung entspreche der öffentlichen Meinung. In Wahrheit
aber ist das die *veröffentlichte* Meinung. In den zentralen Nach-
richtenagenturen, deren »Meldungen« an alle kleineren Medien
verkauft und so verbreitet werden, werden immer dieselben
paar Reporter mit der Berichterstattung über die aktuellen
Themen beauftragt und immer dieselben Rückschlüsse gezogen und Meinungen vertreten. Da heute Presseberichte kurz
und brandaktuell sein müssen, damit sie verkäuflich sind, wird
auf Hintergrundrecherche und Ausgewogenheit leicht verzich-

tet, zugunsten von vereinfachter und verkürzter Darstellung, Quotengier und Skandalproduktion. Die Redakteure vor Ort, die die Meldungen verarbeiten, haben keine Zeit, sie auf ihren Wahrheitsgehalt zu prüfen – die Aussagen werden fast immer eins zu eins übernommen.

Auch wenn im Radio, im Fernsehen, in Zeitungen oder Internetveröffentlichungen viele Äußerungen derselben Richtung und ähnlichen Inhalts zu finden sind, hat das also nicht zu bedeuten, daß diese Darstellungen einen hohen Wahrheitsgehalt besitzen. Der Schein kann gewaltig trügen, und zwar immer dann, wenn es um komplexere Themen wie auch Erziehung geht. Es ist oft so arbeitsaufwendig, alle Gesichtspunkte zu ergründen und gegeneinander abzuwägen, daß die Profis der Öffentlichkeitsarbeit uns als Lesern erst recht die Gründlichkeit und das Interesse an einer sauberen, ausgewogenen Darstellung nicht zutrauen und deshalb durch Vereinfachung auch eine Verengung der Perspektive, also eine Verarmung der Darlegung, bewußt in Kauf nehmen.

Dieses Phänomen findet sich bei allen Themen der Wirtschafts- und Steuerpolitik, bei vielen Politikeraussagen, die zitiert werden, bei Themen der Umwelt- und Verbraucherschutzpolitik und eben auch in starkem Maße in der Darstellung von erzieherischen, schulischen und schulpolitischen Themen. Wie unerträglich ist zum Beispiel die gebetsmühlenartige Wiederholung des Rufs nach der »Einheitsschule«, ob sie nun »Gesamtschule«, »Gemeinschaftsschule«, »Eine Schule für alle«, »Längeres gemeinsames Lernen« oder wie auch immer genannt wird. Es ist kaum mehr zu ertragen, wie dieser kalte Kaffee von vor dreißig und mehr Jahren ständig wieder aufgewärmt und aufgetischt wird, und die Medienvertreter fressen beziehungsweise trinken ihn brav und käuen ihn wieder.

Wer sich einmal etwas eingehender mit dieser komplexen Materie beschäftigt hat, weiß, daß hier die vereinfachende Darstellung zu solchen grundlegenden Denkfehlern führt, daß man sie von vornherein ablehnen muß. Es ist zum Beispiel völlig richtig, daß in unseren Schulen die Benachteiligung von Kindern mit schlechteren Voraussetzungen wegen eines bildungsfernen Familienhintergrundes verstärkt werden. Ich stimme auch vollkommen der Forderung zu, daß diese untragbaren Verhältnisse dringend grundlegend geändert werden müssen, aber die Behauptung, der Grund dafür liege in der »Frühselektion« der Kinder durch das differenzierte Schulsystem, ist falsch und hat rein ideologische, linkspolitische Hintergründe. Meiner Beobachtung nach liegt der Grund dafür in vielen anderen Aspekten, zum Beispiel den verbreiteten Vorurteilen in Lehrerköpfen und der mangelnden Bereitschaft, Verkrustungen aufzubrechen und mal gegen den Strom zu schwimmen und anderem mehr – aber nicht an der Aufteilung der Kinder in verschiedene Schulformen.

Unzählige Studien, neue und auch uralte, auch PISA-Daten, belegen glasklar, daß schulische Förderung in halbwegs homogenen Leistungsgruppen erst möglich wird und durch leistungsheterogene Gruppenzusammensetzungen extrem erschwert wird. Hinzu kommt, daß in Lerngruppen stark unterschiedlicher Leistungsfähigkeit die benachteiligten Schüler täglich mehrmals mit ihren »Mißerfolgen« konfrontiert werden, daß ihre eigentlichen Erfolge zu Mißerfolgen umgemünzt werden durch den ständigen Vergleich mit »Besseren« oder »Schnelleren«. Sie haben erst recht keine Chance auf einen wirklichen eigenen Erfolg, den sie selbst auch als solchen wahrnehmen können. Selbst wenn sie an den idealen Lehrer geraten sollten, der sie aufbaut, unterstützt und ihnen jede nur erdenkliche Anerkennung zollt – das System zerstört all das sofort wieder, weil es nicht verhindern kann, daß die Kinder sich mit ihren Klassenkameraden vergleichen. Und wenn die Kinder, die das Pensum schon verinnerlicht haben, als Hilfslehrer für ihre Klassenkameraden eingesetzt werden, wird das Problem dadurch nicht ent-, sondern häufig verschärft.

In Leistungsgruppen, die von einer vergleichbaren Ausgangs-
basis aus starten und mit etwa vergleichbaren Möglichkeiten
ausgestattet sind, erfährt jeder einzelne viel leichter, daß er viel
zu leisten imstande ist und seinen eigenen Beitrag zum gemeinsamen Fortschritt durchaus leistet und dafür berechtigte
Anerkennung erhält, und zwar vollkommen unabhängig davon,
ob er auf eine Hauptschule, eine Realschule oder ein Gymnasium geht – vorausgesetzt, seine Eltern haben ihn nicht auf eine
Schule geschickt, wo ihm ebenfalls nur Mißerfolge beschieden
sind. Auch in solchen Schulen liegt vieles im Argen, wie schon
reichlich geschildert, aber mit der integrierten Unterrichtung
in »Gemeinschaftsklassen« wird noch kaputtgemacht, was eigentlich aufgebaut werden sollte, und viel mehr Schüler bleiben weit unter ihren Möglichkeiten und damit weit entfernt
von ihrer Zufriedenheit und ihrem Glück.

Deshalb ist auch die nun versuchte Einführung integrierter
Systeme »in Scheiben«, nämlich mit der Forderung nach der
sechsjährigen Grundschule, eigentlich eine krasse Zumutung
von denen, die gegen jeden wissenschaftlichen Nachweis diesen Unfug für »sozial« und »gerecht« verkaufen wollen und als
Heilmittel gegen die Benachteiligung der Kinder aus bildungs-
armen Familien anpreisen. Gerade die »Element-Studie« von
Professor Lehmann aus Berlin hat Anfang 2008 unzweifelhaft
deutlich gemacht, daß die Differenzierung nach der vierten
Klasse gerade noch rechtzeitig erfolgt und »längerer gemein-
samer Unterricht«, also eine Fortsetzung der Gesamtschulform
Grundschule, gerade den Kindern schadet, die auf stärkere Förderung besonders angewiesen sind.

Bitte, Leute, wacht endlich auf und werdet wieder kritisch!
Echt kritisch! Es ist Zeit, endlich wieder mit sachlicher Distanz
und einer ehrlichen, kritischen und sachorientierten Hintergrundrecherche an die Themen heranzugehen und nicht mehr
jeder quotenwirksamen oder skandalträchtigen Sau hinterher-
zurennen, die durch die Medienlandschaft getrieben wird. Es

ist Zeit für eine flächendeckende Medienschelte, die den Machern unserer »öffentlichen Meinung« mal ihre Arroganz und Selbstgerechtigkeit vor Augen führt, mit der sie aus Mangel an Gründlichkeit und kritischer Distanz zur Verödung der politischen Meinungsvielfalt und Verhinderung der freien Meinungsäußerung beitragen.

Wenn im Rundfunk jeden zweiten Tag verbreitet wird, daß Hauptschüler wertlos seien, keine Chance auf einen Ausbildungsplatz und eine vollwertige Stellung in der Gesellschaft haben, glauben das irgendwann viele Leute. Auch ein noch so billiges Stereotyp höhlt als steter Tropfen irgendwann den Stein. Aber um welchen Preis? Die Schüler einer Hauptschule resignieren vor der beleidigenden Schelte und schämen sich, entwickeln Minderwertigkeitskomplexe. Ihre Eltern schämen sich ebenfalls für ihre Kinder und dafür, daß sie »nichts Besseres« zustande bringen. Wer kann sich da noch wehren und die Wahrheit an die Öffentlichkeit bringen?

Niemand hat das Recht, Menschen mit überwiegend praktischer Begabung und weniger intellektuellen Interessen als minderwertig zu betrachten und hinzustellen. Es ist unethisch und menschenrechtswidrig, auf diese Art die Menschenwürde und sogar das Existenzrecht einer Gruppe von Menschen aufgrund ihrer intellektuellen Fähigkeiten und ihrer Bildung in Frage zu stellen und sie zu diffamieren. Hauptschulen bemühen sich um jeden ihrer Schüler wie kaum eine Schule der anderen Schulformen, von Gesamtschulen oft ganz zu schweigen. Sie haben durchweg die förderungsbedürftigste Schülerschaft und die schlechtesten Arbeitsbedingungen und leisten dabei dank ihrer meist überschaubaren Größe und des enormen identitätsstiftenden Engagements ihrer Lehrerkollegien großartige Arbeit, die unsere höchste Anerkennung verdient.

Einen Hauptschulabschluß gibt es in allen Bundesländern, und er bietet nicht nur die Grundlage zur Aufnahme einer praktischen Berufsausbildung, sondern auch zum Besuch weiter-führender Schulangebote, zur beruflichen Weiterqualifikation und zur Weiterentwicklung – bis hin zum Hochschulstudium! Gut ein Viertel der Hauptschulabsolventen nimmt diese Entwicklungsmöglichkeiten wahr. Viele der heutigen Führungspersönlichkeiten und erfolgreichen Managementmitarbeiter in kleinen und mittleren Unternehmen sind über einen Hauptschulabschluß und fleißige berufliche Weiterqualifikation in diese Positionen gekommen und sind heute die solidesten und verständnisvollsten Führungskräfte, weil sie mit beiden Beinen auf dem Boden stehen.

Dazu muß man wissen, daß Hauptschulen in den meisten Bundesländern das absolute Stiefkind der Schulpolitik sind – wo es überhaupt welche gibt. An den Hauptschulen haben die jahrzehntelang verantwortlichen Regierungen sozialistischer Färbung in vielen Bundesländern vorzugsweise ihre Sparpolitik betrieben und ihnen immer mehr die Luft abgedrückt, aber sie konnten die erfolgreiche Arbeit dieser Bildungseinrichtungen nicht ver-, sondern nur behindern. In Nordrhein-Westfalen zum Beispiel haben die Regierungen der siebziger, achtziger und neunziger Jahre gezielt die Einrichtung von Ganztagsangeboten an Hauptschulen verboten, um den Zulauf zu ihrem Hätschelkind Gesamtschule zu sichern und Hauptschulen auszubluten.

Zum Glück gab und gibt es immer noch genug kluge und einfühlsame Eltern, denen das Wohl des eigenen Kindes über Image und Prestige geht, und die ihr Kind unterstützt, ermutigt und angemessen gefördert und gefordert sehen wollen, damit es glücklich wird. Daß es viele Familien gibt, die für ihre Kinder kaum eine Wahl haben, weil es in der Familie schon an grundlegender Förderung in der deutschen Sprache fehlt, spielt natürlich dabei ebenfalls eine Rolle, und auch die Tatsache, daß viele unserer ach so sozialen Gesamtschulen solche Schüler von vornherein abweisen.

Manche Kinder aus sprachlich »unterentwickelten« Familien sind übrigens auf einer Hauptschule intellektuell unterfordert und hätten, bei angemessener Sprachförderung durch die zuständige Grundschule, ohne weiteres zur Realschule oder zum Gymnasium gehen können, wenn – ja, wenn ihre Grundschullehrer ihnen das zugetraut und sie in diesem Ziel unterstützt hätten. Stattdessen werden auch Kinder, die gut deutsch sprechen, oft mit den Vorurteilen ihrer Lehrer und deren geringem Zutrauen konfrontiert und erhalten deshalb nicht die Chancen, die ihnen zustehen. Hier ist noch viel im Argen in unseren Schulen, und der notwendige unvoreingenommene Blick auf jeden einzelnen Schüler, mit dem wirklich jedes Kind mit seinen individuellen Anlagen und Fähigkeiten liebevoll angenommen, wertgeschätzt und angemessen gefördert wird, verlangt wohl noch viel Weiterqualifizierung unserer Lehrer.

Sie sagen, das ist ein heftiger Angriff? Ja, das gebe ich zu, aber ich adressiere ihn beileibe nicht an alle Lehrkräfte – nur der sollte darüber nachdenken, auf den diese Punkte auch zutreffen. Wem der Schuh paßt, der zieht ihn sich an, heißt es so richtig. Aber ich habe häufig erlebt, daß Angehörige des Berufsstandes Lehrer sich jeden Schuh anziehen, auch den, der für ganz andere hingestellt worden ist. Sie sind da oft besonders empfindlich. Das darf aber nicht dazu führen, daß niemandem mehr erlaubt ist, berechtigte und angemessene Kritik zu üben. Mir geht es auch nicht darum, die bestehende Kluft zwischen der Lehrerschaft und dem Rest der Welt zu vertiefen (wie ich auch meine, ausreichend dokumentiert zu haben), sondern nur um ein besseres Verständnis füreinander.

Probleme mit der Selbstkritik sehe ich leider in vielen Fällen, und eine Lösung dafür könnte es bieten, mehr gemeinsame Konzepte zu entwickeln, im kollegialen Miteinander andere Wege auszuprobieren und offener für die gegenseitige Kritik zu werden. Dabei beinhaltet gerechte »Kritik« besonders auch positive Kommentare, ob die Kritiker nun Lehrkräfte, Eltern oder

Kinder sind. Jeder Lehrer, jede Lehrerin hat einen anderen Blick auf ein Kind, und erst wenn man mehrere Blickwinkel kombiniert, bekommt man ein halbwegs objektiviertes Bild. Das sollte für alle professionellen »Kinderentwickler« selbstverständlich sein. Deshalb ist auch die konstruktive kollegiale Zusammenarbeit so wichtig, bei der ebenfalls der Blick auf den Umgang mit dem einzelnen Kind als hilfreiches Korrektiv wahrgenommen und als Chance zum positiven Verändern geschätzt wird.

Durch meine jahrelange Mitarbeit an der Konzeption und Durchführung des Deutschen Hauptschulpreises kenne ich viele Lehrerpersönlichkeiten, die genau diese Methoden anwenden und frank und frei von ihren eigenen Lernwegen berichten, sich selbst ebenfalls als Lernende erleben und betrachten und den Anspruch auf Allwissenheit und Allfähigkeit, den wir verbreitet finden, längst abgelegt haben. Das ist meines Erachtens einer der Schlüssel zu einer zufriedenen und erfolgreichen Lehrerexistenz. Für alle, die sich gern genauer informieren möchten: www.hauptschulpreis.ghst.de, www.starkeschule.ghst.de

Schule aus Kindersicht

Schüler haben ein erstaunliches Gespür dafür, wie Lehrer sich in ihrer Rolle verstehen und geben. Unbestechlich unterscheiden sie gute von netten Lehrern und schlechte von »blöden«. Auf Versuche von Lehrkräften, sich als ihresgleichen auszugeben und auf eine Stufe mit ihren Schülern zu stellen, reagieren sie manchmal sehr schlagfertig. Beispiel aus dem Jahr 1975: Der neue Deutschlehrer betritt am ersten Schultag den Klassenraum einer neunten Klasse und stellt sich vor: »Ich heiße Hans-Jürgen, ihr dürft mich duzen.« Worauf einer der Vierzehnjährigen aufsteht und antwortet: »Ich heiß' Schulze, du darfst mich siezen.«

Dies ist indirekt der unschlagbare Beleg dafür, daß wie eh und je Jugendliche Vorbilder brauchen und fordern, die mit ihrer natürlichen Autorität unverkrampft umgehen, ihnen Orientierung geben, klare Aussagen zu den Fragen des Lebens machen, sie begründen und die Hintergründe erläutern. Entscheidend für die Eignung zum Vorbild ist die Wahrhaftigkeit und Glaubwürdigkeit eines Menschen, verbunden mit einer konsequenten ethischen Haltung, kurz seine persönliche Echtheit und Integrität. Auch dafür haben die meisten Kinder und Jugendlichen ein untrügliches Gespür und stellen uns Erwachsene ständig auf die Probe, in den letzen Jahren auf immer härtere, rücksichtslosere und spektakulärere Art, wie gerade schulische Vorgänge belegen.

Dazu gehören Provokationen in Pausen und Unterricht, respektloses Benehmen, persönliche Angriffe, Beleidigungen und auch Verleumdungen genauso wie heimliche Videos aus provokanten Unterrichtssituationen, deren Verbreitung unter Schülern per SMS/MMS und sogar Veröffentlichung im Internet. Dazu gehören sicher auch manche Aussagen auf Internetseiten, die eigens zur Beurteilung von Lehrkräften und ihrem Unterricht angelegt worden sind, wie zum Beispiel www.spickmich. de. Dort werden die Beurteilungen allerdings von den Betreibern kontrolliert und gelöscht, wenn starke Abweichungen emotional geprägte Momentanurteile vermuten lassen.

Aber warum kann diese Entwicklung zu solchen Auswüchsen führen? Dort, wo das persönliche Verhältnis, die Beziehung zwischen Lehrer und Schüler »in Ordnung« ist, entstehen diese Auswüchse nicht. Sie entstehen dort, wo Schwächen vertuscht und Fehler verdeckt werden, wo persönliches Engagement ein Fremdwort ist, wo Liebe zur Aufgabe und Einsatzbereitschaft fehlen, aber auch dort, wo die persönliche Integrität und Souveränität fehlen. Lehrer, die mit sich im reinen sind und ihre Menschlichkeit als Stärke und nicht als Schwäche begreifen, erkennen auch Stärken und Schwächen ihrer Schüler an und können ihnen dazu verhelfen, sich weiterzuentwickeln und ihre Potentiale auszuschöpfen. Sie sind von ihrem Fach fasziniert und begeistern ihre Schüler ebenfalls für seine Inhalte, wecken dadurch Neugier, Lernfreude und selbständiges Interesse für Hintergründe und Zusammenhänge. Das wird von vielen Fachleuten immer wieder bestätigt: Schule braucht Menschen, die ein gesundes Verhältnis zur Leistung und zu konsequentem und gerechtem Handeln haben und den jungen Menschen die erforderliche Zuwendung und Orientierung zuteil werden lassen, in diesem Sinne Vorbilder sind. Konsequenz und Zuwendung sind die Eckpfeiler pädagogischen Handelns.

Das ist im übrigen auch die wesentliche Aussage einer im September 2007 veröffentlichten Studie der Unternehmensberatung McKinsey über erfolgreichen Unterricht.

Ein Jahr lang haben britische McKinsey-Berater in ihrer Studie mit der Fragestellung *Wie die weltweit besten Schulsysteme an die Spitze kommen* die Schulsysteme in 25 Ländern untersucht, darunter zehn der PISA-Leistungsspitze. In ihrer Zusammenfassung kommen sie zu deutlichen Ergebnissen:

Die Bildungsreform ist vorrangige Aufgabe in fast jedem Land der Welt. Auch trotz massiver Erhöhung der Ausgaben (die Regierungen der Welt gaben vergangenes Jahr 2 Trillionen Dollar für Bildung aus) und ehrgeiziger Reformversuche hat sich die Leistung vieler Schulsysteme in Jahrzehnten kaum verbessert. Das erstaunt um so mehr, als es eine große Vielfalt in der Qualität von Bildung gibt. In internationalen Bewertungen zeigte sich, daß z.B. weniger als 1 Prozent der Kinder aus Afrika und dem mittleren Osten auf dem Durchschnitt Singapurs oder darüber liegen. Dies ist auch nicht allein das Ergebnis der Finanzinvestition. Singapur, einer der Top-Leister der Welt, gibt weniger für Grundschulbildung aus als 27 der 30 OECD-Staaten!

Die Vorgänge in den Herzen und Köpfen von Millionen Kindern zu verändern − Hauptauftrag eines jeden Schulsystems − ist keine leichte Aufgabe. Daß einige darin so erfolgreich sind und andere nicht, ist unstreitig. Wo liegen also die Gründe, daß einige Schulsysteme konsequent besser arbeiten und einen schnelleren Fortschritt zeigen als andere?

Es gibt viele unterschiedliche Wege, ein Schulsystem zu verbessern, und die Komplexität dieser Aufgabe und die Ungewißheit der Ergebnisse wird gründlich bedacht in der internationalen Debatte darüber, wie dies am besten zu bewerkstelligen sei. Um herauszufinden, warum einige Schulen so erfolgreich sind und andere nicht, haben wir 25 Schulsysteme der Welt einschließlich zehn der weltbesten betrachtet. Wir haben untersucht, was diese hoch leistungsfähigen Schulsysteme gemeinsam haben und welche Instrumente sie einsetzen, um die Lernergebnisse zu steigern.

Die Erforschung dieser Top-Schulsysteme legt nahe, daß drei Dinge am wichtigsten sind:

1) die richtigen Menschen für den Lehrerberuf zu gewinnen,

2) sie zu wirkungsvollen Ausbildern heranzubilden und

3) sicherzustellen, daß das System die bestmögliche Bildung für jedes Kind liefern kann.

Diese Systeme zeigen, daß die besten Praktiken, diese drei Dinge zu erreichen, unabhängig von der Kultur, in der sie angewendet werden, greifen. Sie zeigen, daß eine grundlegende Verbesserung der Lernergebnisse innerhalb einer kurzen Zeitspanne möglich ist und daß die Anwendung dieser besten Praktiken allgemein einen enormen Beitrag zur Verbesserung versagender Schulsysteme leisten kann, wo immer sie sich befinden. (Eigene Übersetzung November 2007, Elternbrief Nr. 129 Januar 2008, Elternverein NRW) Auch sie betonen also, daß es primär auf die Lehrerpersönlichkeit ankommt.

Einige Begebenheiten aus einem Schulkinderleben: Karina liebt ihre erste Lehrerin heiß und innig. Seit sie zur Grundschule geht, tut sie alles nur ihr zu Gefallen. »Ach Karina«, sagt die Lehrerin, »setz dich doch bitte zwischen Tim und Johannes, damit die endlich Ruhe geben, du kannst doch so gut mit Jungs umgehen.« Karina kann tatsächlich gut mit Jungs umgehen, sie nimmt sie auf ihre eigene Art und beweist sich als ihnen durchaus ebenbürtig, aber eben vernünftiger.

Die Lehrerin greift immer wieder auf Karinas hohe Sozialkompetenz zurück und lobt sie dafür, daß sie immer mäßigend und beruhigend auf die anderen Kinder einwirkt. Karina hat ihr Spezialgebiet. Aber Karina kann nicht schreiben, nicht lesen und nicht rechnen. In der dritten Klasse muß sie in die LRS-Fördergruppe (Lese-Rechtschreibschwäche). Die Eltern sind entsetzt und ratlos. Karina ist doch so pfiffig und helle; daß sie intellektuell so unterbelichtet sein soll, können sie gar nicht glauben. Zu Hause sitzt die Mutter jeden Nachmittag stundenlang mit ihr an der Mathematik-Hausaufgabe, zeichnet Eierpappen auf und läßt Karina mit Eiern jonglieren, damit sie den Zehnerschritt überwinden lernt. »Ich kann das sowieso nicht«, behauptet Karina fest überzeugt und gibt immer wieder auf.

Die Gespräche mit der Lehrerin sind immer sehr nett, und die Lehrerin macht sich die gleichen Sorgen um Karina, sieht aber im Gegensatz zu der Mutter das Kind als intellektuell überfordert an. Außer der Fördergruppe und der intensiven Hausaufgabenbetreuung läßt sich kein Ausweg entwickeln. In der fünften Klasse – Karina geht jetzt seit drei Wochen zur Realschule – bringt sie eine Eins im Diktat nach Hause. Aufsätze, Berichte und kleine Referate schreibt sie völlig ohne Fehler. Und rechnen kann Karina plötzlich auch. Die Eltern sind, wie sie selbst, völlig begeistert. Die deutlich höheren Anforderungen der neuen Schule, verbunden mit der Tatsache, daß diese Leistungen ihr ohne weiteres zugetraut werden, haben Karinas Selbstvertrauen innerhalb kürzester Zeit so aufgemöbelt, daß ihre Probleme wie weggeblasen sind. Für die Eltern ist es offensichtlich, daß Karinas Lernblockaden auf eine eindeutige Unterforderung in der Grundschule zurückzuführen waren.

Oder Jakob: Sein Mathematiklehrer am Gymnasium »kennt seine Pappenheimer« immer sofort. Er weiß, Jakob kann kein Mathe. Jakob hat von Anfang an Schwierigkeiten, den Stoff zu verarbeiten und die Hausaufgaben selbständig zu erledigen, wie es im Gymnasium eigentlich sein sollte. Er schlägt sich mehr schlecht als recht die ersten zwei Jahre mit Vier durch, obwohl er in der Grundschule durchweg auf einer Zwei stand. In Klasse sieben gleich nach der ersten Mathestunde bei einem neuen Lehrer kommt Jakob begeistert nach Hause: »Mami, wir hatten Mathe, und ich hab' alles kapiert! Der Neue kann erklären!« schwärmt er. Sofort steht Jakobs Zwei wieder auf dem Zeugnis – für drei Jahre. Dann übernimmt der erste Lehrer die Klasse wieder, bis zum Abitur. Jakobs Mathenote schrammt gerade noch ganz hart an der Kante zur Fünf entlang.

Tobias, ein sehr stiller Junge, der seit seinem fünften Lebensjahr eine Brille trägt, geht mit großen Erwartungen an seinen ersten Schultag heran. Nach den Spielereien im Kindergarten soll nun endlich der »Ernst des Lebens« beginnen. Der erste Schultag ist ja mehr eine Feier, also lauert er auf den zweiten Tag. Nach zwei Wochen fragt er seine Mutter, wann denn nun der Unterricht anfangen solle, er warte schon so dringend darauf. Leider konnte Tobias schon schreiben, als er in die Schule kam, und rechnen konnte er auch schon ein bißchen, lesen sowieso. Er hatte unentwegt gefragt und sich diese Fähigkeiten auf eigene Faust angeeignet. Die meisten Kinderbücher las er fließend und hatte bereits begonnen, sich für die Zeitung zu interessieren. Schon vor den Herbstferien wollte Tobias nicht mehr in die Schule gehen. Seine Lehrerin sehe ihn immer so komisch an und stelle ihre Fragen immer den anderen, er komme nie an die Reihe, obwohl er sich immer melde. »Das, was die da lernen, kann ich alles schon«, fügt er hinzu.

Im von der Mutter aufgesuchten Gespräch sagt die Lehrerin mit unüberhörbar kritischem Unterton, es sei unverantwortlich, wie »manche Eltern« ihren Kindern die Chance auf eine unbefangene Schulzeit verbauten, indem sie ihnen schon vor dem Eintritt in die Grundschule das eintrichterten, was doch Inhalt der Schule im ersten Halbjahr sei. Dann sei es ja kein Wunder, wenn diese Kinder die Freude am Lernen verlören. Auf den Einwand, auch für Tobias müsse es doch interessante neue Lerngebiete geben, kommt die brüske Antwort: »Was glauben Sie denn, wie ich das machen soll, bei 32 Kindern in der Klasse, und davon spricht ein Viertel nicht mal ordentlich Deutsch!« Die Mutter schlägt vor, Tobias mit ähnlich gelagerten Kindern, von denen es ja sicherlich in den Parallelklassen auch welche gebe, in eine Fördergruppe für besonders schnell lernende Kinder zusammenzuziehen, damit sie ihr nötiges »geistiges Futter« erhalten. Über die Entrüstung der Lehrkraft, was ihr denn einfiele, ob sie meine, ihr Kind sei etwas Besonderes, ist die Mutter so verdattert, daß sie keine Antwort weiß.

Seitdem wird es immer schwieriger, Tobias zur Schule und zu den Hausaufgaben zu bewegen; er hat morgens oft Bauchweh und Kopfschmerzen, aber die Ärzte finden nichts. Die Klassenlehrerin greift ihn inzwischen vor der ganzen Klasse persönlich an: »Na, Tobias, du Oberschlauer, bist du dir wieder zu fein, dich am Unterricht zu beteiligen?« Tobias hat mittags Tränen in den Augen, ist völlig fertig und nur mit Mühe zum Essen zu motivieren. Auf dem Schulhof werde er in den Pausen immer von zwei größeren Klassenkameraden angegriffen und verhauen, und der Rest der Klasse stehe dabei und lache. Die Klassenlehrerin habe heute während ihrer Aufsicht absichtlich weggeguckt, als sie das gesehen habe. Er wolle lieber tot sein, als da weiter hinzugehen – Tobias ist gerade sieben Jahre alt geworden!

Unglaublich, finden Sie? Ich auch! Leider ist auch dies kein Einzelfall, wie die vielfachen Berichte völlig verzweifelter Eltern am Nottelefon des Elternvereins zeigen. Es ist vielmehr der klassische Fall eines kleinen Jungen, der wegen seines Geschlechts und seiner überdurchschnittlichen Intelligenz in der Schule doppelt leiden muß. Mittlerweile ist bekannt und durch Studien untermauert, daß in unseren Schulen Jungen benachteiligt werden und schlechtere Bildungschancen haben als Mädchen. Sogar die Zeitschrift *Wirtschaftswoche* hat im September 2007 einen ausführlichen Artikel darüber veröffentlicht (nicht ohne den Elternverein Nordrhein-Westfalen als Initiator der Diskussion über das Thema zu erwähnen).

Für Tobias' Familie gibt es keinen Ausweg aus dem Dilemma außer einem Schulwechsel. Bei einem reinen Klassenwechsel würde Tobias »sein Ruf« als blasierter kleiner Obermacho vorauseilen und die Aufnahme in die neue Klasse sofort wieder prägen, fürchten die Eltern. Seit neustem dürfen die Grundschulen in den meisten Städten und Gemeinden Schüler aus allen Wohngebieten aufnehmen, aber in manchen Fällen bleibt auch heute nur der Weg zu einer konfessionellen Grundschule, weil der Schulwechsel nur wegen dieses besonderen Profils genehmigt werden kann. Ein anderer Weg ist die Ummeldung des Wohnsitzes der Familie mit allen Konsequenzen. Alle diese Vorgänge bedeuten auf jeden Fall eine unglaubliche seelische und körperliche Belastung für das Kind und eine unzumutbare Härte für die ganze Familie. Und was ist der Hintergrund? Lediglich die Unfähigkeit und mangelnde Bereitschaft einer hilflosen Lehrkraft, auf die individuellen Bedürfnisse ihrer Schüler einzugehen, verknüpft mit einem miserablen Management und einer prekären Ausstattung der Schule.

Eine Mutter erzählte, ihre Tochter Anna sei mit dreizehn auf der Skifreizeit mit ihrem damaligen Klassenlehrer aneinandergeraten, weil dieser ihr und mehreren Mitschülerinnen wiederholt ans Gesäß gefaßt hatte. Sie habe sich gewehrt, die Mitschülerinnen ebenso, schließlich hätten sie dem damals knapp 40-Jährigen fest auf die Finger gehauen, bis sie rot wurden. Er habe darüber nur gelacht und die Mädchen weiter provoziert. Anna habe zunächst nichts davon erzählt, aber über diesen Lehrer immer gestöhnt.

Als sie, die Mutter, von den Vorgängen Kenntnis erhielt, war sie vollkommen entsetzt. Gut ein halbes Jahr war vergangen, und die Tochter verbot ihr, gegen den Lehrer vorzugehen. Seit der Rückkehr von der Klassenfahrt sei er jedoch wie ausgewechselt, hart, unnahbar, unpersönlich und extrem streng, besonders zu den betroffenen Mädchen auch ungerecht. Die Mathematik- und Physiknoten der Schülerinnen seien immer mehr abgesackt, offenbar als versteckte Rache für seine eigene Unbeherrschtheit.

Die Mutter habe, obwohl es ihr schwerfiel, Anna versprochen, diese Geschichte nicht weiterzuverfolgen, befinde sich aber bei jedem Elternsprechtag im tiefen Konflikt mit ihrem Wissen und habe ständig Angst um die Tochter. Vor allem habe dieser Lehrer die Macht, Annas Zukunft mit zwei wichtigen Schulnoten nachhaltig negativ zu beeinflussen, und dieser spannungsgeladene Zustand sei doch unzumutbar. Ein erneutes Gespräch mit der Tochter über die Frage der Anzeige wage sie nicht zu führen, denn es sei inzwischen darüber ja etwas Gras gewachsen, und sie wolle nicht alles wieder aufwühlen.

Etwa ein halbes Jahr später erfuhr ich, daß dieser Lehrer ein Sabbatjahr genommen hatte und möglicherweise nicht an die Schule zurückkehren würde. Ob und welche der Schülerinnen und/oder der Mütter nun ihren Mut zusammengenommen und dem üblen Spiel ein Ende gesetzt hatten, ist nicht bekannt. So einen Schritt überlegt man sich, zumal als junges Mädchen in einer sehr sensiblen Entwicklungsphase, nicht nur zweimal, denn schließlich werden die betroffenen jugendlichen Schülerinnen ja durch ein offizielles Verfahren über eine solche Affäre zur erneuten, möglicherweise wiederholten Aussage und Darstellung der für sie schambesetzten Vorgänge vor völlig fremden Menschen gezwungen. Die jahrelange Ohnmachtserfahrung dieser jungen Mädchen bedeutet eine unglaubliche Entwürdigung und seelische Belastung, die kein Mensch anderen aufzubürden berechtigt ist, und schon gar nicht als Lehrer und

»Staatsdiener« in einer Schule mit der entsprechenden hohen Verantwortung.

Dies sind nur wenige Beispiele, wie es Kindern manchmal in der Schule ergehen kann. Aber ich bin sicher, viele von Ihnen werden hier beim Lesen sagen: »Solche Geschichten kenne ich auch!« Vor solchen und ähnlichen Dingen, gegen die sich eigentlich der gesunde Menschenverstand zu recht sträubt, stehen Eltern leider immer wieder. Die Dunkelziffer solcher Fälle ist unschätzbar hoch, denn es ist nur zu verständlich, daß schon die Kinder selten etwas sagen und die meisten Eltern erst recht den Mund halten. Sie fürchten noch schlimmere Beeinträchtigungen für das Kind und haben ja absolut keine Möglichkeit, es zu schützen. Helfen könnte hier die Einrichtung einer offiziellen, unabhängigen »Vertrauensvollen Konfliktberatung« durch eine unabhängige Person, möglichst an jeder Schule oder zumindest in jeder Stadt, wo entsprechende Vorgänge zunächst unter dem Schutz der garantierten Verschwiegenheit beraten, auf Glaubwürdigkeit überprüft und erst nach ausführlicher Beratung und Entwicklung einer sicheren, die Kinder schützenden Vorgehensweise an die zuständigen amtlichen Stellen weitergegeben wird. Im Zweifelsfall muß zusätzlich eine Art kleiner Dienstweg eingerichtet werden und ein »heißer Draht« ins Ministerium, damit vor allem ohne großes Tamtam die umgehende Beendigung der Belastungssituation für das Kind ermöglicht wird.

Nur um das deutlich zu machen: Es geht mir nicht um Anreicherung der ziemlich verbreiteten, oft unqualifizierten und undifferenzierten Lehrerschelte, sondern es geht mir gezielt um wirkungsvolle Lösungen in besonderen Einzelfällen, die es leider gibt – und leider viel zu häufig.

Zum Trost: Es gibt und gab immer viele großartige, phantastische Lehrer, die von ihren Schülern geliebt, verehrt und hoch geschätzt werden. Sie sind meistens streng und gerecht, geben klare Regeln, die sie selber vorleben, und begegnen ihren Schülern mit warmer Empathie und lebhaftem Interesse für ihre Eigenheiten und ihre Persönlichkeit.

Dazu eine amerikanische Kurzgeschichte, aus dem Gedächtnis nacherzählt – auch zum Nachahmen geeignet:

Eine Lehrerin, die gerade eine recht unruhige und schwierige Klasse in Mathematik übernommen hatte, bat ihre Schüler, die Namen aller anderen Schüler in der Klasse untereinander auf ein Blatt Papier zu schreiben. Dann beauftragte sie die Schüler, über jeden ihrer Klassenkameraden das Netteste neben die Namen zu schreiben, das ihnen einfalle. Es dauerte die ganze Stunde, bis jeder fertig war und sie ihre Blätter der Lehrerin abgegeben hatten.

Am Montag brachte die Lehrerin jeder Schülerin und jedem Schüler »ihre« oder »seine« Liste mit, die sie aus den Aussagen der Mitschüler zusammengestellt hatte. Schon nach kurzer Zeit lächelten alle. »Wirklich?«, hörte man flüstern … »Ich wußte gar nicht, daß ich irgend jemandem was bedeute!« und »Ich wußte nicht, daß mich andere so mögen«, waren die Kommentare. Danach erwähnte niemand mehr die Listen. Aber die Übung hatte ihren Zweck erfüllt. Die Schüler waren glücklich mit sich und mit den anderen.

Einige Jahre später war einer der Schüler in Vietnam gefallen, und die Lehrerin ging zum Begräbnis dieses Schülers. Die Kirche war überfüllt mit vielen Freunden. Einer nach dem anderen, der den jungen Mann geliebt oder gekannt hatte, ging am Sarg vorbei und erwies ihm die letzte Ehre. Die Lehrerin ging als letzte und betete vor dem Sarg. Als sie dort stand, sagte einer der Soldaten, die den Sarg trugen, zu ihr: »Waren Sie Marks Mathe-Lehrerin?« Sie nickte. Da sagte er: »Mark hat uns von Ihnen erzählt.«

Nach dem Begräbnis waren die meisten von Marks früheren Schulfreunden versammelt. Marks Eltern waren auch da, und sie warteten offenbar sehnsüchtig darauf, mit der Lehrerin zu sprechen. »Wir wollen Ihnen etwas zeigen«, sagte der Vater und zog eine Geldbörse aus seiner Tasche. »Das wurde gefunden, als Mark gefallen ist. Wir dachten, Sie würden es erkennen.« Aus der Geldbörse zog er ein stark abgenutztes Blatt, das offensichtlich zusammengeklebt, viele Male gefaltet und auseinander gefaltet worden war. Die Lehrerin wußte fast ohne hinzusehen, daß dies eine der Listen mit den netten Eigenschaften war. »Wir möchten Ihnen dafür danken, daß Sie das gemacht haben«, sagte Marks Mutter. »Wie Sie sehen können, war das für Mark sehr wichtig.« Das hatten die anderen mitbekommen und versammelten sich um die Lehrerin. Charlie lächelte ein bißchen und sagte: »Ich habe meine Liste auch noch. Sie ist in der obersten Schublade in meinem Schreibtisch«. Chucks Frau sagte: »Chuck hat mich gebeten, die Liste in unser Hochzeitsalbum zu kleben.« »Ich habe meine auch noch«, sagte Marilyn. »Sie ist in meinem Tagebuch.« Auch Vicki trug ihre abgegriffene und ausgefranste Liste bei sich und zeigte sie den anderen: »Ich glaube, wir haben alle die Listen aufbewahrt.«

Von diesem langdauernden Effekt einer guten Idee war die Lehrerin völlig überwältigt – damit hatte sie nie im Traum gerechnet.

Höchststrafe für Unterforderung und Entmutigung!

Die vorangegangenen Beispiele zeigen, welche fatalen Folgen Fehleinschätzung der Leistungsfähigkeit der Schüler und Unterforderung in der Schule haben. Dabei spielen die eigene Selbsteinschätzung und Vorurteile von Lehrkräften eine wesentliche Rolle mit. Das zeigen auch Fälle wie der weiter vorn erwähnte von Ahmet, der von der Gesamtschule »abgewimmelt« werden sollte. Obwohl ich hier überwiegend die Elternsicht und die

Schilderungen der Eltern darstelle, die »Gegendarstellung« aus Sicht der Lehrer also weitgehend außer acht lasse, scheint es mir bei der Fülle der Fälle unwahrscheinlich, daß diese Darstellungen wegen starker Übertreibung alle völlig unglaubhaft sind.

Lehrkräften, die jedem einzelnen Kind offen und unvoreingenommen begegnen und seine Entwicklung mit Spannung und Offenheit verfolgen, es mit immer neuen Herausforderungen zu weiteren Leistungen anspornen, kann so etwas nicht passieren. Sie geben ihm den nötigen Freiraum, seine Potentiale zu erschließen und zu entfalten. Was wir Erwachsenen dem Kind zutrauen, läßt es wachsen, seine Fähigkeiten ausschöpfen und erweitern. Unser Zutrauen weckt sein Selbstvertrauen und seinen Glauben in die eigene Stärke.

Genauso funktioniert der Mechanismus aber auch umgekehrt: Traue ich einem Kind nicht zu, daß es diese oder jene Aufgabe bewältigt, gebe ich ihm mit meinen zu niedrigen Anforderungen keinen Anreiz, sich weiterzuentwickeln, dann behindere ich es, beschränke es auf ein Niveau, auf dem es unterfordert ist und stehenbleiben wird – damit untergrabe ich nachhaltig sein Selbstvertrauen. Dabei spielen auch noch etwas subtilere Abläufe eine wichtige Rolle, zum Beispiel die für die Leistung und Anstrengung angemessene Beurteilung. Erteile ich hohes Lob oder eine hervorragende Note für eine Leistung, die das Kind nicht die mindeste Mühe gekostet hat (leider an unseren Schulen erschreckend verbreitet), erziele ich denselben Effekt. Entmutige ich es zudem, wenn es sich Aufgaben vornimmt, die ich ihm nicht zutraue, statt seinen Mut angemessen zu unterstützen, beschneide ich es aktiv in seinen Entwicklungsmöglichkeiten. Das tut zum Beispiel jeder Mathematiklehrer, der einem Kind eintrichtert, es könne Mathe nicht oder sei dafür »zu blöd«. Solche unverantwortlichen Leute gibt es aber nach meiner Erfahrung immer noch an jeder Schule. Es ist fast zum Verzweifeln.

Sie sagen, das ist viel zu dramatisch aufgebauscht? Nein, das ist es nicht. Solche Erfahrungen prägen heranwachsende Menschen für lange wertvolle Jahre, in denen sie sonst diese Stufe längst hinter sich gelassen haben könnten, und das ist leider viel häufiger der Fall, als man es für möglich halten möchte. Es schränkt ihr Selbstvertrauen so ein, daß sie sich nach dem Schulabschluß auf kaum eine Stelle zu bewerben trauen, weil sie sagen: »Die nehmen mich ja doch nicht.« Und damit haben sie dann wahrscheinlich nicht mal unrecht, denn ihr Auftreten bei einem Vorstellungsgespräch wäre wahrscheinlich entsprechend: ohne Selbstsicherheit, ständig im Zweifel, ob das das Richtige ist, was sie hier tun, und ohne überzeugende Ausstrahlung. Aber die ist nun mal das, was in dieser Situation zählt. Die Angst vor weiteren Enttäuschungen lähmt den letzten Rest ihres Zutrauens in die eigenen Fähigkeiten. Auch den öffentlich beklagten Rückgang der Studienbewerber führe ich zum nicht unerheblichen Teil darauf zurück. Ein Hochschulstudium anzustreben fällt ihnen eben sehr schwer, denn das zu schaffen, ist doch bestimmt echt hart. Einen Studienplatz zu kriegen ist bei dem Andrang ja schon ein Kunststück, und ob sie ihr Idealziel, den Traumjob, der ihnen seit Jahren vorschwebt, überhaupt noch irgendwann erreichen, ist ebenfalls fraglich – dafür sind sie doch wahrscheinlich viel zu schwach in Mathe …

Ich möchte vor Wut mit beiden Fäusten auf dem Tisch trommeln, wenn ich junge Leute so mutlos und ohne Antrieb ihre Berufsaussichten analysieren höre. Welcher Erwachsene, vor allem welcher Lehrer, studierte »Pädagoge«, hat das Recht, ihnen derart den Wind aus den Segeln zu nehmen – welcher?

Ein erschütterndes Dokument für alle diese beschriebenen Abläufe – bei allem wirklich amüsanten Galgenhumor, den es enthält – stellt ein 2008 erschienenes Buch von denen dar, die es wissen müssen, denn sie sind von genau diesen Effekten nachhaltig betroffen. Stefan Bonner und Anne Weiss belegen in ihrem Buch *Generation Doof* in verschiedensten Variationen genau diese beschriebenen Mechanismen:

Immer wieder haben wir uns während unseres Schüler- und Studentenlebens über Traumzensuren für durchschnittliche Leistungen gewundert – und natürlich gefreut.

Dass wir den PISA-Fragen nicht gewachsen waren, wurmte uns schon ein wenig. Uns beschlich der Verdacht, dass die Lehrer uns Deppen das Abitur- und Magisterzeugnis nur überreicht hatten, um uns endlich loszuwerden, und weil es sonst mangels intelligenten Nachwuchses überhaupt keine Akademiker mehr in Deutschland gäbe – was der Wirklichkeit leider sehr nahe kommt.

… wer es nicht gewohnt ist, sich ein Thema zu erarbeiten, und lieber seine Informationen kurz, knapp und zusammenhanglos im Fernsehen oder im Internet besorgt, der ist nicht mehr in der Lage, den großen Gesamtzusammenhang herzustellen.

Die Schule kam uns immer wie eine Art Freiheitsberaubung vor.

Die Autoren beschreiben die Probleme bei der Berufswahl, der Jobsuche, den späteren Arbeitsaktivitäten und Lebensweisen und legen die erschreckenden Folgen und Ergebnisse unserer leistungsfeindlichen »Selbstverwirklichungs-Schule« dar. Die in diesem Buch beschriebene Generation ist durch die Verweigerung von fundierter Bildung und Erziehung schwer geschädigt und empfindet diese Tatsache bereits sehr heftig und bewußt. Nur zugeben durfte das bisher keiner, selbst angesichts der PISA-Pleite nicht.

Und auch jetzt werden immer noch nicht überall die richtigen Schlußfolgerungen gezogen. Statt über Verbesserung des Unterrichts, bessere Qualifikation der Lehrer und Verkleinerung der Klassen nachzudenken, lassen manche Leute immer noch Parolen ab, die suggerieren, das gegliederte Schulsystem, die

»Frühselektion« der Schüler und die Noten seien schuld an den Problemen. Diese Parolen kommen genau von den Leuten, die den Karren mit denselben Argumenten so tief in den Dreck gefahren haben.

Wie die Löwenmutter, der Bärenvater

Kinder sind klein und schutzbedürftig. Sie können Gefahren und Gefährdungen noch nicht richtig einschätzen und würden, wenn sie auf sich gestellt wären, sicher Schaden nehmen. Deshalb funktioniert bei den meisten Menschen dieser Mechanismus, die Kleinen zu behüten und ihre Interessen wahrzunehmen, recht gut. Wir setzen uns selbstverständlich für unsere Kinder ein und ebenen ihnen den Weg in eine möglichst gesicherte Zukunft.

Was aber, wenn sie bedroht werden? Wenn wir eine Bedrohung für unser Kind erkennen und es davor bewahren wollen, packt viele von uns eine Wut. Wie kann man ein so hilfloses, schutzloses Wesen derart in Angst und Schrecken versetzen? Wir sind empört und ärgerlich über so eine Zumutung. Und wir reagieren instinktiv und heftig. Es gibt deutliche Worte, oft laute Worte, und möglicherweise sogar Angriffe, Beschuldigungen, Beleidigungen. Wir rasten völlig aus! Und später fragen wir uns, wie es so weit kommen konnte. Was hat diesen »Anfall« ausgelöst?

Die eigenen Kinder zu schützen, ist ein instinktiver Impuls, der unterbewußt abläuft. Wenn wir da nicht sofort die emotionale Kontrolle einschalten, ist das kein Fehler, sondern ein ganz natürlicher Mechanismus. Es ist vollkommen legitim, bei einer offensichtlichen Gefährdung der eigenen Kinder emotional und daher unkontrolliert zu reagieren. Kinder muß man verteidigen, auch fremde! Das ist für viele Eltern einfach selbstverständlich und völlig unreflektiert richtig. Und es ist richtig, auch objektiv betrachtet. Wenn wir als Eltern spontan emotional reagieren und aufgebracht, auf der Palme sind, dann ist das vollkommen in Ordnung. Schließlich verbindet uns mit unseren Kindern ein so starkes Gefühlsgeflecht, daß jeder Angriff auf unser Kind uns selber trifft und verletzt, und die Verletzung eines Kindes empfinden wir noch viel stärker als eine eigene. Daher haben wir genügend Gründe, nicht zu zögern, sondern sofort Partei für das Kind zu ergreifen, dem sicheren Instinkt zu folgen und die ehrlichen Gefühle regieren zu lassen. Gefühle sind für Eltern legitim – *die* Legitimation schlechthin! – und unangreifbar. Darauf können wir uns jederzeit berufen, wenn wir dafür angegriffen werden: »Ich möchte Sie mal in so einer Situation sehen, ob Sie da ruhig bleiben können, wenn so grundlegend an den Fähigkeiten / der Wahrnehmung / der Ehrlichkeit Ihres Kindes gezweifelt wird!« Allerdings darf dies in Auseinandersetzungen mit Lehrkräften nicht zu Borniertheit und störrischem Beharren auf dem eigenen Standpunkt ausarten.

Wir sollten schon in der Lage sein, möglichst direkt nach einem solchen »Ausbruch« durchzuatmen, zu einer sachlicheren Ebene zurückzukehren und uns für die eigene starke Gefühlsanwandlung zu entschuldigen, selbst wenn es nur pro forma ist. Ein derartiger Ausbruch kann als reinigendes Gewitter wirken, aber ohne relativierende Zurücknahme auch schädigende Auswirkungen auf das Verhältnis haben. Deshalb ist es sicher nicht falsch, nach einer zunächst zügellosen Freilassung der Emotionen eine Versachlichung und Mäßigung vorzunehmen, die die Legitimität des Ausbruchs sogar unterstreichen darf: »Es tut mir leid – im ersten Augenblick konnte ich nicht anders«, oder ähnlich.

Wichtig ist, daß wir Handlungsweisen des Kindes, anderer Kinder und der Lehrperson nicht mit zweierlei Maß messen; die Achtung vor jedem Menschen und seinen Rechten muß der Maßstab sein. Die selbstkritische Frage, ob unsere Sicht nicht durch zu starke Subjektivität getrübt ist, kann uns vor unangemessen Reaktionen bewahren. Es ist auch immer hilfreich, die Bemühungen der Lehrkraft zu würdigen. Eine kritische Äußerung kommt besser zur Geltung, wenn sie durch einen positiven Kommentar eingeleitet wird. Das ist eine Gesprächsstrategie, mit der möglicherweise derartige Gefühlsausbrüche schon im Vorfeld vermieden werden können. Eine ganz hilfreiche Technik ist es, wenn es uns gelingt, persönliche Angriffe sofort wieder in die sachliche Ebene hinüberzuretten. Die Lehrkraft bezweifelt zum Beispiel die Glaubwürdigkeit der Aussagen eines Kindes. Ein Streit über die inhaltliche Richtigkeit dieser Aussagen wird an dieser Stelle nichts helfen, weil wir den Zweifel nicht ausräumen können, es sei denn, wir hätten Zeugenaussagen als Bestätigung. Wenn das nicht der Fall ist, kann die sachliche Ebene ganz schnell wieder erreicht werden, wenn wir etwa antworten: »Wir können ja jetzt nicht mehr überprüfen, was sich genau abgespielt hat, aber darauf kommt es ja auch gar nicht so sehr an. Wichtig ist, daß bei dem Kind dieser Eindruck entstanden ist, und der belastet das Verhältnis zu Ihnen und damit die schulische Lernarbeit. Deshalb bitte ich Sie, ein mögliches Mißverständnis zur Sprache zu bringen und auszuräumen – damit ist beiden Seiten geholfen.«

Meistens hilft es auch, über die Ungerechtigkeit oder den Vorwurf des Lehrers erst mal eine Nacht zu schlafen, ehe wir das Telefon zur Hand nehmen und losschimpfen. Am nächsten Tag sehen wir alles mit etwas mehr Abstand und können ruhiger damit umgehen, ohne uns durch einen zu heftigen Ton ins Unrecht zu setzen. Damit ist sicher auch unserem Kind am besten gedient.

Erziehungspartnerschaft Schule-Eltern

Solange für Schule noch Überrumpelung, Einschüchterung und Entmündigung denkbare Umgangsformen mit Eltern sind, haben wir unsere Hausaufgaben nicht gemacht. Transparenz und verständnisvolle Offenheit sind die einzigen Formen, mit denen echte vertrauensvolle Zusammenarbeit erreicht werden kann.

Nun kommen wir Eltern zunächst einmal unvoreingenommen in die Schule, erwarten etwa als selbstverständlich, daß unseren Kleinen Lesen, Schreiben und Rechnen beigebracht wird und sie daran Freude haben, sich diese Fertigkeiten anzueignen und sie einzusetzen, um sich die Welt zu erschließen. Für uns ist es eigentlich auch selbstverständlich, daß die Lehrer genau dasselbe Ziel verfolgen, das uns für die Schule vorschwebt, wir rechnen mit einem vollkommen unzweifelhaften Konsens zwischen allen Beteiligten.

Und dann fallen wir aus allen Wolken, wenn Konflikte auftreten, das Kind unzufrieden oder traurig ist, die Noten oder schlicht die Informationen, die wir aus der Schule erhalten, nicht zu unseren Erwartungen passen. Wer rechnet schon damit, daß Verolina eine Fünf im Aufsatz schreibt oder Axel nach drei Jahren immer noch nicht über hundert hinaus rechnen kann?

Von unseren Eltern kennen wir das: Sie sind zur Schule gegangen, um solche zunächst für sie unverständlichen Dinge zu klären, zu fragen, welche Ursachen diese Entwicklungen haben können, und vor allem, was sie dazu beitragen können, die Entwicklung des Kindes ins Positive zu lenken und zu unterstützen. Und genauso wollen wir es auch machen. Und dann kommt alles anders: Die unbefangene Frage, wie die Dinge zustande kommen, wird als Vorwurf interpretiert, das Angebot, einen Beitrag zur Verbesserung der Situation zu leisten, kommt als Beleidigung und Zweifel an der Professionalität der Lehrkraft an. Ein Wort gibt das andere, und schon schwelt der schönste Konflikt zwischen Lehrer und Eltern.

Nach meiner Erfahrung können wir als Eltern noch so vorsichtig, noch so unvoreingenommen und noch so zartfühlend sein – bei manchen, zum Glück wenigen Lehrersleuten haben wir einfach keine Chance, eine vernünftige Gesprächsbasis herzustellen. Es gibt leider überall Menschen, die sich nicht vorstellen können, daß jemand die Dinge, die er sagt, genauso meint, ohne Hintergedanken, ohne geheimen Vorwurf, ohne versteckte Nebenbotschaft.

Deshalb halte ich es für erforderlich, daß zur Lehrer-Ausbildung eine psychologische Schulung für Elterngespräche gehört, und daß diese Schulung für alle jetzt tätigen Lehrkräfte als Fortbildung auf den Plan gesetzt wird, damit eine gezielte Gesprächsführung auf der rein sachlichen Ebene leichter wird und irgendwann die Regel ist. Individuelle Förderung, wie wir sie durch PISA und alle nachfolgenden Studien und Untersuchungen als erstrebenswert erkannt haben, bezieht intensive Elternbeteiligung mit ein – anders ist sie gar nicht zu leisten. Erziehungspartnerschaft darf nicht länger nur als Worthülse im Äther herumschweben, sondern muß mit Leben gefüllt werden.

Warum haben manche Lehrer solche Angst vor den Eltern? Ich vermute, es liegt an ihrem Selbstverständnis: Sie sind Kritik nicht gewachsen. Sie leiden an dem Mangel an Rückmeldung, vor allem positiver, mangelnder objektiver Kontrolle und Anerkennung und einer daraus resultierenden tiefen Unsicherheit über die eigene Leistung. Sie wissen nicht, können gar nicht wirklich einschätzen, ob sie gut oder weniger gut arbeiten. Sie arbeiten, wie sie es gelernt haben, aber es gibt keinerlei Feedback, ob das nun unzureichend, gut genug oder überdurchschnittlich ist, was sie leisten. Daraus resultiert offenbar Angst, bei Fremdbeurteilung und objektivierenden Leistungsüberprüfungen kämen extreme Defizite ans Licht. Dabei ist das Gegenteil der Fall. Viele Lehrkräfte staunen über die Ergebnisse, wenn sie denn mal Rückmeldung, also »Kritik« an ihrem Unterrichtsstil, ernsthaft zulassen und wahrnehmen. Von vielen Lehrern weiß ich, daß sie zum Beispiel von den Noten, die ihre Schüler ihnen im Internet verpassen, deutlich positiv überrascht sind. Sie staunen über die Menge an Anerkennung, die daraus hervorgeht – nicht über die negative Kritik. Spickmich.de kann nur die treffen, die Angst vor einer selbstkritisch-distanzierten Selbstüberprüfung haben und jeden Kommentar zu ihrer Arbeit als Beleidigung auffassen. Von diesem Internetangebot zur Benotung einzelner Lehrkräfte geht aber ein sehr wertvoller Impuls aus: Die Lehrerverbände rufen ihre Mitglieder dazu auf, eine offene und transparente Rückmeldekultur innerhalb der eigenen Schule einzuführen. Damit können sie die Veröffentlichung im Internet ganz einfach und wirksam aushebeln und gewinnen außerdem einen wesentlichen Mechanismus zur internen Selbstkontrolle und Qualitätsverbesserung dazu.

Wenn daraus auch noch eine Zusammenarbeit unter Kollegen erwächst in der Form, daß man sich gegenseitig über die Schulter sehen läßt bei der Vorbereitung von Stunden und Projekten, Konzepte austauscht, also einander »abkupfern« läßt, aufhört, mit »geistigem Eigentum« zu geizen, und einander teilhaben läßt an neuen Beobachtungen und Erkenntnissen, dabei noch Anregungen für Verbesserungen erntet und außerdem einander in Sachen Weiterentwicklung des persönlichen Umgangs mit den Schülern berät, dann ist man auf einem guten Weg gegen Entmutigung, Demotivation, Frust und psychosomatische Erkrankung. Oft habe ich den Eindruck gewonnen, daß genau diese fruchtbare, unterstützende und schätzende Zusammenarbeit den Lehrerkollegien am meisten fehlt. In Schulen, wo das zum alltäglichen Umgang miteinander gehört – bemerkenswerterweise überwiegend Hauptschulen! –, herrscht eine so ungezwungene, fröhlich-herzliche Atmosphäre, wie ich sie allen Schulkindern und allen Lehrern und auch den dazugehörigen Eltern wünsche.

Für Lehrerinnen und Lehrer ist es einfach Gift, daß sie aus dem System heraus so gut wie keine Rückmeldung, geschweige denn Anerkennung ihrer Arbeit erfahren. Unser elterliches Urteil gilt in ihren Augen meistens nicht, weil es nicht das Urteil von

Fachleuten sein kann, und – wir sind nicht dabei. Diejenigen, die den Unterricht beurteilen können, sind die Kinder – aber wer sind schon Kinder? Die einzigen, die als ernstzunehmende Kritiker infrage kommen, sind Kollegen, und die – ja, die haben keine Zeit zu gegenseitigen Unterrichtsbesuchen, die unterrichten ja gerade nicht das richtige Fach, oder die sind gerade nicht abkömmlich oder wohlwollend genug... Es gibt tausend Hindernisse für eine fruchtbare gegenseitige Beratung und Unterstützung, wenn man Angst davor hat. Aber wenn sie wichtig genug ist, wird man sie gegen tausend Hindernisse durchsetzen.

Gut, woher soll denn die Zeit dafür auch noch genommen werden? Ja, liebe Lehrersleute, das ist natürlich ein schreckliches Problem! Aber es gibt Schulen, da läuft's. Und das sind keine Phantomschulen in irgendeiner traumhaften privaten Trägerschaft mit unergründlichen Ressourcen, sondern das sind erstaunlicherweise vor allem die Hauptschulen, die ich im Rahmen der Jury-Arbeit für den Deutschen Hauptschulpreis besucht habe. Jawohl, von diesen Schulen, die mittlerweile sogar schon als »Brutstätten der Kriminalität« diffamiert werden, können viele andere Schulen sehr viel lernen. Da gibt es Schulen, wo die Kollegen sich schon eine Stunde vor Unterrichtsbeginn zur gemeinsamen Tasse Kaffee treffen, um wirksame Strategien für Problemschüler zu besprechen, und auch um im zwanglosen, nicht zweckgebundenen Gespräch ihre Kontakte untereinander zu pflegen. Da gibt es Schulen, wo jeder Kollege seinen festen Arbeitsplatz in einem Klassenraum hat mit all seinem Material, Internetanschluß, Telefon und – vor allem – festen Anwesenheitszeiten, zu denen sich alle freiwillig verpflichtet haben! Jeder Schüler, jeder Kollege und jede Mutter, jeder Vater kann sie dort außerhalb der Unterrichtsstunden, die sie geben, erreichen. Da gibt es Schulen, wo jeder Kollege seinen Stundenplan aushängt, damit alle anderen – mit Rücksicht auf seine Stunden – spontan Gesprächsbedürfnisse anmelden und befriedigen können. Wo ein Wille ist, ist auch ein Weg.

Eine oft beklagte Facette der Beschwerdementalität an den Schulen ist die Tatsache, daß gerade in der Institution Schule alles darauf gepolt ist, Mängel und Fehler aufzuspüren. Immer wird der Makel als erster Aspekt genannt, auch den Kindern gegenüber. Leider ist das eine der klassischen, typisch deutschen Untugenden, und wir haben es alle mit der Muttermilch eingesogen und müssen hart arbeiten, um das abzustellen – auch ich selber immer noch. Zu unserer Tradition gehört es leider, das halbvolle Glas als halbleer zu sehen und den Balken im Auge des anderen eher als den Splitter im eigenen. Die negative Kritik, oft in vernichtender und demütigender Ausdrucksform, scheint an vielen unserer Schulen Kult zu sein. So kann man ein ganzes System kaputtkritisieren.

Was tun, um diese Haltung umzuwandeln? Ich bin überzeugt, wenn wir es wirklich wollen und uns vornehmen, das zu ändern, jeder einzelne von uns, dann können wir bei uns selbst diese Wandlung in kleinen, aber sichtbaren Schritten erreichen, und wir können andere anstecken, indem wir immer wieder vormachen, wie es geht, und dadurch spürbar machen, wie gut es tut, vor jedem Tadel ein anerkennendes Lob zu hören! Dabei soll natürlich keiner lügen, aber für mich steht fest, daß es bei jeder nicht zufriedenstellenden Handlungsweise oder Leistung einen Aspekt des guten Willens gibt, den man hervorheben und anerkennen kann – wenn man nur will.

Nun zurück zu den Kindern: Als Eltern sind wir ganz einfach in der Pflicht, unsere Kinder mit einer positiven Einstellung in die Schule zu schicken. Das fängt mit der Grundlage an, einem gesunden Frühstück in Ruhe, und geht weiter mit der Motivation zum Lernen – das ist nun mal der »Hauptjob« unserer Kinder –, und das endet noch lange nicht bei der vollständigen Ausrüstung mit Material, Sportzeug, Pausenbrot und -obst. Wichtig ist, daß wir Eltern unseren Kindern deutlich machen, daß die Schule in ihrem Leben an erster Stelle stehen muß. Entsprechend müssen wir auch dahinterstehen und unsere Zeiteinteilung darauf einrichten, daß der regelmäßige Wochenrhythmus der Familie erstens eine ruhige Grundsituation herstellt und zusätzlich den Tagesrhythmus der Schulkinder unterstützt und einbettet. Wie schon weiter vorn erläutert: Das sind wir unseren Kindern schuldig.

Eine französische Praktikantin an einer deutschen Realschule wurde bei der Verabschiedung gefragt, ob es wesentliche Unterschiede zwischen den deutschen und den französischen Schulkindern gebe. Ihre Antwort: »Wenn französische Eltern ihre Kinder an der Schule verabschieden, sagen sie: Sei schön fleißig! Die deutschen Eltern wünschen ihren Kindern viel Spaß.« Wenn wir weiterhin die Schule als Spaßveranstaltung mit Kuschelpädagogik ansehen und unseren Kindern diese Erwartung vermitteln, brauchen wir uns über einen Mangel an Leistungsbereitschaft und Eigeninteresse nicht zu wundern. Wer Kindern verschweigt, daß Lernen auch mühsam ist und Anstrengung voraussetzt, damit man hinterher an seinem Erfolg um so mehr Freude hat, betrügt sie um eine wertvolle Erfahrung. Sie haben keine Chance, die eigene Leistungsfähigkeit auszuloten und ihre stillen Reserven zu mobilisieren und damit wachsen zu lassen. Erst die Erfahrung, daß wir etwas gemeistert haben, was wir uns vorher nicht zugetraut hätten, läßt unser Selbstvertrauen wachsen und uns Sicherheit gewinnen, daß wir auch die nächste Herausforderung schaffen können und uns weitergehende Ziele setzen können.

Damit setze ich mich nicht für eine ständige Überforderung und Ehrgeizveranstaltung in der Schule ein, denn die würde den Schülern Erfolge vorenthalten. Wenn ich aber heute Schüler über die Anforderungen in den zentralen Abschlußprüfungen klagen höre, hege ich doch gehörige Zweifel daran, daß wirklich die Anforderungen das falsche Niveau haben. Hier scheinen ganz andere Kenngrößen nicht genug aufeinander abgestimmt zu sein. Es gibt zunehmend Schüler, deren Eltern ihre Kinder aus falsch verstandenem stellvertretendem Ehrgeiz und oberflächlichem Imagedenken, sicher auch einer Verführung vieler Mediendarstellungen folgend, auf das Gymnasium schicken – ohne Rücksicht auf Interessen und Veranlagungen ihres Kindes.

Sie tun ihren Kindern damit keinen Gefallen. Die anhaltenden Mißerfolge und die Notwendigkeit, das Niveau mit täglichem Nachhilfeunterricht in allen Fächern gerade eben zu halten, während diese Kinder gleichzeitig andere vor Augen haben, die mal eben »locker mit links« die Supernoten hinzaubern, beschädigen ihr Selbstbewußtsein und das Vertrauen in die eigenen Fähigkeiten und Kräfte. Sie schaffen »es« ja nicht ohne dauernde, von den Eltern angeforderte und finanzierte Wissensinfusionen in Form von ständigem Nachhilfeunterricht, werden sich also immer weniger aus Eigeninitiative an die Erschließung neuer Inhalte machen und immer weniger an ihre Eigenständigkeit und Selbstorganisation glauben. Wenn dann auch noch der Wechsel zur Realschule unausweichlich wird, möglicherweise sogar die Realschulen alle belegt sind und »nur« noch eine Hauptschule das Kind aufnimmt (Hauptschulen können keinen Schüler ablehnen), ist die Schmach kaum mehr zu ertragen. Die Scham der Eltern belastet so ein Kind noch zusätzlich, das Gefühl, völlig versagt zu haben, unbrauchbar zu sein, wirkt sich zerstörerisch aus.

Der umgekehrte Fall ist sicher ebenso wenig ideal. Welche negativen Folgen andauernde Unterforderung hat, habe ich ja schon hinlänglich beschrieben und dargestellt. Es kommt einfach darauf an, daß die richtige Schule für das jeweilige Kind gewählt wird, und dabei können am besten immer noch die Grundschullehrer helfen. Sie sehen alle Kinder, erleben ihre Art, sich neue Inhalte anzueignen und eigenes Interesse umzusetzen, und kennen die Anforderungen an Hauptschulen, Realschulen und Gymnasien. Sie können den Eltern an der Leistungsfähigkeit und Aufnahmekapazität des Kindes orientiert unvoreingenommen und ohne die Bedienung von Vorurteilen als unabhängige Beobachter raten. Jedenfalls sollte es so sein! Diese

Aspekte sollten die einzigen sein, nach denen die weiterführende Schule ausgewählt wird. Es kommt doch darauf an, daß das Kind dort genügend Anreiz zur Eigenaktivität und genügend Nahrung für seine Neugier bekommt und außerdem an Herausforderungen und Entwicklungschancen keinen Mangel hat. Das Kind und seine Möglichkeiten, seine Begabungen und Interessen zu entfalten und zu erweitern, müssen der alleinige Maßstab für diese Entscheidung sein.

Leider scheitert diese Idealvorstellung zu oft an der Beschränktheit und den Vorurteilen mancher Lehrkräfte. Wenn dazu dann noch politisch-ideologische Theorien und irreführende Medienberichte kommen, ist die Fehlleitung der Eltern und damit der Kinder komplett. Seit den letzten rot-grünen Regierungen steht in Nordrhein-Westfalen leider auf jeder Grundschulempfehlung zwangsweise der Passus »… oder Gesamtschule«. Und es gibt leider sehr viele Lehrkräfte an Grundschulen, die den Eltern – entweder aus mangelnder Kenntnis oder aber aus eigener ideologischer Verblendung – die Gesamtschule für ihr Kind ans Herz legen, weil es dort ja »alle Wege offen« habe, also leichter das Abitur machen könne. Warum sie das Abitur für jedes Kind propagieren, ist mir völlig unverständlich. Wie kann man als Pädagoge Eltern und Kindern vormachen, jeder müsse und könne die allgemeine Hochschulreife erlangen? Damit werden Standards gesetzt und Erwartungen geweckt, die an den natürlichen Gegebenheiten und den Anforderungen des Lebens völlig vorbeigehen. Gleichzeitig wird damit als selbstverständlich suggeriert, nur mit Abitur sei ein Mensch »brauchbar« für die Gesellschaft. Aber was für einen Wert hat ein solches Abitur?

Wichtig ist doch, daß – ich wiederhole mich – jedes Kind im Mittelpunkt dieser Überlegungen steht, nicht der Bedarf der Gesellschaft oder der Wirtschaft, des Arbeitsmarktes. Wichtig ist doch, daß jedes Kind sein Potential entfalten und sich zu der eigenen, in ihm angelegten Persönlichkeit entwickeln kann.

Wichtig ist also, daß jedes Kind möglichst vielen Menschen begegnet, die es mit Respekt betrachten und anerkennen, es unterstützen im Erkennen und Entwickeln der eigenen Fähigkeiten.

Unterschiede der sozialen Herkunft und der familiären Prägung führen dazu, daß Kinder zu oft genau dieses Ziel nicht erreichen können – das ist ein nachgewiesener Mangel unseres Schulsystems. Streitig ist aber der Weg, wie man diesen Mangel beheben kann. Durch Ausbremsen der schnelleren Kinder, die Strategie unserer Schulpolitik seit vielen Jahren, tut man den benachteiligten keinen Gefallen, man behindert und bremst nur das gesamte Bildungsniveau aller Kinder; das sehen wir heute dank PISA und anderer Studien endlich klar. Die Ewiggestrigen, die immer noch die Einheitsschulforderungen vertreten, sind eine deutliche Minderheit in unserer Gesellschaft – sie schreien nur am lautesten. Dadurch haben sie aber nicht automatisch recht mit ihren Forderungen, sondern sie setzen die katastrophale Ausbremsstrategie fort, nur unter neuen schönfärberischen Namen.

Was aber hilft, die Chancen der benachteiligten Kinder zu erhöhen? Es hilft zunächst der unverstellte Blick auf jedes einzelne Kind mit seinen Anlagen und Interessen und eine vernünftige Einschätzung der Unterstützung, die das Kind braucht. Dann muß die Frage geklärt werden, wie und durch wen diese Unterstützung zu gewährleisten ist. Nach vielen wissenschaftlichen Studien und Erhebungen ist die Lernmotivation in hohem Maße abhängig von personalen befruchtenden Begegnungen, von persönlichen Beziehungen zu Menschen, die Ehrgeiz wecken und Selbstvertrauen stärken. Lernarbeit ist Beziehungsarbeit – Lehrerarbeit ebenso. Wenn die entsprechende Unterstützung aus der Familie und dem Rückhalt des sozialen Umfeldes nicht geleistet wird, genau dann ist die Schule dran, die Lehrerin und der Lehrer, denen das Kind in der Schule auf Gedeih und Verderb ausgeliefert ist.

Das meine ich wörtlich. Manchmal habe ich den Eindruck, Lehrern ist oft die eigene prägende und damit hoch verantwortliche Wirkung auf ihre Schüler gar nicht bewußt. Wie soll ein Kind, dessen Eltern gleichgültig oder aggressiv mit ihm umgehen, nur durch die tägliche Konkurrenzsituation mit Kindern aus »guten« Elternhäusern besser zum Lernen motiviert werden? Umgekehrt funktioniert der Mechanismus: Durch die Erfahrung, daß es nicht allein ist in dieser Situation, und durch zugewandte, aber strenge Anleitung zum Entwickeln von Disziplin und eigener Stärke kann es herausfinden, daß es zu viel mehr Eigeninitiative und Selbstbestimmung in der Lage ist, als es sich bisher vorstellen konnte – es kann aus den desolaten Verhältnissen, aus denen es kommt, herauswachsen. Das muß das Ziel jeder schulischen Bemühung sein, wo soziale Benachteiligung vorliegt.

Ich gebe zu, das ist sicher eine Idealvorstellung, an die wir uns auch in Jahrhunderten nur annähern können. Aber sich dieses Ziel zu setzen, ist der erste Schritt in die richtige und notwendige Richtung, not-wendig im wahrsten Sinn des Wortes, denn es handelt sich um eindeutige geistige Not, in der die betroffenen Kinder sich befinden. Oft kommen sie gar nicht auf die Idee, sie könnten sich für mehr Dinge im Leben interessieren als ihre Eltern. Oft sehen sie gar nicht, wie viele Möglichkeiten es gibt, sich von den Herkunftsverhältnissen wegzuentwickeln und eine schwierige Vergangenheit hinter sich zu lassen. Aber genau die gibt es, und unser Schulsystem hält jedem die Tür offen.

Wenn diese Möglichkeiten nicht ausgeschöpft werden, liegt es nicht an dem System mit seiner Untergliederung, sondern es liegt an den Lehrern. Ja, diese Aussage treffe ich wohlwissend, daß sie nicht überall Jubel verursachen wird. Aber ich stehe dazu und halte diese These für zutreffend. Zu oft habe ich gehört, daß Lehrkräfte Kindern nicht Mut zu höheren Lernleistungen machen, sondern sie abkanzeln: »Du bist dafür sowieso zu blöd!« So etwas ist wirklich untragbar, an jeder Schule. Lehrer müssen Motivierer, Ansporner, Stärker für die Kinder sein, sie als Profis müssen die Kinder dazu herauslocken, sich alles abzuverlangen und über sich hinauszuwachsen, das ist – verdammt noch mal – ihr Job. Sie sind diejenigen, in deren Händen das Schicksal gerade der Kinder liegt, die von zu Hause nicht genug getragen und unterstützt werden – das ist in vielen Köpfen immer noch nicht angekommen.

Zurück zur Erziehungspartnerschaft Schule-Eltern: Man kann trefflich darüber streiten, wer denn in dieser Zusammenarbeit den ersten Schritt machen sollte, oder wer die besseren Möglichkeiten dazu hat. Sicher ist, daß dieser Schritt notwendig ist, um Elfenbeintürme zu verlassen und endlich bei den Erforderlichkeiten anzukommen, ganz pragmatisch gesehen. Und die Profis in dieser Thematik, das muß ich leider immer wieder so sagen, sind nun mal die Lehrer – oder sollten es sein. Professionalität im Lehrerberuf muß diese Zusammenarbeit auf gleicher Augenhöhe selbstverständlich mit beinhalten.

Dabei können auch Eltern von Lehrern viel lernen, was die Unterstützung ihrer Kinder in ihrer schulischen Entwicklung betrifft. Daß Eltern die Grundlagen legen, die Kinder erst schulfähig machen und ihnen die Basis für ein konzentriertes, effektives und damit zufriedenes Lernen vermitteln, ist offenbar auch einer Vielzahl von Eltern nicht bewußt. In vielen Familien findet man mittlerweile die weiter vorn schon beschriebene Selbstbedienungs- und Versorgungsmentalität, also die einer ungenierten Verfolgung eigennütziger Ziele und Ansprüche. Gleichgültigkeit gegenüber der Entwicklung der Kinder, auch der eigenen, ist bei weitem keine schichtenspezifische Erscheinung, sondern kommt als Form der Wohlstandsverwahrlosung in hochgebildeten und begüterten Familien ebenso vor wie als Konsequenz von Armut und sozialem Abstieg, die bis zu Gewaltbereitschaft und/oder Alkohol- und Drogenmißbrauch führen können.

Ohne hier alle gesellschaftlichen Randerscheinungen bis ins Kleinste zu analysieren, kann man sicher die Aussage treffen, daß auf dem Gebiet der konstruktiven achtungsvollen Zusammenarbeit zwischen Lehrkräften und Elternhäusern viel Arbeit vor uns liegt und wir alle gut daran tun, diese Arbeit sofort und konsequent in Angriff zu nehmen, zum Wohl jedes einzelnen Kindes, das jetzt, heute, morgen und in diesem Schuljahr, von den Früchten dieser Arbeit profitieren könnte. Auf das Gelingen von Reformen oder eine mutwillige Zerschlagung des Schulsystems zu warten, wäre unverantwortlich und diesen Kindern gegenüber rücksichtslos – wir können jeder etwas beitragen und sind dazu verpflichtet, unseren Beitrag zu leisten.

Eltern: starke Partner der Schule

In der Regelung der Entscheidungen über Schule und deren Inhalte sind Eltern als wichtige Beteiligte grundsätzlich mit eingebunden. Sie haben als Partner in der Konzeption und Organisation von Schule mit ihren Gesichtspunkten eine bedeutende Rolle. Allerdings ist es nicht ohne Einsatz und Anstrengung möglich, diese Rolle auch auszufüllen.

In der Grundschule beginnt man mit der Elternarbeit, nachdem man im Kindergarten vielleicht hin und wieder einen Beitrag geleistet hat, aber mit den pädagogischen Konzepten und den Zielsetzungen der eigentlichen erzieherischen Arbeit wenig befaßt war. Als Grundschuleltern und Neulinge sind wir zumeist erst einmal abhängig davon, wie stark die Klassenlehrerin oder der Klassenlehrer uns in die schulische Arbeit einbindet, welche Informationen wir erhalten, und was von uns erwartet wird.

Meistens geht es ums Kuchenbacken für den gemütlichen Kennlernnachmittag, um die Salate für den Grillabend, die

Dekoration beim Schulfest oder die Begleitpersonen für den Klassenausflug. Auf anderen Themengebieten trauen wir uns zunächst vielleicht auch wenig zu, weil wir noch nicht genug davon verstehen. Das reicht aber nicht. Schulmitwirkung und Mitbestimmung sind etwas anderes.

Elternabende sind vor allem dazu da, die Unterrichtsinhalte und Vermittlungskonzepte kennenzulernen und über den Wissensstand der Kinder und ihre Fortschritte zu beraten, damit wir zu Hause die schulische Arbeit konstruktiv unterstützen können. Lehrer sollten mit den Eltern eine sachlich-konstruktive Gesprächsbasis aufbauen und sie beraten, welchen Beitrag sie zum Schulerfolg ihrer Kinder leisten können. Das ist aber leider selten – also sollten wir Eltern dazu die Initiative ergreifen, wenn sie nicht von der Lehrkraft ausgeht. Dazu ist es hilfreich, Gemeinsamkeiten zu entwickeln und Ziele klar zu formulieren. Lehrer müssen dabei die Führungsrolle übernehmen, weil sie die Fachleute sind, aber wir Eltern haben ein Recht darauf, mitgenommen und eingeweiht zu werden. Wir dürfen die Gepflogenheiten der Schule kennenlernen, dürfen sie aber auch in Frage stellen.

Wir dürfen auch Fehlverhalten ansprechen und Korrekturen verlangen. Es ist ratsam, das nicht als »Einzelkämpfer« zu tun, sondern eine Koalition aus mehreren Eltern zu bilden. Ganz gleich, ob es sich um Fehlverhalten von Kindern oder auch von Lehrern handelt, ist es immer besser, man geht dagegen nicht allein vor, sondern sucht zunächst andere Eltern, die derselben Ansicht über die kritisierten Vorgänge und dazu bereit sind, gemeinsam aufzutreten. Als einzelner Elternteil exponiert man sich zu sehr persönlich und kann unter Umständen nicht verhindern, daß das eigene Kind Hauptleidtragender des Konfliktes wird, selbst wenn es ursprünglich überhaupt nicht beteiligt war. Außerdem sollten Gespräche immer mindestens zu zweit geführt werden, damit unsachliche Kommentare unterbleiben und niemand nachträglich die Dinge verdreht.

Schulische Konflikte sind in den meisten Fällen höchst emotionsgeladen. Das liegt einerseits daran, daß für uns Eltern alles, was unsere Kinder betrifft, mit vollem Recht mit Gefühlen verbunden ist, wir deshalb auch gefühlsmäßig reagieren. Dabei kommt es vor, daß wir meinen, wir hätten unser Anliegen nicht nüchtern und verständlich genug vorgetragen, uns also stark verunsichern lassen. Andererseits liegt es auch daran, daß Lehrer oft schon von vornherein damit rechnen, daß emotionale Reaktionen kommen, und entsprechend reagieren mit der Abwehr von Angriffen, die wir gar nicht als Angriff gemeint haben, wo wir uns also mißverstanden und fehlinterpretiert fühlen. Das Ergebnis ist, daß auf beiden Seiten der Eindruck entsteht, die andere Seite sei überhaupt nicht gesprächsbereit. Dann haben wir den Konflikt nicht gelöst, wie eigentlich angestrebt, sondern vertieft.

Besser ist es also, wenn es uns gelingt, die emotionale Ebene möglichst auszuklammern, und das ist zu zweit oder mehreren immer leichter. Dann kann auch ein anderer rechtzeitig mäßigend eingreifen und ein Aufheizen des Gesprächsklimas verhindern. Bei einer Auseinandersetzung auf sachlicher Ebene, bei der wir die Gefühlslage nicht verschweigen, aber rein sachlich kommentieren, haben wir viel größere Chancen auf Erfolg. Statt der Lehrkraft Vorhaltungen zu machen: »Sie haben unseren Sohn ungerecht behandelt!«, kann man sagen: »Unser Sohn fühlt sich ungerecht behandelt.« Diese Aussage ist sachlicher und dabei viel klarer. Wir trennen zunächst das Gefühl des Kindes von unserem und vertreten seine Belange als eine Art unbeteiligter Anwalt, übernehmen sie nicht blind und ungeprüft, sondern geben der Lehrkraft die Möglichkeit zur Richtigstellung und Erläuterung ihrer Sicht der Vorgänge. Dann kann man immer noch erklären, daß das beim Kind aber anders angekommen ist, und der Lehrkraft nahelegen, daß sie das Kind beiseite nimmt und die Hintergründe mit ihm direkt ins reine bringt.

Wichtig ist immer, dafür zu sorgen, daß ein Vermittlungsversuch dazu führt, daß die direkte Kommunikation zwischen Lehrkraft und Kind verbessert wird. Es nützt wenig, wenn wir als Dritte unseren Kindern die Kommentare des Lehrers wiedergeben, wie wir sie verstanden haben, und dem Lehrer wieder die Antworten des Kindes, und die Verständigung zwischen Lehrer und Schüler läuft dann immer über diese Schiene. Lehrer können von uns lernen! Sie sind für eine gute Verständigung mit den Kindern selbst zuständig, aber wir können das Echo spiegeln, das zu Hause ankommt, und diese wichtige Information mit ihnen teilen. Lehrer sollten diesen Aspekt der Elternkontakte als wichtige Unterstützung begreifen und die Möglichkeiten dazu wesentlich stärker nutzen – zum Wohl der Kinder und des erfolgreichen Unterrichts.

Eltern können auch viel aus eigenem Impuls bewegen, wenn sie auf das Lehrerkollegium offensiv mit abgesicherter Hintergrundinformation zugehen. Es ist eine Frage der Strategie: Nehmen Sie ein Thema in den Fokus, das gerade vielen Eltern auf den Nägeln brennt und viele Schüler belastet, zum Beispiel schlecht abgesprochene, zeitlich gehäufte Klassenarbeiten, zu viele Freistunden, die vergammelt werden, oder ähnliche Ärgernisse. Ehe Sie an der Schule Ihre Überlegungen dazu erwähnen, sollten Sie sich so viel verläßliche Hintergrundinformationen besorgen, wie Sie kriegen können. Benutzen Sie nicht nur Wikipedia, ein oft sehr unzuverlässiges Internet-Portal, wo jeder x-beliebige Teilnehmer nach Gutdünken Änderungen vornehmen kann, sondern lieber die Internetseiten der Kultus- oder Schulministerien, die Bildungsportale und die Angebote der Elternverbände, deren grundsätzliche Aussagen und Ziele Ihnen gut verständlich und sinnvoll erscheinen, und stellen Sie alle Informationen zusammen, um einen Überblick zu bekommen.

Erst nachdem Sie die Gesichtspunkte mit anderen Elternvertretern abgewogen und eine Entscheidung über die gemeinsame grundsätzliche Zielrichtung getroffen haben, sollten Sie einen Termin für das Gespräch mit der Schulleitung vereinbaren. Vor dem Termin sollten Sie genug Zeit haben, um die Generalrichtung mit möglichst allen in den Mitwirkungsgremien beteiligten Eltern abzusprechen und sich eine detaillierte Strategie zurechtzulegen: Wie reagieren wir auf diese und jene Erwiderung? Was antworten wir auf diesen oder jenen Einwand? Wie verhalten wir uns bei diesem oder jenem Vorwurf?

Sie werden sehen, es lohnt sich sehr, sich darüber einmal soviel Gedanken zu machen, denn man schult sich selbst in Strategie und in der Wahrung der sachlichen Ebene. Damit macht man sich fit gegen jede Art des Angriffs auf der persönlichen Ebene; das gilt ebenso für alle Lehrkräfte, die dies möglicherweise lesen. Persönliche Angriffe geschehen in der Regel dann, wenn die Sachargumente fehlen. Die Weiterführung einer Auseinandersetzung auf der Ebene der persönlichen Angriffe und Schuldzuweisungen wirkt sich – ich behaupte: immer! – zum Schaden der Kinder aus.

Deshalb ist es das oberste Gebot, die gemeinsame Zielsetzung von Eltern und Lehrkräften vornan zu stellen und ein Maximum an Gemeinsamkeiten herauszuarbeiten. In vielen Gebieten kann unsere Mitarbeit und Unterstützung der Schule und den Lehrern nur nützen und willkommen sein – und das muß unser Ziel sein.

5. Starke Eltern haben Einfluß

Elternrechte, Elternpflichten

Die Erziehung der Kinder ist das natürliche Recht der Eltern und die zuvörderst ihnen obliegende Pflicht. So lautet Artikel 6 Absatz 2 Satz 1 unseres Grundgesetzes, also unserer Staatsverfassung.

Dies ist einerseits eine Garantie, andererseits eine klare Verpflichtung. Die Garantie besagt, daß die Eltern wie niemand sonst bestimmen dürfen, nach welchen Grundsätzen und zu welchen Zielen ihre Kinder erzogen werden sollen. Andererseits haben sie die Pflicht, aktiv diese Ziele und diese Grundsätze festzulegen und für die Erziehung in dieser Richtung die Grundlagen zu erarbeiten.

Allerdings sind Eltern durch diese Regelung nicht vollkommen frei in ihren Zielsetzungen, sondern haben gleichzeitig noch viele andere Regeln einzuhalten. Schließlich schützt der Staat die Familie nicht ganz uneigennützig; er erwartet dafür, daß der Nachwuchs zu verantwortlichen Staatsbürgern erzogen wird. Dazu gehört die Befolgung der Schulpflicht, deren Durchsetzung sogar mit Sanktionen bewehrt ist.

Aber schon lange ehe die Schulpflicht einsetzt, sind in der Kindererziehung so viele Weichen gestellt, über die bis vor kurzem noch niemand besonders nachgedacht hat – sie waren einfach selbstverständlich. Man hielt es für unzweifelhaft, daß Eltern ihre Kinder mit Nahrung und Kleidung versorgen, ihnen die Sprache ihres Landes beibringen, sie an Grundwerte und ethische Normen heranführen, ihnen alle ihnen möglichen Anregungen und Anreize zuteil werden lassen, damit sie zu selbständigen, mündigen, urteilsfähigen und ethisch anspruchsvollen Mitgliedern der Gesellschaft heranwachsen.

Dies Vertrauen in elterliches Verantwortungsbewußtsein ist in den letzten Jahren immer mehr geschwunden. Und es hat den Anschein, daß diese Entwicklung durch den Schwund dieses Verantwortungsbewußtseins hervorgerufen worden ist. Wie oft hören wir inzwischen Berichte aus Kindergarten und Grundschule von unerzogenen, vernachlässigten Kindern, die nicht sprechen gelernt haben, keine einfachste Regel einhalten können, sich nicht einmal selbst an- und ausziehen können. Und sie kommen beileibe nicht nur aus Familien mit fremden Wurzeln. Die gehäuften Medienberichte über Gewalt von Eltern gegen ihre Kinder, sogar mit Todesfolge, sollen hier nicht noch zusätzlich aufgeblasen werden – wir kennen alle die Vorliebe der Medienleute für spektakuläre Berichterstattung.

Das alles spricht jedoch eine deutliche Sprache, auch wenn man einen gewissen Anteil daran sicher der gewachsenen Vernetzung und Informationsdichte zuschreiben kann. Die Konsequenz bedeutet, daß Eltern stärker in die Pflicht genommen werden müssen, denn ihre Rechte einzufordern scheinen sie weniger Probleme zu haben. Jedenfalls sind Probleme auf diesem Gebiet gesellschaftlich viel seltener wahrzunehmen, nimmt man einmal die besondere Situation Alleinerziehender aus, die oft auf besondere Hilfe angewiesen sind, sie aber nicht erhalten. Das Anspruchsbewußtsein der Bevölkerung ist in etwa demselben Maße gewachsen, wie das Bewußtsein für Verpflichtungen geschwunden ist. Dazu hat die Politik einen sehr wesentlichen Beitrag geleistet.

Je mehr der Staat den Bürgern abnimmt, je mehr von seiten der Gesetzgeber und der Behörden geregelt, vorgeschrieben, subventioniert und finanziert wird, desto mehr wird den Bürgern die Verantwortung aus der Hand genommen. »Das Amt wird schon alles regeln« und »Darauf habe ich einen Anspruch«

sind zentrale Denkweisen, die das Verhalten nachhaltig prägen. Häufig wird von Politikern mit einem »Anspruch« argumentiert: dem Anspruch auf Hartz IV, auf Rente, auf Ausbildung, auf einen kostenlosen Kindergartenplatz, auf flächendeckende Betreuung für Kleinkinder, auf Ganztagsbetreuung in der Schule. Kein Wunder, daß immer mehr Menschen sich bequem zurücklehnen und von unserem perfekten »sozialen Netz« auffangen lassen wie von einer Hängematte. Kein Wunder, daß immer mehr Eltern der Meinung sind, für ihre Kinder sei alles ohne ihr Zutun geklärt. Der Staat übernimmt die Betreuung von der Geburt an, regelt alle Übergänge und übernimmt die Vollkasko-Verantwortung von der Wiege bis zur Bahre. Er beansprucht die »Lufthoheit über den Kinderbetten«, wie Peter Glotz (SPD) Anfang dieses Jahrtausends sogar wörtlich sagte.

Nun hat jeder von uns die Wahl, ob er diese staatliche Übernahme der Verantwortung als Befreiung und willkommene Entlastung willkommen heißt oder als Bevormundung und Entmündigung ablehnt und zurückweist. Das ist aber im Grunde eine politische Gewissensentscheidung: Sozialismus und Fremdbestimmung oder demokratische Mitverantwortung.

Erschwerend kommt hinzu: Unser Wohlstandsstaat lockt seit vielen Jahren lustig weiter Menschen aus anderen Ländern an, bei denen sich herumspricht, daß man in Deutschland auch ohne Arbeit Geld bekommt, krankenversichert ist mit Kind und Kegel und zumindest eine »Duldung« bekommt, deren Ende immer wieder verlängert wird; sogar die Urgroßmutter aus Kurdistan kann kommen, damit hiesige Zahnärzte ihr auf Gemeinschaftskosten ein neues »Eßzimmer« verpassen. Wer die Bücher der türkischstämmigen Soziologin Necla Kelek gelesen hat, weiß, wovon ich hier so salopp spreche. Unser Sozialstaat mit seinen Versorgungssystemen schrammt seit Jahren ständig hart am Kollaps entlang, weil immer mehr »Anspruchsberechtigte« von immer weniger »Beitragszahlern« finanziert werden müssen.

Nur durch eiserne Sparmaßnahmen kann der drohende Zusammenbruch verhindert werden. Aber wo wird gespart? Der Weg des geringsten Widerstands gilt als der natürlich gegebene. Die Gruppen, die sich am wenigsten wehren können, müssen am meisten abgeben, am stärksten verzichten. Seit Jahrzehnten sind das unsere Kinder, vor allem durch Sparmaßnahmen in der Schule. Die Summen, die im Zusammenhang mit dem Bankenfiasko im Herbst 2008 genannt werden, 400 Milliarden Euro für die »Rettung der Wirtschaft«, stehen im krassen Widerspruch zu gerade einmal 6 Milliarden, die die Bundesregierung für Bildung ausgeben will. Sie haben es immer noch nicht kapiert: Das Wertvollste, was wir haben, sind unsere Kinder, und die Zukunft unserer Existenz, der Wirtschaft, des Arbeitsmarktes, unserer Rente (!) hängt ganz wesentlich von ihrem Lebenserfolg ab – und damit direkt von ihrer Bildung! Hätten wir früher in solide Bildung und die Erziehung zu ethischen Werten und sozialem Verantwortungsbewußtsein investiert, dann hätten wir diese Probleme jetzt vermutlich alle nicht.

Es gibt nur einige wenige Stellen, wo nicht fehlende Investitionen zu beklagen sind: Dort, wo von vorbildlichem Unterricht in hervorragenden Schulen die Rede ist und Vorzeigebeispiele hochstilisiert werden, sieht man beim Lüften des Schleiers nämlich Vorzugsbehandlung und Privilegien: zum Beispiel eine besonders gute Ausstattung mit Lehrerstellen, Sozialarbeitern, Psychologen, besonders kleine Klassen und Lerngruppen, tolle moderne Gebäude, einen überwiegend bürgerlichen und daher besonders bildungsbewußten Einzugsbereich oder insgesamt überdurchschnittlich bevorzugte Verhältnisse. Das trifft besonders für Gesamtschulen, Modellschulen und Sonderprojekte zu, wo manchmal unbestreitbare Erfolge als moderne Errungenschaften angepriesen werden. Diese Erfolge sind nur mit den beschriebenen entsprechenden Ressourcen möglich. Hauptschulen sind in den meisten Bundesländern, wo sie überhaupt existieren, die absoluten Stiefkinder in Bezug auf solche Unterstützung. Sie müssen – auch die, die zu Recht den Deutschen

Hauptschulpreis zuerkannt bekommen haben – ohne solche Vorzugsbehandlung auskommen.

»Die« Schulen sind anders. »Die« Schulen haben Klassengrößen selten unter 28, oft deutlich über 30 Kinder, häufigen Stundenausfall, zu wenig Fachlehrer, überhaupt zu wenig Lehrkräfte, die ständig Vertretung und Überstunden machen und organisatorisch jonglieren, um den Betrieb aufrechtzuerhalten, und auch in vielerlei sonstiger Hinsicht mit dem Rücken an der Wand stehen. Sie haben das Gesetz der »Menschenbildung«, das heißt der zugewandten Förderung junger Menschen zur eigenen Ich-Findung, oft weit aus den Augen verloren und kämpfen hart für das Minimum der Aufgabenerfüllung, nur noch an Lernstandserhebungen, Vergleichsarbeiten und zentralen Abschlußprüfungen orientiert. Materielle Fragestellungen und organisatorische Notlagen, verbunden mit immer engmaschigerer Nachweispflicht, dominieren die inhaltliche Arbeit und drängen den ethischen Impetus immer mehr in den Hintergrund. Vieles von den zusätzlichen Pflichten ist für die heutigen Schulen, die nicht mehr automatisch das Selbstverständnis als »Bildungsanstalt« verinnerlicht haben, unentbehrlich – aber zusätzliche Kräfte für Organisation und Versorgung sind dafür ebenso unentbehrlich.

Nun wird der Ausbau der Kleinstkinder-Betreuungsplätze als *das* Allheilmittel und *der* Ausweg aus dem Erziehungs- und Bildungsdilemma angepriesen. Aber bitte, sehr geehrte Frau Ministerin Dr. von der Leyen, das sind doch zwei Paar Schuhe, und dazu sehr verschiedene. Die »Bundeskrippenförderpolitik« bewirkt zunächst ein Anwachsen der Nachfrage nach Betreuungsplätzen, denn darauf haben wir ja »Anspruch«. Es wäre jedoch viel wirkungsvoller und nachhaltiger, die Erziehungsverantwortung der Eltern zu stärken und ihnen das wieder zuzutrauen, was »die zuvörderst ihnen obliegende Pflicht« ist, nämlich die Erziehung ihrer Kinder. Daß sie dabei Unterstützung benötigen und vor allem Anerkennung ihrer grandiosen

Leistung und emotionalen Schwerstarbeit, das ist richtig. Aber Entmündigung und Bevormundung durch Fremdbetreuung kann uns dabei nicht helfen.

Die Forschung hat inzwischen nachgewiesen, daß für Kinder in den ersten drei Lebensjahren das Beste die Betreuung durch die eigenen Eltern ist. Eine Mitbetreuung durch *eine* Tagesmutter oder andere feste Bezugsperson bei regelmäßigem Rhythmus und möglichst in gewohnter Umgebung hat ebenfalls keine nachgewiesene schädigende Wirkung, wenn bei Anwesenheit der Eltern deren volle Aufmerksamkeit dem Kind gilt. Bei Fremdbetreuung durch mehrere wechselnde Personen in dieser Lebensphase, wie in Krippen und KiTas üblich und unvermeidbar, ist jedoch eine signifikant erhöhte Neigung der betroffenen Kinder zu unruhigem, aggressivem und gewalttätigem Verhalten in späteren Jahren nachgewiesen. Das gilt laut Studien des *National Institute of Child Health and Human Development* NICHD *(USA)* besonders stark für Jungen.

Daraus folgt logisch, daß wirklich nutzvolle Betreuungsprojekte völlig anders zugeschnitten sein müssen, sollen sie vor allem den Müttern eine Abgabe ihres Kindes in fremde Hände mit gutem Gewissen ermöglichen. Denn sie sind als Inhaberinnen des weiter vorn beschriebenen »Mutterinstinkts« den Angeboten gegenüber mit Recht durchaus kritisch und suchen nach dem besten für ihr Kind. Wenn sie in diesem Punkt Kompromisse machen müssen, belastet es sie dauerhaft unterschwellig und wirkt sich auf ihre Arbeit, ihre Zufriedenheit und ihr Gewissen und dadurch doppelt auf das Kind aus.

Deshalb sind eigentlich nur solche Angebote förderungswürdig, die in der Nähe des Arbeitsplatzes eines der Eltern, möglichst der Mutter, angesiedelt sind, zuverlässig nicht wechselnde und gut ausgebildete, liebevolle Betreuungspersonen gewährleisten, die nicht mehr als fünf Kinder gleichzeitig betreuen. Denkbar wäre, daß Arbeitgeber sich zusammentun und solche Angebote organisieren, um qualifizierte junge Frauen und Männer zu unterstützen und ihnen eine flexibel angepaßte und garantiert hochqualifizierte Versorgung ihrer Kinder zu ermöglichen. Das erstrebenswerte Optimum ist aber immer noch – nach der Betreuung durch die eigenen Eltern – die Betreuung zu Hause in der gewohnten Umgebung durch eine liebevolle (Ersatz-)Oma oder Kinderfrau.

Primäres Ziel der Familienpolitik muß es deshalb sein, Eltern und ihre gesellschaftstragende Rolle als aktiv und bewußt Erziehende endlich wieder anzuerkennen und sie zu dieser Arbeit ihrem Wert gemäß zu ermutigen und soweit als möglich zu befähigen. Fremdbetreuung darf eigentlich nur in den Fällen gefordert und gefördert werden, wo die Berufstätigkeit beider Eltern erforderlich und fördernswert ist. Das ist von der Bereitschaft und Befähigung zur Kindererziehung abhängig, von den beruflichen Qualifikationen von Mutter und Vater, und von der Einkommenssituation der Familie. Die Bundespolitik kann dafür allenfalls die »Duftmarken« setzen, durch das schon eingeführte »Erziehungsgeld« und ähnliche Anreize. Der flächendeckende »Anspruch« auf Fremdbetreuung der Kinder ist ein völlig falsches Signal und damit kontraproduktiv.

Die ersten drei Lebensjahre sind so prägend und zugleich eine so sensible Zeit, daß es wirklich sehr entscheidend ist, wie wir Eltern damit umgehen. Mit dem Alter der Kinder wandeln sich entsprechend die Bedürfnisse. Ein gut geführter Kindergarten mit reichlich Spielkameraden und -angeboten und verantwortungsvoller Betreuung stellt vom vierten Lebensjahr an für die Kinder weiterhin die Regelmäßigkeit und den verläßlichen Tagesrhythmus sicher. In der Grundschule dann fällt diese zuverlässige Zeiteinteilung mit einem Schlag weg – Stundenplanlücken und Unterrichtsausfall verdammen die Eltern zu ständigem Jonglieren mit ihrem Zeitbudget. Hier ist der Ansatzpunkt für Fremdbetreuung gegeben. Auch in diesem Alter, und die ganze Schulzeit lang, ist es für Kinder am günstigsten, wenn ein einheitlicher Tagesablauf durchorganisiert wird. Täglich zur selben Zeit Unterrichtsbeginn und -ende, feste Arbeitszeiten für Schüler und Lehrer wären eine echte Verbesserung in unseren Schulen.

Eltern haben noch weitergehende Pflichten, auch wenn es etwas mühsam klingt. Erziehung beginnt eben mit Selbsterziehung. Das bedeutet bewußten Verzicht auf die scheuklappige Ego-Sicht zugunsten eines erweiterten und quasi in die Zukunft verlängerten Blickwinkels. Dazu gehört vor allem auch, die eigenen Kinder vor Schaden zu bewahren.

Schädliche Wirkungen hat zum Beispiel erwiesenermaßen Fernsehen. Es ist wissenschaftlich belegt, daß Fernsehen für kleine Kinder einfach Gift ist. Es fasziniert und fesselt sie sofort, weil es auf geheimnisvolle Weise neugierig macht auf eine andere Welt. Deshalb ist es für uns Eltern auch so angenehm, die Kinder vor der Glotze »geparkt« zu wissen – wir können ziemlich sicher sein, daß sie in dieser Zeit kaum Unfug anstellen. Aber: Die Augen sind das Fenster zur Seele, und die Inhalte, die da so ungefiltert hineinströmen, bilden seelische Sedimentablagerungen, die auf die Dauer sehr schädliche Verkrustungen hinterlassen können. Noch dazu ist es absolut nicht kindgerecht, über längere Zeit stillzusitzen und bewegte Bilder mit Geräuschen über sich ergehen zu lassen. Nach nur einer halben Stunde, die ein kleines Kind wie gebannt dem Geschehen auf der Mattscheibe gefolgt ist, »Sendung mit der Maus« beispielsweise oder auch die amerikanische Stakkato-Schwester »Sesamstraße«, also durchaus für diese Zielgruppe gedachte Produkte, platzt es fast vor Energie, birst vor Bewegungsdrang und muß erst mal wild toben, ehe es sich wieder einem Spiel zuwenden kann. Beobachten Sie mal Ihre Sprößlinge – Sie werden dieses Phänomen bestätigen.

Die Konsequenz kann nur sein: Glotze aus und eigene Aktivitäten unterstützen. Am besten verschwindet das zentrale Möbel des Wohnzimmers in einem geschlossenen Schrank, also aus dem Blickfeld. Damit erübrigt sich manche Diskussion um Fernsehen oder nicht, weil der optische Erinnerungseffekt vermieden wird. Kinder sind nun mal ein Fulltime-Job, und zwar ein ganz toller, faszinierender, aber manchmal auch atemloser und anstrengender. Die Selbstdisziplin, die wir uns hier abverlangen, zahlt sich tausendmal aus und macht uns außerdem viel zufriedener, weil wir nicht wider besseres Wissen unseren inneren Schweinehund haben siegen lassen.

Auch für Kinder im Schulalter ist Fernsehen schädlich, ob es sich nun um ziemlich hirnbefreite Soap-Geschichten, Quiz-Sendungen weit unter PISA-Niveau oder auch pechschwarze Horror- oder Pornostreifen aus der Videothek handelt. Neu erworbene Lerninhalte werden normalerweise zunächst im Kurzzeitgedächtnis abgelegt, um später verarbeitet, zugeordnet und ins Langzeitgedächtnis überspielt zu werden. Die Vollendung erfährt dieser Prozeß nachts im Schlaf und in Träumen. Die Hirnforschung, namentlich der Ulmer Lernforscher Professor Dr. Dr. Manfred Spitzer, hat nachgewiesen, daß Fernsehen jedoch das Kurzzeitgedächtnis blockiert und dadurch diesen Verarbeitungs- und Speicherprozeß unwiederbringlich stört, das heißt, den Lernerfolg nachhaltig einschränkt. Das gilt eigentlich nicht nur für Kinder und Jugendliche im Schulalter, sondern für Menschen aller Altersstufen. Vielleicht wirkt Fernsehen deshalb so »entspannend«, denn es belegt fast alle Regionen des Hirns und überblendet zunächst einmal alle Erinnerung an die Erlebnisse des Tages. Vielleicht benötigen wir deshalb immer häufiger Ginseng, Vitamine und andere »Nahrungsergänzungsmittel« aus der Apotheke, die unsere Gedächtnisleistung fördern sollen? Fazit: Das heute fast schon zum Standard gehörende eigene Fernsehgerät im Kinderzimmer ist schweres Gift! Entsprechende Beiträge haben wir mehrfach in unseren Elternbriefen veröffentlicht, zum Beispiel »Fernsehen macht dick, dumm und brutal« (Elternbrief Nr. 123 Januar 2006, Elternverein NRW). Das ist provokant, aber leider nur zu wahr.

Und bei unseren Kindern bleibt es ja nicht bei der reinen Fernseherieselung. Zusätzlich zum »Chillen« vor der Mattscheibe finden Computer- und Internetaktivitäten statt. Chatten, Blogs und interaktive LAN-Spiele belegen weitere wertvolle Zeitfenster. Dieses Thema behandeln die Autoren von *Generation Doof* ebenfalls eingehend. Gefährlich daran ist aber nicht nur der Zeitverlust, sondern vor allem auch der Realitätsverlust, der mit vielen dieser Aktivitäten verbunden ist.

Paula war dreizehn, lebte damals als jüngstes Kind in ihrer intakten Ursprungsfamilie, hat liebevolle, gebildete und verantwortungsbewußte Eltern, die Mutter als Freiberuflerin war fast immer zu Hause, der Vater leitender Angestellter in einem größeren Konzern. Anläßlich eines Umbaus erhielt jedes der Geschwister einen Internet-Anschluß ins eigene Zimmer – die PCs hatten sie schon. Eine Flatrate vervollständigte die Ausstattung.

Eines Tages bekam die Mutter unangemeldeten Besuch von einer Polizeibeamtin in Zivil, die die jüngste Tochter sprechen wollte und sich nach dem Ehemann und dem Familienleben erkundigte. Wann der Ehemann denn wo zu erreichen sei? Im späteren Gespräch mit Paula stellte sich der Verdacht, dem nachgegangen wurde, zum Glück als unbegründet heraus: Paula war eindeutig weder schwanger noch von ihrem Vater mißbraucht worden.

Nachts, wenn alle schliefen – außer Paula –, war das Internet der geeignete Ort, um nicht allein zu sein. Paulas Chatrooms waren fremdwelt.de, darkworld.com oder todessehnsucht.de, Paulas Pseudonyme »Schneeweißchen«, »Blutfee«, »schlampi« und Ähnliches. Für jeden Chatpartner dachte Paula sich eine eigene Identität aus: Sie war 14-jähriges hochbegabtes Aschenputtel einer kinderreichen Familie, das statt Schule alle Hausarbeit erledigen muß, gefangen gehalten wird ohne Ausgang oder Taschengeld; 21-jährige alkoholabhängige Psychologiestudentin, die ihren Lebensunterhalt mit Prostitution verdient;

15-jährige luxusverwöhnte Adoptivtochter eines gewalttätigen Arztes; 13-jährige vom neuen Mann der Mutter regelmäßig vergewaltigte Stieftochter, ungewollt schwanger … Paula muß wahnsinnig einsam gewesen sein.

Im Internet hatte Paula außerdem nach detaillierter technischer Anleitung gelernt, sich mit Rasierklingen selbst zu verstümmeln. Nach mißglücktem Selbstmord hat sie bei fortgesetzter Selbstverletzung fast zwei Jahre in psychiatrischen Kliniken verbracht, lebt jetzt in einer betreuten Wohngruppe. Sie ist am ganzen Körper kariert, von ihren Narben. Eine Rückkehr in die Familie scheint aussichtslos und wird nicht mehr angestrebt. Welche seelischen und körperlichen Qualen dieses Kind in seiner Suche nach einer sinnvollen Existenz durchlebt hat, ist nur schwer vorstellbar. Welche unsäglichen Ängste, Sorgen und seelische Not aber auch die Eltern durchzustehen hatten und immer noch haben, kann hier gar nicht ausgedrückt werden. Wenn Paula durch das Versinken in ihren künstlichen Realitäten nicht in eine vollständige psychische Verwirrung und Bewußtseinsspaltung abgerutscht ist, kann man nur von Glück sagen. Nicht umsonst meldet das Gesundheitswesen rasant steigende Zahlen von jugendlichen Psychiatriepatienten.

Das Internet enthält aber nicht nur detaillierte Anleitungen zur Selbstverstümmelung, sondern ebenso Chats und Foren zu anderen Methoden der Selbstverletzung wie Anorexie (Magersucht) und Bulimie (Freß-Brech-Sucht), in denen diese sogenannten psychischen Erkrankungen zu Modetrends, sogar zu Freundinnen mit Namen »Ana« und »Mia« hochstilisiert und nicht nur verantwortungslos verharmlost, sondern geradezu als neuer Jugendkult angepriesen werden. Als Idole gelten superdünne Topmodels und Popstars. »Mach mit, und du gehörst dazu!«, scheint die Aufforderung zu sein – und »dazugehören« zu wollen ist die empfindlichste Schwachstelle der jugendlichen Formbarkeit und Entwicklung. Verantwortliche für solche Internetseiten sind nur sehr schwer zu finden und noch schwerer zu einer Verhinderung solcher Inhalte zu bewegen, die von oft anonymen Forumsteilnehmern eingestellt werden. Außerdem entstehen, sobald eines dieser Angebote verschwindet, gleichzeitig mehrere neue im weltweiten Netz.

Noch eine Gefahr des Internets wird – auch von Fachleuten – erst langsam bemerkt: Unsere Kinder sind recht unbefangen mit den Informationen, die sie in Communities, Blogs oder Internetforen veröffentlichen. Denn daß das eine »Veröffentlichung« ist, ist ihnen kaum bewußt, und im Fokus der Massenmedien zu stehen erscheint ihnen auch meist als erstrebenswert: »Ich will ein Star werden!« ist verbreiteter »Berufswunsch« der Nachwuchsgeneration, denn das sieht ja so einfach aus. Man muß sich nur ziemlich sparsam bekleidet vor Kameras zur Schau stellen und vernichtende Beleidigungen und Angriffe von mehreren anderen »Stars« mit Lächeln über sich ergehen lassen, und schon hat man's geschafft! Freiwillige Selbstentblößung unter Abgabe der Menschenwürde an der Studiotür reichen als Eintrittskarte in die Glamourwelt. Und im Internet fängt alles an mit Ausplaudern intimster Details oder auch schamloser Lügen.

Nur hat das Internet eine besondere Qualität: Darin geht nichts verloren. Wenn in fünfzehn Jahren der Personalchef des Weltunternehmens, der meine Bewerbung auf dem Tisch hat, meinen Namen »googlet«, findet er alles, vor allem meine naivsten Jugendsünden. Damals habe ich mich aber nicht gefragt, ob ich in ein paar Jahren im Bewerbungsgespräch mit meinen kindischen oder pubertären Albernheiten und Schlimmerem konfrontiert werden möchte.

Das Internet bringt unsere Kinder leicht in Gefahr, und wir, die Eltern, kennen diese Gefahr viel zu wenig und können sie in ihren Auswirkungen kaum einschätzen, weil wir das Internet und seine Jugendseiten kaum kennen. Zudem unterschätzen wir die hemmungslose Experimentierlust, die unsere Kinder zu immer neuen Entdeckungen vorantreibt. Ob das Gewalt- und Killer-spiele sind, Werbung und Konsumanreize, denen unsere Kinder nicht widerstehen können, oder das völlige Abtauchen in eine virtuelle Scheinwelt à la »Second Life« und »World of Warcraft«, in der all die Träume und Sehnsüchte »Wirklichkeit« werden, die im wahren Leben zu viel Mühe und Anstrengung kosten – es wird wohl niemand die Gefahren leugnen, die davon ausgehen. Sie werden nur immer noch gewaltig unterschätzt und vielfach verharmlost. Selbst in offiziellen Veröffentlichungen staatlicher Institutionen wie der Bundeszentrale für Politische Bildung (bpb) wird die wahre Gefährlichkeit von Killerspielen nicht nur verharmlost, sondern deren Handbuch *Computerspiele(r) verstehen* zum Beispiel verschweigt sogar – ich behaupte, gezielt –, daß diese Spiele dazu erfunden und entwickelt worden sind, junge Soldaten für die amerikanische Armee zu kaltblütigen Tötungsmaschinen umzuerziehen und auf das Töten von Menschen als Erfolgserlebnis zu konditionieren. Und dann wundern wir uns über Kinder, die Kanaldeckel von der Brücke auf fahrende Autos werfen, unbefangen mit Waffen hantieren, andere Menschen angreifen und schwer verletzen oder Waffengewalt sogar als Problemlösung sehen und einsetzen.

In vielen Chatrooms können unsere Kinder den Eindruck gewinnen, es sei schick, an sich herumzuschnibbeln oder sich krank zu hungern, es sei sinnvoll, Gewalt nicht nur in Phantasien, sondern auch in der Realität auszuleben, es sei normal, sich selbst zu zerstören und mit anderen »gemeinsam«, das heißt gleichzeitig, umzubringen – weil alle das tun. Dieser Eindruck entsteht zumindest für Kinder im Teeniealter, die noch sehr dazu neigen, die Welt schwarzweiß ohne viele Zwischentöne wahrzunehmen. Sie können sich mit Unterstützung ihrer Chatpartner, die – angeblich – gleich alt sind und – angeblich – dasselbe Leid erdulden, immer tiefer in ihr Selbstmitleid und ihre Depressionsspirale hinabschrauben, so daß auch in einer Psychotherapie unglaubliche Kraftanstrengungen erbracht werden müssen, um sie da herauszuholen. Die Zahl der auf diese oder

ähnliche Art mitverursachten Therapien hat noch niemand er-
mittelt, aber sie ist bestimmt nicht gering. Die nachgewiesene
Zahl der Depressionserkrankungen im Jugendalter ist im Inter-
netzeitalter jedenfalls signifikant gestiegen.

Die Konsequenz für uns Eltern kann wiederum nur weitere
Mühen bedeuten. Es reicht nicht sehr weit, den Internet-Kon-
sum unserer Zöglinge nur zeitlich zu begrenzen. Wir müssen die Einhaltung dieser Grenzen streng und engmaschig
kontrollieren, im Zweifelsfall sogar mitten in der Nacht, und
auch inhaltlich regelmäßig überprüfen. Das hat – jedenfalls bei
Minderjährigen – nichts mit Eindringen in die Privat- oder
Intimsphäre unseres Lieblings zu tun, sondern mit Bewahrung
seiner seelischen Integrität. Wenn Sohn oder Tochter erst auf
einer dieser Seiten angemeldet sind, gibt es eine wirksame
Möglichkeit: Selber anmelden unter einem Pseudonym und
womöglich selbst als Chatpartner dienen, der ab und zu auch
korrigierende Kommentare gibt. Und dies wiederum hat nichts
mit Aushorchen zu tun, sondern nur mit dem Schutzbedürfnis
des Kindes. Womöglich entpuppt man sich im Internet als toller
Gesprächspartner, obwohl man am gemeinsamen Eßtisch nur
zu hören bekommt: »Du bist so altmodisch, du hast ja keine
Ahnung.«

Aber man kann auch zu Hause viel richten – wenn man rechtzeitig vor Einsetzen der pubertären Auflehnung und Ablehn-
nung jedes korrigierenden Hinweises von uns Älteren eine
konsequente Gesprächskultur einführt und pflegt. Wir müssen
vor allem für Gespräche zur Verfügung stehen. Je früher man
das macht, um so besser kann es gelingen. Es reicht nicht, uns
nach den Geschehnissen in der Schule und den Hausaufgaben
zu erkundigen. Bei gemeinsamen regelmäßigen Mahlzeiten
kommt so einiges zur Sprache, vor allem auch zwischen den
Geschwistern, das aufmerksam macht und an das man später
anknüpfen kann.

Ein offenes Haus für die Freunde der Youngsters zu haben, lohnt sich auch. Da hilft es natürlich nicht, sofort über den einen oder die andere die Nase zu rümpfen und zu sagen: »Diesen faulen Saftsack / diese unerzogene Zicke will ich aber hier nicht mehr sehen!« Im Gegenteil kann es nur nützen, interessiert auf denjenigen zuzugehen, denn wenn der Nachwuchs etwas an ihm findet, ist meistens auch irgend etwas dran, das sich uns nur möglicherweise nicht auf den ersten Blick erschließt. Und solch ein Besuch heißt ja nicht zwangsläufig, daß die »Kinder« gleich ans Heiraten denken …

Eine weitere Technik, mit den Jugendlichen im Gespräch zu bleiben, ist die Präsenz am mittleren bis späten Abend. Oft kommen wichtige weltbewegende Themen erst kurz vor dem Schlafengehen zur Sprache, wenn die abendliche Ruhe einkehrt und ein gewisser Besinnungsprozeß stattfindet. Da ist es wichtig, dann nicht gerade den »Tatort« sehen oder über der Steuererklärung brüten zu müssen, sondern auf kleine Signale für Gesprächsbedarf möglichst aufmerksam und einfühlsam zu reagieren.

»Mami, was ist eigentlich Schwindeln, und was Lügen?«, könnte heißen, daß unser siebenjähriger Sproß mit der Lehrerin einen heftigen Disput über seinen Umgang mit der Wahrheit gehabt hat und so versucht, seine »Beichte« einzuleiten. Es ist so wichtig, daß er noch vor dem Schlafengehen sein Gewissen erleichtern und sich weiterhin unserer Liebe sicher sein kann. »Du, Mutsch, wie habt Ihr Euch eigentlich kennengelernt, Du und Paps?« könnte darauf hindeuten, daß die Sechzehnjährige jemandem begegnet ist, der es ernst meint und mehr von ihr will. Das ist eine wunderbare Gelegenheit, ihr vom Wert ihrer Seele und ihres Körpers, von deren Verknüpfung mit ihrer Würde, vom gegenseitigen Respekt zu erzählen, der wirkliche Liebe kennzeichnet, von gegenseitiger Rücksichtnahme und der Kunst des Wartens, die diesen Respekt erst sicher bestätigen, und sie auf der Suche nach Entscheidungskriterien für

die Gestaltung einer Freundschaft und ersten Liebe zu begleiten. Auf diese Frage läßt sich auch konkrete Sexualaufklärung
anbringen, ohne Peinlichkeiten und schamhaftes Verschweigen
wesentlicher Gesichtspunkte. »Warum bist Du eigentlich nicht
Arzt geworden, Vater?« kann heißen, daß der Sohn heftig über
seine Berufswahl nachdenkt und dringend Hilfe bei der Analyse seiner Stärken und Fähigkeiten benötigt. Es kommt uns
Eltern immer sehr entgegen, wenn unsere Kinder von sich aus
Fragen stellen, also Wert legen auf unsere Sicht der Dinge und
unser Urteil. Ein Gespräch auf dieser Grundlage wird immer
viel harmonischer und wirkungsvoller sein, als wenn wir den
Gesprächsanlaß krampfhaft suchen oder herbeiführen müssen.

Wenn wir dann schon so müde sind, daß diese kleinen Zeichen bei uns nicht mehr ankommen, verpassen wir womöglich
wichtige Weichenstellungen, für die unsere Kinder sich andere
Assistenz suchen, fremde Menschen, möglicherweise völlig
fremde und an- oder pseudonyme im Internet.

Eine weitere lange bekannte und dadurch nicht geringere Gefahr sind Alkohol und Drogen. Davon verstehen wir alle etwas
und sind mit dem Thema schon häufig genug konfrontiert
worden. Aber wie kann man eigenen Kindern die Gefahren
klarmachen und sie davor bewahren?

Ein Patentrezept gibt es leider nicht. Aber es gibt einige Erkenntnisse, welche Faktoren eine Rolle spielen in dieser Frage.
Zu empfehlen ist die Lektüre von Else Meyers Büchlein *Hat
Ihr Kind Drogenprobleme?* Else Meyer hat schon in den sechziger
Jahren die Drogenberatungsarbeit vor allem für betroffene Eltern begonnen und ausgebaut. Durch eigene konkrete Erlebnisse und jahrzehntelange Erfahrungen kann sie viel Wissen
zu dieser Problemstellung beisteuern. Im Grunde läuft es auf
dasselbe hinaus, was wir schon grundsätzlich zur gelingenden
Erziehung gesagt haben: Ein Kind, das sich geliebt, ernstgenommen und in seiner Persönlichkeit geachtet und geschätzt

fühlt und außerdem häufig genug Gelegenheit hat, seine Leistungsfähigkeit unter Beweis zu stellen, wird viel besser auf derartige Experimente und extreme Grenzerfahrungen verzichten können, als ein Kind, das lieblos von einer Ecke in die andere geschubst, möglicherweise drangsaliert und mißhandelt wird, in Angst und Unsicherheit aufwächst und von niemandem, nicht einmal sich selbst, Achtung erfährt. Diesem Kind sind seine Gesundheit und sein Leben nicht kostbar, allenfalls geeignet als freie Verfügungsmasse zur Provokation. Je weniger wir uns als Erwachsene ihren Fragen nach den Grenzen stellen, um so heftiger müssen unsere Kinder provozieren, um irgendwann eine »echte« Reaktion von uns zu erleben.

Ein interessantes Anschauungsbeispiel für diese Frage ist die RTL-Serie »Teenager außer Kontrolle«, die im Februar/März 2008 jede Woche ausgestrahlt wurde. Hier wurden Jugendliche vorgestellt, deren Alltag von Drogen, Übergriffen, Gewalt und exzessivem Sex geprägt ist. Sie haben sich für diese Art Reality-TV zur Verfügung gestellt und bekommen eine Therapie in den USA in Form einer wochenlangen Wüstenwanderung vom Sender finanziert. Dafür müssen sie allerdings einen ziemlich vollständigen »Seelen-Striptease« vor laufender Kamera hinlegen, der sichtbar nicht ohne Scham abgeht, und auch die Eltern exponieren sich dafür recht offen. Dabei konnte man sehr anschaulich lernen, wie Eltern es nicht machen sollen. Die meisten dieser Eltern sind deutlich ich-bezogen, haben viele eigene Probleme und sich schon sehr früh von der Verantwortung für ihre Kinder verabschiedet, haben sich auf der Nase herumtanzen lassen, selbst mit Wutanfällen reagiert und besitzen möglicherweise nicht die intellektuelle Fähigkeit zum Grenzensetzen und die dazugehörige Selbstdisziplin. Das regelmäßige Ausrasten ihrer Kinder wirkt daraufhin nur folgerichtig. Leider taugt die Sendung nicht gut als Anschauungsmaterial für Eltern, die diese Lektion nötig hätten, denn die konkreten Handlungsalternativen für Eltern werden nicht dargestellt. Die Jugendlichen machen aber die Erfahrung, daß sie selbst die Hauptverantwortung für ihre Lebensführung tragen und sie wesentlich und aktiv gestalten können.

Mit Blick auf den Anfang dieses Abschnitts und unseren Grundgesetzartikel kann man nur feststellen: Wir müssen es wohl hinnehmen, daß in einer demokratischen Gesellschaft mündiger Bürger Rechte immer auch mit Verpflichtungen verbunden sein müssen, damit die Gesellschaft funktionieren kann. Wenn nicht jeder seinen Beitrag zum Gelingen des Ganzen leistet, entstehen zwangsläufig Probleme und Hindernisse, die zu Belastungen auch für die Gesellschaft führen. Überbelegte Jugendpsychiatrien oder übervölkerte Jugendstrafanstalten sind anschauliche Beispiele dafür. Es kann also nicht reichen, nur auf das Überwachen und Eingreifen des Staates zu warten. Wir beschweren uns einerseits über zu viel Bürokratie, zu viel Überwachung und zu hohe Steuern, aber andererseits wollen wir als »Privatbürger« unsere Ruhe haben, ist uns jede kleine Anstrengung und Eigeninitiative zuviel, die nicht nur uns selbst zugute kommt, sondern möglicherweise darüber hinaus auch noch anderen oder sogar der Allgemeinheit nützt.

Zusammengefaßt: Eltern sind verpflichtet, sich gewissenhaft um die Erziehung und Versorgung ihrer Kinder zu kümmern, unabhängig von der Mitverantwortung des Staatswesens für die Kinder. Nur wenn wir eine stromlinienförmige Anpassung aller nachwachsenden Individuen an gewisse politische, staatliche und soziale Vorstellungen befürworten, setzen wir flächendeckende Fremdbetreuung der Kinder von der Wiege bis zur Bahre durch (wie wir sie in der DDR hatten).

Rauchen, Alkohol, Drogen, Selbstverletzungen ...

Sie wundern sich, daß ich das alles in einem Atemzug nenne? Sie haben recht, denn es sind völlig unterschiedliche Dinge. An ein paar Stellen habe ich diese Punkte schon gestreift. Aber hier soll noch einmal ausführlich darauf eingegangen werden. Denn es sind alles Katastrophen, die bei Kindern und Jugendlichen schwersten Schaden anrichten und Familien vor härteste Zerreißproben stellen.

Die Reihenfolge habe ich bewußt so gewählt, denn sie entspricht in etwa der, mit der unsere Kinder diesen Gefahren begegnen. Beim Rauchen ist das Einstiegsalter mittlerweile so niedrig, daß viele jugendliche Raucher mit fünfzehn schon Kettenraucher sind. Das ist auch die Droge, auf deren Konsum wir am wenigsten Einfluß ausüben können, weil sie allgemein geduldet ist und als »gesellschaftsfähig« gilt. Geraucht wird den ganzen Tag, vom Aufstehen bis zum Einschlafen, und wer sich dagegen wendet oder Bedenken anmeldet, wird nur mitleidig belächelt. Ein Jugendlicher, der raucht, ist auf der Straße, an der Bushaltestelle, im Café, im Auto und überall »normal«. Inzwischen ist in öffentlichen Gebäuden und auf dem dazugehörigen Gelände, also auch in Schulen und auf Schulhöfen, das Rauchen verboten. An den – wenigen – Schulen, die das konsequent durchsetzen, sammeln sich also vor den Schultoren zu Pausenzeiten Trauben junger Menschen zum Rauchen, blockieren Geh- und Fahrradwege und bilden so ein Ärgernis, das mit der eigentlichen Gefahr nichts zu tun hat: Nicht das Rauchen an sich erhitzt die Gemüter, sondern nur die Belästigung durch herumstehende Leute.

Deshalb finden die meisten jungen Leute auch nichts dabei, obwohl an vielen Schulen in den fünften, sechsten Klassen Vorträge mit drastischen Beschreibungen und Photos der Folgen körperlicher Schädigung durch Rauchen angeboten werden. Kurz nach dem Vortrag ist die Schockwirkung groß, aber ein paar Tage oder Wochen später ist der Reiz größer. Erwachsen zu tun, der Gruppe der »Coolen« anzugehören und als einer dazustehen, der sich nicht bange machen läßt und gesundheitliche Folgen geringschätzt, ist eben wichtiger als Vernunft.

Mit Alkohol verhält es sich ähnlich. Er ist ebenfalls als gesellschaftsfähig anerkannt und gilt als übliche Droge, die hauptsächlich zu gewissen Tageszeiten, gegen Abend und bei Nacht, konsumiert wird. Wer am Vormittag eines normalen Wochentages eine Fahne hat, hat entweder abends zuvor viel zu tief ins Glas geschaut, oder er hat morgens schon wieder angefangen. Und das wäre ein sicheres Zeichen für Abhängigkeit. Alkoholabhängigkeit aber ist gesellschaftlich geächtet und wird eindeutig als Sucht identifiziert und als dramatisch betrachtet.

Daher wird Alkohol von Jugendlichen in der Regel hauptsächlich an Freitag- und Samstagabenden konsumiert – am folgenden Tag ist keine Schule –, dann aber oft in exzessiver Form. Auch dabei gilt: Die gesundheitlichen Gefährdungen und Schädigungen, die schon ein einziger Alkoholrausch auslöst, sind allgemein bekannt, und jeder weiß Bescheid über das Suchtpotential dieser Droge, aber diese Gefahren werden ebenso ignoriert wie die des Rauchens. Man will dazugehören, nicht außen stehen, sondern mitreden können. Daß Alkohol sich auf die Lern- und Merkfähigkeit verheerend auswirkt, interessiert Jugendliche wenig, und daß man sich dabei die Birne ruiniert und das Gehirn porös säuft, ist den meisten ebenfalls völlig egal. Auch daß sie im Fall des Kontrollverlustes etlichen anderen Gefahren wie fremden Übergriffen hilflos ausgeliefert sind, scheint sie nicht weiter zu beunruhigen, auch nicht die Mädchen. Nicht mal die Gefahr, mit einer Alkoholvergiftung auf der Intensivstation zu landen und möglicherweise daran hopszugehen, interessiert sie. Ihr Leben gilt ihnen nichts! – ?

Bei den anderen oben genannten Praktiken der Selbstzerstörung – deshalb packe ich sie alle in einen Topf – ist es wenig anders. Mich erschreckt es immer wieder, wie wenig diese jungen Menschen auf ihre körperliche und gesundheitliche Unversehrtheit geben, wie wenig ihnen das eigene Leben – und oft auch fremdes – wert ist. Sei es, daß sie eigentlich mehr virtuell im Internet zu leben scheinen, sei es, daß sie gelernt haben, daß die Todesopfer in Filmen und Computerspielen immer wieder aufstehen: Was sie tun, wie weit sie gehen, ist ihnen egal, selbst wenn es das Leben kostet. Die Grenze zwischen Selbstzerstörung und Angriffen auf fremdes Leben ist für viele denn auch recht vernebelt. Was ist denn schon so ein Menschenleben?

Sie wissen es nicht zu schätzen, manche wachen nicht einmal dann auf, wenn sie bei der Polizei, im Gefängnis oder an einem Grab stehen. »Interessiert ja eh keinen, ob ich da bin oder nicht!« hört man sie sagen, falls sie dazu überhaupt eine Aussage machen. Was ist das für eine Lieblosigkeit, für eine Wertlosigkeit, mit der sie sich selber sehen? Ein Gutteil davon ist Provokation, Mutwille – aber sie gehen zu weit.

Solche Selbstwertkrisen sind ein wesentlicher und fraglos dazugehöriger Bestandteil der jugendlichen Identitätsfindung. Vor dieser Fragestellung, was passieren würde, wenn man tot wäre, steht fast jeder Jugendliche einmal für gewisse Zeit vor dem Erwachsenwerden, und viele stürzt dann jede Gedankenlosigkeit eines Mitmenschen in eine schwere Krise. Das Erschreckende ist jedoch, daß sie immer öfter ernstmachen. Die Stufe, auf der viele heutige Jugendliche damit umgehen, ist mindestens eine Stufe zu weit: Exzeßrauchen, Komasaufen, Drogen bis zum absoluten Abschuß, Selbstverstümmelung und -zerstörung durch Hungern und Erbrechen, Ritzen / Zerschnibbeln bis hin zu tiefen Schnitten ins eigene Fleisch, Selbstmordkult im Internet, ebenso Steine von der Autobahnbrücke schmeißen oder Bahnlinien mit Betonklötzen blockieren, sogar Waffengewalt und Amoklauf als Wutventil – sie kennen keine Grenzen.

Was fehlt unseren Kindern? Fast liegt es nahe, diese selbstinszenierten Katastrophen der Tatsache zuzuschreiben, daß unsere Generation die erste seit langem ist, die weder Krieg noch Flucht, weder Vertreibung noch Hungersnot oder sonstige Katastrophen erlebt, überlebt hat. In solchen Zeiten hatte jedes Familienmitglied, egal welchen Alters, wichtige Aufgaben zu übernehmen, jeder war auf die gemeinsame Überlebensstrategie eingeschworen, alle zogen selbstverständlich mit und unterstützten das gemeinsame Ziel der Familie, möglichst viele Leben und Existenzen zu retten. Die kollektive Todes- und Existenzangst schweißte alle zusammen. Kein Kind hätte je gewagt, seine ohnehin schwer sorgenbeladenen Eltern noch zusätzlich mit solchen Unvernunftstaten zu belasten.

Ist das Fehlen solcher Umstände der Grund dafür, daß wir das Leben nicht zu schätzen wissen beziehungsweise nicht in der Lage sind, diese Wertschätzung unseren Kindern zu vermitteln? Ist es Langeweile, die sie töten müssen, und sich selbst gleich mit?

Zumindest erscheint soviel jugendlicher Leichtsinn wie eine Suche nach der endgültigen Grenze, nach dem »ultimativen« Kick, bei dem sich grundlegend etwas ändert, ein Schlag vor den Kopf kommt, der endlich einmal Folgen hat, sich nachhaltig auswirkt. Daß er sich dann sehr negativ auswirkt, weil man mit den gesundheitlichen Schädigungen den Rest des Lebens umgehen muß, spielt vorher keine Rolle, man sieht ja gar nicht so weit, daß man mit der Fortsetzung dieses Lebens rechnet.

Wenn diese These auch nur ansatzweise zutrifft, wie ich sie hier formuliere, dann ist es allerhöchste Zeit, daß wir endlich die Konsequenzen ziehen. Und die sind:

• Scharfe, klare Grenzen setzen *und* einhalten, damit sich die Oppositionsbedürfnisse im Vorfeld abschleifen können, wo die Folgen nicht im entferntesten so gravierend sind, und

• fordern, fordern, fordern!

Ein junger Mensch, der sich als brauchbar, wichtig und einzigartig erlebt und empfindet, ist gegen derartige Auswüchse jugendlicher Nutzlosigkeit und Verzweiflung in hohem Maße sicher und hat solche Grenzerfahrungen nicht nötig, weil er täglich die eigenen Grenzen spüren und als Wachsen und Entwicklung mit starker Zukunftsperspektive erleben kann.

Ich erhebe hiermit nicht den Anspruch darauf, diese Weisheit gepachtet zu haben ohne jegliche wissenschaftliche Erkundung der Hintergründe und ohne fachkundige Überprüfung dieser These. Und: Nein, ich wünsche mir nicht solche Zeiten härtester Existenznot und Todesangst zurück, mir nicht und niemandem sonst. Ich erwarte, daß bald irgendein Hochschulinstitut mit genau dieser Botschaft als Ergebnis einer wissenschaftlichen Untersuchung an die Öffentlichkeit tritt und damit unserer Jugend und unserer Zukunft einen unschätzbaren Dienst erweist. Leider ist es üblich geworden, Erfahrungswerte grundsätzlich in Zweifel zu ziehen, so einleuchtend sie auch sein mögen, so lange keine Studie als Nachweis dazu vorliegt. Einstweilen kann ich nur dazu anregen, daß möglichst viele Eltern – und vor allem endlich auch Lehrer! – meine hier vorgetragene Annahme auf Plausibilität überprüfen und für sich selbst und ihren persönlichen Einsatz die entsprechenden Konsequenzen ziehen.

Dulden kann schaden

Frau Kreutz brachte am 1. Dezember einen kleinen Adventskranz mit in ihre fünfte Klasse. »Wer von euch hat denn Feuer?« fragte sie die Zehnjährigen. Fabian, immer hilfsbereit, sprang auf zu seiner Jacke und überreichte ihr stolz die gewünschten Utensilien. Sie benutzte sie ohne Zögern. Mittags saß Fabian tränenüberströmt am Eßtisch: Seine Mutter mußte einen besenstieldicken roten Kommentar in seinem Heft unterschreiben: »Ich wünsche nicht, daß Fabian Streichhölzer mit in die Schule bringt!«

Fabians Mutter gab sich alle Mühe, ihren schwer enttäuschten Sohn zu trösten, und gab ihm auch zu verstehen, daß die Besorgnis der Lehrerin berechtigt sei und sie sie teile. Aber die Art, wie Fabian von ihr aufs Kreuz gelegt worden war, war hinterhältig und unsympathisch, und das war nicht der erste Vorfall seit Fabians Wechsel zur weiterführenden Schule. Frau Kreutz hatte ihre Lieblinge, alles Mädchen, und war schon öfter durch Ungerechtigkeiten aufgefallen, nur noch nie so heftig und nicht direkt ihm gegenüber. Fabian konnte sich erst langsam beruhigen, nachdem die Mutter zu ihm gesagt hatte: »Weißt du, die kann das nicht besser, die müßte dir eigentlich nur leidtun, weil sie eben nicht nett sein kann.«

Im Sinne der Erziehungspartnerschaft zwischen Elternhaus und Schule hätte die Mutter das Verhalten der Lehrerin vor ihrem Sohn rechtfertigen müssen, aber – sie konnte es nicht. Ihr fiel es schwer, so mit ihrem kleinen Sohn zu reden, denn sie wußte, daß es nicht gut ist, den Respekt der Kinder vor ihren Lehrkräften zu untergraben. Aber letzten Endes hatte Frau Kreutz das ja mit ihrem Verhalten selbst getan. Die Mutter mußte ihrem kleinen Sohn rechtgeben, als er sagte, Frau Kreutz sei fies und ungerecht. Allerdings gab sie ihm mit auf den Weg, er müsse sich mit dieser Lehrerin nicht so intensiv befassen, er kenne doch sicher nettere in seiner Schule, und er habe ja nur wenige Stunden in der Woche mit ihr zu tun. Sie sei nicht so wichtig.

Auf diese Weise lernt ein Kind, daß nicht alle Erwachsenen es gut mit ihm meinen. Es lernt außerdem, manche Dinge nicht so wichtig zu nehmen und lieber an sich abperlen zu lassen. Es lernt aber auch, daß es mit seiner Mutter offen über seine Erlebnisse reden kann und bei ihr Verständnis für seine Enttäuschung findet. Dadurch, daß sie ehrlich und offen auf seine Darstellung des Vorgangs eingeht, ihm glaubt und es unterstützt, indem sie Lösungsvorschläge macht, fühlt das Kind sich gestärkt in der Konfrontation mit solchen Erlebnissen und kann sie in Zukunft besser verarbeiten. Dadurch wird eine stabile Vertrauensbasis zwischen Kind und Mutter aufgebaut, auf die man als Eltern nicht verzichten kann.

Lieber haben wir Lehrerpersönlichkeiten, die unsere rückhaltlose Unterstützung und den ungeminderten Respekt unserer Kinder verdienen. Die gibt es, aber sie sind leider viel zu selten. Natürlich darf man seinem Kind nicht bei jeder faulen Sache kritiklos den Rücken stärken und es für jeden Mist, den es verzapft, in Schutz nehmen. Aber es ist oft für uns Eltern sehr schwierig, den richtigen Mittelweg zu finden. Wichtig ist vor allem, daß wir durch Solidarisierung mit einer Lehrkraft oder mit der Schule nicht das Vertrauen unseres Kindes verspielen. Und leider sind die Fälle nicht selten, in denen Lehrkräfte Kindern Lüge oder zumindest eine »blühende Phantasie« unterstellen, nur um eigenes Fehlverhalten zu vertuschen.

Wenn einzelne Übergriffe gegenüber wechselnden Schülern stattfinden, gibt es nur *ein* wirksames Mittel, wie Eltern für ihre Kinder eintreten und eine Änderung bewirken können: intensiven Kontakt zwischen den Eltern, regelmäßige informelle Treffen außerhalb der Schule, auch mit Eltern anderer Klassen, und ein funktionierendes Netzwerk, in dem jeder jeden erreichen kann und mal kurz nachfragen, wie denn das andere Kind den Vorfall sieht oder dargestellt hat. Gibt es dann berechtigten Anlaß zum Einschreiten, wie in der Geschichte mit dem Adventskranz sicher nicht, dann sollte man zu mehreren Eltern ein paar schriftliche Notizen zu den Vorkommnissen mit Datum, Namen der Beteiligten und der Zeugen anfertigen und gemeinsam das Gespräch mit der Lehrkraft suchen. Es gibt leider Lehrkräfte, die Aussagen aus einem Gespräch unter vier Augen hinterher völlig anders darstellen und auch Eltern Verfälschung und sogar Lüge unterstellen. Dagegen kann man sich nur absichern, indem man solche Gespräche grundsätzlich nicht allein aufnimmt.

Das ist in der heutigen Zeit oft ziemlich schwer. Viele Eltern interessieren sich nicht sehr für die Abläufe in der Schule ihrer Kinder und für Vorkommnisse, die nicht das eigene Kind betreffen, erst recht nicht. Nur wenn dem eigenen Kind offenbar unrecht getan wird, werden sie plötzlich aktiv. Dann ist es zu spät, ein funktionierendes Netzwerk zu knüpfen und eine Basis für solidarisches Vorgehen aufzubauen. Deshalb kann ich nur empfehlen: Knüpfen Sie von Anfang an Kontakte, reichen Sie beim ersten Elternabend gleich eine Liste für Telefonnummern und E-mail-Adressen herum und vereinbaren Sie von Anfang an regelmäßige Stammtischtreffen – es ist nie vergeudete Zeit.

Die vierzehnjährige Julia sprach erst abends die Mutter etwas verschämt an: »Du, Mom, ich hab hier so 'nen Text für Deutsch, da soll ich 'ne Moral erfinden, aber – ich find den Text unmoralisch!« Sie war entrüstet. Die Mutter las die eine Seite kurz und gab ihrer Tochter recht: Der Text war richtig fies. Es handelte sich um eine Variation des Dornröschen-Motivs von einem zeitgenössischen Schweizer Autor, die eindeutig provozieren sollte. Dornröschen läßt sich von dem Prinzen nicht retten, weil es den Drachen »liebt«, der es gefangenhält, immer wenn es mit ihm zum Fliegen in die Lüfte aufsteigt … und dann kommt handfest beschriebene Sodomie. Die Moral, die am nächsten Tag im Unterricht von der Lehrerin herausgearbeitet wurde, lautete: »Liebe macht blind und befreit von gesellschaftlichen Zwängen.«

Wir als Eltern müssen uns das nicht bieten lassen, daß unseren Kindern in diesem Alter solche Geschichten vorgelegt werden. Abgesehen davon, daß die Geschichte reichlich unappetitlich in ihrer krassen Darstellung ist, ist sie auch noch stark Richtung »gender mainstreaming« geprägt. Bei dieser »Strömung« wird unterschieden zwischen dem biologischen Geschlecht und dem »sozialen« Geschlecht eines Menschen. Das biologische ist mit der Zeugung vorläufig bestimmt, aber bei Bedarf veränderbar, das »soziale Geschlecht« soll der Mensch sich selbst aussuchen. Wer kann wissen, ob du hetero-, homo-, bi-, trans- oder sonstwie-sexuell bist? Anything goes, probier dich aus! Möglicherweise findest du auch Drachen attraktiv.

»Gender Mainstreaming« ist die moderne Form der Emanzipationsbewegung und zielt darauf ab, alle Menschen von ihren gesellschaftlichen Rollen zu »befreien«. Es wird durch die parlamentarischen Gremien von »ganz oben« aus dem Europäischen Parlament bis in die kommunale Ebene und tief in schulische Inhalte hinein systematisch verbreitet. Alle »Frauenbeauftragten« in ihren »Gleichstellungsstellen« haben genau den Auftrag, diese Gesellschaftsveränderung zu überwachen und voranzutreiben. Ihnen, die häufig Gruppierungen wie Gewerkschaften und Parteien wie den Grünen angehören, ist auch unsere katastrophale schulische Sexualerziehung zu verdanken. Die entsprechenden Richtlinien in den meisten Bundesländern sehen vor, daß unter dem Motto »Andersrum ist nicht verkehrt« um Toleranz und sogar Akzeptanz anderer sexueller Lebensweisen als der »klassischen« heterosexuellen geworben wird. Schriften der Bundeszentrale für gesundheitliche Aufklärung (einer Bundesbehörde also), die für die Ausbildung von Erzieherinnen im Kindergarten und für schulischen Unterricht ausgearbeitet wurden und Verwendung finden, fordern offen zu sexuellen Manipulationen Erwachsener an Kleinkindern auf (sexuelle Stimulation schon im Säuglingsalter schütze vor späteren Verklemmungen) und stellen Sexualität als eine beliebig einsetzbare Freizeitbetätigung dar. Sie setzen als selbstverständlich voraus, daß Jugendliche spätestens mit Beginn der Pubertät sexuell aktiv sind, und machen weis, daß zur Verhütung von Schwangerschaften und AIDS Kondome ein ausreichendes Mittel seien. Es ist unglaublich und auch noch aus Steuergeldern finanziert!

Bei solch üblen amtlich verordneten schulischen Inhalten können wir Eltern nur mit aller Macht gegensteuern, indem wir unseren Kindern eindeutige eigene Leitlinien und Informationen geben. Toleranz und Akzeptanz für alle *Menschen* jeder sexuellen Haltung ist selbstverständlich keine Frage, aber daß bei meinem Kind quasi Werbung gemacht wird dafür, alles mal auszuprobieren, dagegen kann ich mich wehren.

Wenn wir unseren Kindern eine gute gelingende Zukunft und möglichst eine harmonische, liebevolle Familie mit Kindern wünschen, dann können wir solche Indoktrinationen nur ablehnen. Da unsere eigenen Kinder überwiegend noch aus einer liebevollen heterosexuellen Paarbeziehung hervorgegangen sind, wünschen wir ihnen doch ebenfalls eine glückliche heterosexuelle Beziehung, in der Kinder aus Liebe entstehen, wir wünschen ihnen doch das höchste Glück, das das menschliche Leben bieten kann, selbst wenn wir wissen, daß das ein etwas utopischer Wunsch ist. Aber sie sollen möglichst nahe da herankommen.

Dann darf doch eine Schule, die unsere Kinder in staatlichem Auftrag miterzieht, nicht dagegen arbeiten! Durch Grundgesetz, Landesverfassung, Schulgesetz und geltende Rechtsprechung in Gerichtsurteilen ist uns Eltern das Recht gesichert, die »Erziehungsziele« für unsere Kinder zu bestimmen, denen die Schule und andere Institutionen nicht zuwiderhandeln dürfen.

Es lohnt sich also, gegen derartige Übergriffe aktiv zu werden, selbst wenn man als Elternteil alleinsteht. Im vorliegenden Fall hatte sich Julias Mutter zunächst an mehrere andere Eltern aus der Klasse gewandt mit der Frage, ob auch sie diesen Text für den Deutschunterricht für unzumutbar und gut entbehrlich hielten. »Aber das ist doch gelaufen, da können wir doch jetzt nichts mehr dran machen«, war eine häufige Antwort. Die Vorstellung, sich mit für die grundsätzliche Klärung und für andere künftig Leidtragende einzusetzen, hatte für die anderen Eltern leider keine Attraktivität. Als »Heilsbringer« für wildfremde andere sei man sich zu schade, man habe Wichtigeres zu tun.

Ein Telefongespräch mit der Klassenpflegschaftsvorsitzenden, selbst Lehrerin, war noch viel entmutigender: »Ich weiß gar nicht, was Sie haben, seien Sie doch froh, daß Ihr Kind schon von so was erfährt, denn Sie selber würden ihm das ja nie im Leben erzählen, daß es das gibt, und woher soll es dann davon erfahren?« Sie fand gar nichts dabei und war mit dem Text vollkommen einverstanden.

Julias Mutter stiefelte also allein zu dem Gesprächstermin mit der Deutschlehrerin, um ihren Unmut und ihre Mißbilligung möglichst sachlich zu äußern. Sie begann das Gespräch, wie ich immer anrate, mit dem Hinweis auf die Erziehungspartnerschaft zwischen Schule und Eltern und signalisierte grundsätzliche Unterstützung, um dann zur Sache zu kommen. Der Text sei unappetitlich, ihre Tochter habe sich sehr geschämt und habe sich nur schwer durchgerungen, sich damit intensiver auseinanderzusetzen. Schon griff die Lehrerin ein:»Aber Sie wollen mir doch nicht im Ernst erzählen, daß das für Ihre Tochter Neuland war? Da hat sie Ihnen aber nett was vorgemacht! Und Sie wollen doch nicht behaupten, Sie seien in der Lage, all diese Themen von Ihrem Kind fernzuhalten, das kommt doch von allen Seiten und Ecken! Ich rate Ihnen: Überprüfen Sie mal, was Ihre Tochter sich so im Fernsehen ansieht, wenn Sie es nicht mitkriegen – ich wette, dann sehen Sie das Ganze mit anderen Augen!«

Daß diese Frau die Mutter in ihren Zielen herabwürdigt, das Vertrauensverhältnis zwischen Mutter und Tochter gezielt untergräbt und auf unsachlichste Art und Weise mit dem Anliegen der Mutter umgeht, geht eigentlich schon zu weit. Aber die Geschichte ist noch nicht zuende: Julias Mutter erklärt der Lehrerin, daß sie es mißbilligt, daß sie als Vertreterin der staatlichen Schule ihre Tochter *zusätzlich* zu den allgemeinen gesellschaftlichen Einflüssen zwingt, sich mit solchen Texten auseinanderzusetzen, die Sodomie als lustvolles, erstrebenswertes Erlebnis anpreisen, und noch dazu meint, den Inhalt auf diese banale und außerdem falsche »Moral« reduzieren zu sollen. Für die Herleitung einer solchen »Moral« gebe es mindestens hundert geeignetere Texte in der deutschen Literatur. »Sodomie? Nein, Sie haben den Text ja völlig mißverstanden! Das sind doch alles nur Metaphern, Symbole, die für ganz andere Dinge stehen, das hat doch mit Sodomie nichts zu tun!« Das alles sagt sie in herablassendem Ton mit reichlich Arroganz in der Stimme.

Julias Mutter nimmt auch diesen persönlichen Angriff mit Gelassenheit. Sie besitze vielleicht in den Augen der Lehrerin nicht den geistigen Horizont, die »höhere Metaphorik« dieses Textes zu erfassen, da habe sie selbstverständlich völlige Freiheit in der Einschätzung, jedoch sei ihr das vollkommen egal, denn ihre Meinung über sie als Mutter spiele hier gar keine Rolle. Entscheidend sei es, daß dieser Text den Erziehungszielen der Mutter widerspreche, übrigens auch denen des Vaters, daß die staatliche Schule kein Recht habe, gegen die elterlichen Erziehungsziele zu handeln, sondern im Gegenteil die Verpflichtung, sie nach Kräften zu unterstützen, was hiermit nicht geschehe – hierzu legte sie der erstaunten Lehrerin ein Oberverwaltungsgerichtsurteil mit entsprechender Aussage vor. Im übrigen habe die Schule den Auftrag, gerade bei der alltäglichen Überflutung mit banalen und sexistischen Inhalten den Kindern nicht-alltägliches Wissen auf »höherer« Ebene und eine Bewertung als Orientierungsmaßstab zu vermitteln, erst recht in diesem Alter. In diesem Fall eigne sich dazu allein eine deutliche Abwertung und Abqualifikation des vorliegenden Textes und seiner widerlichen »Metaphorik«, wenn schon nicht der völlige Verzicht auf solche Texte. Sie als Mutter spreche hiermit eine deutliche und offene Warnung aus, daß sie solche Dinge aus der Schule nicht mehr erleben möchte und sonst mit allen Mitteln ihr elterliches Recht zum Schutz ihrer Tochter in vollem Umfang wahrnehmen werde.

Erst nach dieser klaren Aussage war die Lehrerin bereit, sich auf einen zukünftigen Verzicht auf solche Texte festzulegen. Wie lange und in welchen Klassen sie das eingehalten hat, ist nicht zu klären, aber das Beharren auf der sachlichen Ebene und die Ruhe der Mutter, die sich auch durch persönliche Herabwürdigung nicht einschüchtern ließ, haben die Lehrerin sichtlich beeindruckt. Möglicherweise wird sie es nicht darauf ankommen lassen, ein zweites Mal in eine solche Situation zu geraten. Ob sie eingesehen hat, daß diese Art Unterricht unangemessen ist, war nicht sicher festzustellen.

Frau Thomas war frisch aus dem Referendariat an das Gymnasium gekommen und hatte sofort eine der neuen fünften Klassen als Klassenlehrerin übernommen. Mit jugendlicher Begeisterung und voller Hingabe unterrichtete die junge Frau Deutsch – ihr zweites Fach Biologie stand in Klasse fünf nicht auf dem Lehrplan. Sie richtete mit ihrer Klasse den Raum sinnvoll und schön ein, vereinbarte mit allen eine Art Klassenordnung, die die Kinder selbst mitentwickelten, und nahm sich viel Zeit für ihre »Kleinen«.

Leider fanden ziemlich bald nach dem Schulneubeginn schon unbemerkt einige unschöne Dinge statt, von denen zunächst niemand größer Notiz nahm – außer den Betroffenen. Eine Gruppe Schüler, angeführt von einem recht intelligenten Sohn einer Migrantenfamilie und einem Mitschüler, der als treuer Befehlsempfänger seinem Anführer zu jedem Einfall nicht nur applaudierte, sondern umgehend eine Aktion daraus entwickelte, begann einzelne Mitschüler psychisch unter Druck zu setzen. Eine täglich mit gezielten persönlichen Beleidigungen angegriffene Mitschülerin hatte bald auch unter Tätlichkeiten zu leiden. »Die Stinkliese kommt, haltet euch die Nase zu! Uuuh! Igittigitt!« war noch zu den harmloseren Dingen zu zählen, die laut, mit demonstrativer Gestik, quer über den Schulhof gerufen wurden. Hänseln im Sportunterricht, laute Häme für jede nicht ganz perfekte Antwort während des Unterrichts in der Klasse, Bedrängen und Angrapschen auf dem Schulhof kamen bald hinzu.

Nach ein paar Monaten der ersten Entrüstung, dann der tiefen Scham hatte das Mädchen die Hoffnung aufgegeben, daß jemals irgend jemand sie in Schutz nehmen und für sie Partei ergreifen würde. Sie selbst war dazu schon lange nicht mehr in der

Lage, alle um sie herum waren zu sehr mit sich selbst beschäftigt. Für sie gab es nur einen Ausweg: Selbstmord. Mit gerade zwölf vertraute sie diesen Entschluß auf dem gemeinsamen Heimweg einer Mitschülerin an. Diese Mitschülerin, nennen wir sie Camilla, war entsetzt und versprach der Verzweifelten, sie werde sich darum kümmern, alles werde wieder gut.

Camilla sprach den Anführer und seinen wichtigsten »Gefolgsmann« an und drohte ihnen, sich an die Lehrer zu wenden, falls die Angriffe auf die Mitschülerin nicht sofort aufhörten. Da sie sich davon wenig beeindruckt zeigten, sprach Camilla wenig später konsequent mit der Klassenlehrerin und gemeinsam mit ihr auch mit dem Vertrauenslehrer der Schule. Bisher hatten weder die Mitschülerin noch Camilla ihre Eltern ins Vertrauen gezogen. Alle gemeinsam waren überzeugt, mit diesem Schritt sei alles für ein Ende des Mobbings in die Wege geleitet. Der Vertrauenslehrer, der die Klasse auch selbst unterrichtete, und die Klassenlehrerin Frau Thomas rügten konsequent in ihrem Unterricht jede abfällige Bemerkung gegen die Mitschülerin und hatten sie sehr bald aus der »Schußlinie« der Mobber.

Was sie nicht bemerkten, war das Umschwenken der Täter auf ein anderes Opfer. Camilla konnte gut für andere eintreten, aber die eigenen Rechte einfordern konnte sie nicht, dafür war sie zu wenig selbstsicher mit ihren ebenfalls zwölf Jahren. Camilla hatte sich »geoutet«, indem sie für die Rechte ihrer Mitschülerin eintrat, sich also von der (mobbenden) Gemeinschaft abgesondert – nun neues Opfer zu werden, war nur folgerichtig. Für Mobbing-Opfer ist es das allerschlimmste, nicht dazuzugehören, außerhalb der Gruppe zu stehen und als Außenseiter abgestempelt, also ausgestoßen zu werden. Meistens bemühen sie sich darum, das Wohlwollen der Anführer und damit der Gruppe durch irgendwelche freundlichen Taten und Angebote zu erkaufen. Wenn sie damit immer weiter ins Abseits geraten, trägt das natürlich nicht zu ihrer Selbstbehauptung bei.

Camilla wurde über fast ein ganzes Jahr auf infame Art und Weise »fertiggemacht«, und inzwischen nahm beinahe die ganze Klasse aktiv daran teil. Beschimpfungen als »Petze« und »asozial« waren der Beginn, Entwenden von Material, Arbeitsgeräten und fertigen Arbeiten weitere Stufen, und die Angriffe gipfelten schließlich in Tritten und Hieben von allen Seiten gleichzeitig auf dem Schulhof im Sichtschutz der Mitschüler und Schubsen auf dem obersten Treppenabsatz, so daß sie, bepackt mit dem schweren Schulranzen, die ganze Treppe hinunterstürzte. Auch diesen Vorfall traute sie sich nicht zu melden, nicht einmal ihren Eltern erzählte sie davon. Wie unauffällig sie sich auch verhielt, wie geschickt sie sich auch vor ihren Peinigern versteckte – sie wurde täglich gequält. Sie wurde krank, hatte immer häufiger Kopfschmerzen, schließlich regelrechte Migräneanfälle, die bei neurologischen Untersuchungen ein verheerendes EEG hinterließen.

Inzwischen war Frau Thomas wegen des häßlichen Klimas in »ihrer« Klasse völlig verzweifelt – ihren beruflichen Einstieg hatte sie sich ganz anders vorgestellt. Unter den Schülern herrschte überwiegend ein gehässiger Ton, und Freude war meistens mit Häme über andere verbunden. Die Atmosphäre in der Klasse wurde geprägt von Spannung und anhaltendem Druck. Frau Meierling, Camillas Mutter, war gewählte Elternvertreterin, aber bisher war sie in die Abläufe in der Klasse nicht eingeweiht. Das änderte sich bei einem Klassenausflug kurz vor den großen Ferien.

Für den Wandertag war lange ein Ausflug in ein nahegelegenes Freizeitgelände mit Sportangeboten geplant. Dort sollte es außer sportlichen Aktivitäten auch ein eigenes Grillfeuer mit Würstchen und Beiwerk geben. Die Absprache der Versorgung war leider wegen allgemeiner Unstimmigkeiten der Klassengemeinschaft irgendwie unbeachtet geblieben und mußte nun recht kurzfristig gesichert werden. Frau Meierling reagierte auf den abendlichen Anruf am Sonntag ganz gelassen und versprach, Montagvormittag mit der Verpflegung an Ort und Stelle zu erscheinen. Da nicht genug Zeit verblieb, um noch andere Eltern dafür zu mobilisieren, fuhr sie kurz entschlossen selbst am Montagmorgen los, besorgte Brötchen, Grillwürstchen, Ketchup verschiedener Geschmacksrichtungen, Gurken, Tomaten, Paprika und Möhren als Rohkost, Getränke, Grillkohle und Zubehör, wusch, säuberte und zerschnitt das Gemüse in mundgerechte Streifen und rührte eine Kräutersauce dazu.

Zum passenden Zeitpunkt für den Beginn der Grillaktivität erschien sie mit dem vollgepackten Wagen am Platz und erbat sich ahnungslos von ein paar herumlungernden Kindern aus der Klasse Hilfe:»Ich bringe euer Mittagessen und brauch' ein paar starke Männer, die mir tragen helfen! Wer kommt mit anfassen?« Einer antwortete:»Essen? Hab' ich nicht bestellt.« Ein anderer sagte:»Tragen? Helfen? Ich doch nicht!« Die Mutter bat noch einmal nett, daß die jungen Herren mit anfassen möchten, erlebte wieder eine Abfuhr und griff dann mit Ruhe, aber Bestimmtheit zu einem anderen Ton:»Du brauchst nichts zu essen, wenn du nichts bestellt hast, kein Problem. Aber jetzt hebst du mal ganz schnell deinen Hintern und bewegst dich, sonst mach ich dir Beine, aber dalli!« Widerwillig begannen die Jungen von knapp dreizehn (!), ihrer Aufforderung nachzukommen. Offenbar hatte sie genau den Richtigen angesprochen, denn nun tummelten sich alle.

Schnell war alles aufgebaut, und die größten Drückeberger rissen sich darum, Feuer zu machen und die Grillarbeit zu übernehmen. Alle Kinder trudelten Gruppe für Gruppe ein, und es gab reichlich für alle. Nach großzügigem Genuß des Kräuterdips hatte nun eine Schülerin nichts Besseres zu tun, als über diese »blöde Suppe da« zu maulen. Der Hauptverweigerer vom Anfang verlangte ein zweites Eis am Stiel. Als er darum gebeten wurde, diesen Wunsch zurückzustellen, bis alle Schüler ein erstes gehabt hätten, raunte er gewollt hörbar den anderen zu: »So 'ne geizige Alte!«

Die tolle Stimmung, in der das Ganze stattfand, beeindruckte Camillas Mutter zutiefst. Noch beeindruckter war sie, als sie mit ihrer Tochter nach deren Rückkehr über die Ereignisse redete, und diese nun, wie ein überlaufendes Faß, übersprudelte von den Untaten und Übergriffen genau derselben Mitschüler, die sich der Mutter gegenüber so unverschämt verhalten hatten. Sie war, ohne es zu ahnen, genau an diejenigen geraten, die an der eigenen Tochter täglich ihr Mütchen kühlten!

Nach einigen Stunden des Nachdenkens entschloß sich Frau Meierling dazu, die Dinge nicht auf sich beruhen zu lassen, sondern der Klasse einen Brief zu schreiben. Sinngemäß wiedergegeben lautete er etwa so:

Liebe Klasse 6 c,

am Montag zu Eurem Klassenausflug habe ich gern für Euer leibliches Wohl gesorgt in der Absicht, Euch damit eine Freude zu machen. Um so erstaunter war ich, daß mir das so wenig gelungen ist. Zunächst hattet Ihr, Konrad und Tobias, keine Lust, mir beim Tragen der Sachen zu helfen. Stattdessen mußte ich mich von Euch anpöbeln lassen.

Dann meckertest Du, Christine, über den leckeren Kräuterdip, den Du Dir vorher reichlich hereingeschaufelt hattest, und Du, Julia, maultest, es seien nicht genügend Gurken da, denn Tomaten, Paprika und Möhren wolltest Du nicht. Schließlich mußte ich mich auch noch von Dir, Konrad, als »geizige Alte« beschimpfen lassen, weil du mit Deinem zweiten Eis warten solltest, bis alle ein erstes gehabt hätten. Bis dahin hatte ich wohlgemerkt all Eure Koteletts, Würstchen, Brötchen, Grillkohle, Gemüse, Getränke und so weiter aus eigener Tasche finanziert.

Solche Unverschämtheiten habe ich nicht erwartet und nicht verdient – im Gegenteil: Ihr habt allen Anlaß, Euch in aller Form für solch ein Benehmen zu entschuldigen. Wie alt seid Ihr, dreizehn oder fünf?

Und Ihr anderen alle: Wenn Ihr Euch endlich Frieden und eine gute Atmosphäre in Eurer Klasse wünscht, habt Ihr es in der Hand. Ihr braucht nur zwei-, dreimal über die schlechten Späße dieser vier nicht zu lachen, sondern die angegriffenen Mitschüler in Schutz zu nehmen, und Ihr habt Ruhe vor den Miesmachern und Mobbern. Überlegt es Euch, tut Euch zusammen und laßt Euch nicht mehr einschüchtern!

Viel Erfolg!

Frau Thomas bekam diesen Brief von Camilla übergeben, las ihn der versammelten Klasse laut vor und gab noch dazu den persönlich angesprochenen Schülern jedem eine Kopie mit, die sie tags darauf mit Unterschrift der Eltern wieder mitzubringen hatten.

Mit dem darauffolgenden Tag begannen die Sommerferien und damit eine Verschnaufpause, die allen Beteiligten Gelegenheit gab, die Dinge zu überdenken und die nötigen Gespräche zu führen – dachte Frau Meierling. Stattdessen erhielt sie knapp eine Woche darauf von den beiden Elternpaaren der angesprochenen Jungen gemeinsam einen Brief mit üblen persönlichen Angriffen und der Androhung eines gerichtlichen Verfahrens: Sie habe nicht das Recht, in die Erziehung anderer einzugreifen. Der Kloß im Magen, den das auslöste, verursachte ihr einige Tage Übelkeit. Die Ferien brachten nicht die richtige Entspannung, denn Frau Meierling fragte sich ständig, ob sie diese Kampagne gegen sich nicht selbst ausgelöst hatte, ob sie nicht tatsächlich unberechtigt auf fremde Kinder eingewirkt habe. Hatten diese Leute wirklich etwas gegen sie in der Hand? Würde sie bei ihrer Rückkehr Post von einem Anwalt mit schweren Beschuldigungen vorfinden? Sie verzichtete dennoch darauf, eine Rechtsberatung in Anspruch zu nehmen, und entschied sich, der Zeit und der Vernunft eine Chance zu geben. Die Anspannung löste sich nur langsam, aber zum Ende der Ferien hin hoffte sie, daß sich alles beruhigt habe und damit erledigt sein könnte.

Nicht schlecht staunte sie deshalb, als zum ersten Elternabend im neuen Schuljahr die beiden Väter dieser Jungen erschienen, die sich bisher noch nie hatten blicken lassen, roch buchstäblich schon aggressive Absichten dahinter und ließ sich vorsorglich nicht wiederwählen. Dennoch mußten diese beiden Männer, nachdem die Sitzung sachlich und in den vorgesehenen Themen konstruktiv verlaufen war, ihre Wut zum Ausdruck bringen. Nachdem sie zunächst Frau Thomas als Klassenlehrerin abgekanzelt hatten und dazu von einem anderen Vater die Mahnung erhalten hatten, mit Zweifeln an deren Kompetenz sollten sie sich besser an andere, dafür zuständige Stellen wenden, war Frau Meierling an der Reihe. Sie habe ihre Kompetenzen überschritten und sich in klasseninterne Abläufe eingemischt, versucht, fremde Kinder zu erziehen und sich außerdem als großzügige Samariterin aufgespielt, die sie nicht sei – im Gegenteil!

Eine Tirade von Vorwürfen und Beleidigungen ergoß sich über Frau Meierling, der das Herz so hoch im Hals schlug, daß sie kaum noch Luft bekam. Einen Augenblick, in dem die hetzenden Väter Luft holen mußten, nutzte sie, erhob sich und stand so »über den Dingen«. Nachdem sie tief Luft geholt hatte, bedankte sie sich charmant bei den Herren für die vollendete Vorführung. »Dadurch wird völlig klar, warum die beiden Söhne gar nicht anders können, als sich in der Klasse so unsozial zu benehmen – sie haben es zu Hause nicht besser gelernt!« Das anschließende betretene Schweigen war eindrucksvoll.

Allerdings hatte Frau Meierling nun richtig Angst um Camilla. Wenn man einen Stier reizt, wird er unberechenbar. Sie zog sofort Konsequenzen aus den Abläufen und brachte es fertig, ihre Tochter schon zwei Tage darauf auf einer anderen Schule unterzubringen. Aus den Schilderungen anderer Mütter der Klasse erfuhr sie von Zeit zu Zeit, daß sich nichts Grundlegendes geändert hatte und die Atmosphäre in der Klasse nach wie vor unerträglich war.

In Gegenden, wo es keine zweite Schule derselben Schulform gibt, ist ein Schulwechsel natürlich keine Lösung. Und auch für ein gemobbtes Kind ist das keine Lösung. Es ist eine Flucht vor den Problemen, statt sie zu lösen und damit die schmerzlichen Verletzungen zu bewältigen. So schleppt Camilla ihre »Opferkarriere« mit durch ihr weiteres Leben und wird sich – allein durch die Angst, die in entsprechenden Situationen wieder aufsteigt – immer wieder zum Opfer eignen.

Zur Frage der »richtigen« Methode, gegen Mobbing (eigentlich Ausdruck für Angriffe von nur einem Täter, bei Tätergruppen Bullying genannt) vorzugehen, geben Experten verschiedene Vorschläge. Es gibt unterschiedliche Projekte und Trainings, zum Beispiel das Anti-Bullying-Programm des schwedischen Psychologen und Sozialwissenschaftlers Professor Dan Olweus (Universität Bergen, Norwegen) oder die verbreiteten Streitschlichter-Projekte, mit denen Schüler trainiert werden, die niedrigschwellig auf gleicher Augenhöhe für gerechten und respektvollen Umgang der Schüler miteinander sorgen. Allerdings sind das alles Programme, die sich als Vorsorgemaßnahme eignen und frühzeitig an Schulen installiert werden sollten, *ehe* ein konkreter Fall eintritt.

Für den konkreten Fall jedoch gibt es auch Beratung, Angebote und Empfehlungen. Eine Stelle, an die sich Betroffene anonym wenden können, ist die Internetseite www.schulpsychologie.de, wo persönlich und intensiv aufbauend beraten wird. Dort werden auch Schüler beraten, die sich von ihren Lehrern erniedrigt und dem Spott der Mitschüler ausgesetzt fühlen. Ziel ist es, das Opfer so zu stärken, daß es nicht mehr zum Opfer taugt.

Gleichzeitig wird dort der Weg beschrieben, mit dem solche Möchtegern-Machos und fiese Zicken in ihre Schranken verwiesen werden können: durch offene Anprangerung und klare kollektive Ächtung ihrer Taten. Frau Meierling hatte also mit dem Brief instinktiv genau das Richtige getan, und auch Frau Thomas war mit dieser Hilfe genau richtig verfahren, hatte ihn nicht nur der Klassenöffentlichkeit vorgelesen, sondern noch dazu den Familien zur Kenntnis gegeben, damit dort das Thema besprochen wurde. Die Aggression der Väter aber zeigte, daß Frau Meierling in ein Wespennest gestochen hatte. Die Väter fühlten sich in ihrem eigenen Stolz verletzt und reagierten deshalb so wütend.

Für Camilla wäre es ein besserer Weg gewesen, die Täter bestraft und bei Unempfänglichkeit für Erziehungsmaßnahmen sogar von der Schule verwiesen zu sehen. Dann hätten sie das Feld räumen müssen, und nicht Camilla als Opfer. Die Flucht aus der belastenden Situation ist immer nur der zweitbeste Weg. So entsteht indirekt eine Art Opferbestrafung, und das Opfer wird immer wieder die Schuld für die Vorgänge bei sich selbst suchen und in späteren ähnlichen Situationen aus Angst sofort wieder in die Opferrolle hineinrutschen. Solche Langzeitschädigungen sind signifikant häufig zu finden.

Eltern sollten mit ihren Kindern, und das gilt nicht nur für derartige Fälle, sondern für alle schulischen Abläufe, die nicht mit der erforderlichen Achtung vor den anderen und ihren Rechten erfolgen, sämtliches Fehlverhalten, Verleumdungen, Beschimpfungen und tätlichen Angriffe möglichst genau mit Angabe von Zeitpunkt und Zeugen schriftlich dokumentieren. In einem Gespräch mit Schulleitung und Vertrauenslehrer, möglicherweise auch sämtlichen Lehrern der Klasse über die Abläufe kann man die schulischen Verantwortlichen auf ihre Verpflichtung zum direkten Eingreifen und zuverlässigen Schutz für Camilla und mögliche weitere Opfer hinweisen. Konsequentes Vorgehen gegen alle Formen der Übergriffe unter Schülern ist Sache der Schule. Die Schule muß gewährleisten, daß alle Kinder sich dort aufhalten und lernen können, und zwar ohne Angst vor Bedrohung. Dabei geht es nicht um Schuldzuweisungen, sondern mit nach vorn gerichtetem Blick um die richtige, eng abgestimmte Vorgehensweise, mit der dem Geschehen umgehend, wirksam und nachhaltig Einhalt geboten wird.

Wir als Eltern, die im Unterricht und in den Pausen nicht anwesend sind und sein können, dürfen uns getrost darauf berufen, daß dies der Verantwortungsbereich der Schule ist, und daß die dort Verantwortlichen tätig werden müssen und verpflichtet sind, solche Vorgänge zu bemerken (!), also achtsam zu sein und sie im Entstehen zu verhindern beziehungsweise bei fortgeschrittenem Stadium wirksame Maßnahmen zur Beendigung zu ergreifen. Dazu gehören die offene Solidarisierung mit dem Opfer, die klare und deutliche Anprangerung der Täter und ihrer Taten und die öffentliche Ächtung solchen Verhaltens. Dazu gehören weiterhin die Androhung von wirkungsvollen Sanktionen, die engmaschige Aufsicht während der Pausen und die konsequente Durchführung der angedrohten Sanktionen, bis hin zum Schulverweis, falls die Täter sich nicht an die gesetzten Regeln halten.

Nur so ist es für ein Opfer möglich, auf seiner Schule, in seinem Umfeld zu bleiben und sich aus der Opferrolle herauszuarbeiten. Ein »Naja, der könnte ja auch ein bißchen weniger im Unterricht tun, um nicht als Streber zu gelten«, oder sonst eine Aussage dahingehend, ein Opfer habe durch eigenes Auftreten und Verhalten die Aufmerksamkeit der Täter auf sich gezogen, ist untragbar. Es kann nicht sein, daß ein Schüler oder eine Schülerin in ihren schulischen Leistungsmöglichkeiten eingeschränkt werden, damit die Lehrkräfte weniger Disziplinprobleme mit auffälligen Schülern haben. Und schon gar nicht ist es tragbar, daß einzelne sich auf Kosten anderer Geltung verschaffen und sie so in ihrer Integrität verletzen. So eine Haltung zu dulden, kann nur schaden.

Herr Waschke war Schulleiter einer Grundschule und sehr darauf erpicht, möglichst Ruhe unter den Eltern herzustellen und zu halten. Wenn Elternabende stattfanden, nahm er in allen Klassen teil und konnte sehr geschickt alle Fragen beantworten, alle Abläufe leicht steuern und damit verhindern, daß die Eltern zuviel Einfluß auf schulinterne Entscheidungen nahmen. Versuche der Eltern, eine Liste mit Adressen auszutauschen, beschied er mit einem Verbot aus datenschutzrechtlichen Gründen. Außerdem sei es unmöglich, solche Listen auf Kosten der Schule zu kopieren, bei den geringen Sachmitteln, die zur Verfügung ständen. Protokolle der Sitzungen fertigte er selbst an und legte sie nie den gewählten Elternvertretern vor. Veränderungen an der Schule wurden den Eltern, auch den Vertretern in den Mitbestimmungsgremien Schulpflegschaft und Schulkonferenz, erst klar, wenn alles schon entschieden und fest eingestielt und organisiert war.

Herr Waschke hatte außerdem das Informationsmonopol an seiner Schule. Wenn Eltern Informationen aus anderen Quellen, zum Beispiel vom Elternverein, mitbrachten, reagierte er ungehalten und fast beleidigt: »Wollen Sie mir unterstellen, daß ich Sie nicht ausreichend und umfassend informiere?! Das ist schließlich meine Dienstpflicht!« kanzelte er eine Mutter ab. Da sie sich nicht auf diese Art einschüchtern ließ, ruhig blieb und das Thema sachlich fortführte, mußte er sich auf die Diskussion einlassen, und es stellte sich heraus, daß er tatsächlich auf die Mitteilung etlicher Nebenaspekte verzichtet hatte – es war ihm schlicht zu lästig, das alles mit den Eltern durchzukauen, obwohl genau das seine »Dienstpflicht« gewesen wäre.

Leider sind solche Dinge weit verbreitet. Immer wieder höre ich entsprechend ratlose Beschwerden der Eltern. Auch hier gilt: Sie können sich gegen die Unsicherheit und Einschüchterung in solchen Fällen am besten wappnen, indem sie außerhalb

der schulischen Elterngremien intensive informelle Kontakte
pflegen, miteinander sprechen, sich austauschen und sich außerhalb der Schule gezielt zu den Tagesordnungspunkten der nächsten Sitzung informieren und vorbereiten. Elternvereine und
Elternverbände bieten dazu ihren Mitgliedern alle erdenkliche
Unterstützung und Beratung. Natürlich ist das Sammeln von
Informationen lästig, wenn man erwartet, daß die Schule alles
regelt und man zu den wirklich wichtigen Entscheidungen die
Gesichtspunkte mundgerecht und in übersichtlichen Häppchen
fertig serviert bekommt. Darauf kann man sich aber nur verlassen, wenn die Verantwortlichen in der eigenen Schule wirklich
ein derart weitreichendes Vertrauen verdienen, also die Gespräche umfassend und transparent gestalten, Informationen vorbereiten und echte Alternativen zur Wahl stellen. Das ist eben
leider nicht selbstverständlich, sondern oft ein harter Kampf.

Hilfreich ist es daher, seine Elternrechte gut zu kennen. Kaum
ein Neuling in der Elternarbeit weiß, daß Eltern bei der ersten Sitzung bereits eine Namensliste mit Telefonnummern, E-
mail-Adressen und allen weiteren Kontaktdaten herumgehen
lassen können, die dann auch durch die Schule an alle verteilt
werden muß – das widerspricht nicht datenschutzrechtlichen
Vorschriften. Wenn nicht die Lehrkraft das anregt, hat man das
erste Halbjahr kaum mehr die Chance, alle anderen zu erreichen. Wenige Elternvertreter wissen auch, daß zusätzlich zu dem
Elternabend je Schulhalbjahr auch Elternversammlungen ohne
Beteiligung von Klassenlehrer und Schulleiter zulässig sind, in
denen man wichtige Themen unter sich besprechen kann. An
vielen Schulen ist es üblich, daß solche Abende informell als
»Stammtisch« in einer benachbarten Kneipe stattfinden, um jeder Konfrontation um den Anlaß aus dem Wege zu gehen. Auf
jeden Fall zahlt es sich aus, wenn Eltern untereinander intensiv
und unkompliziert Kontakt halten, einander gut kennen und
sich immer frühzeitig gut informieren und beraten, ehe sie am
Elternabend plötzlich ja oder nein zu einem Thema sagen müssen, von dem sie noch nie vorher etwas gehört haben. Grund-

sätzlich rufen wir dazu auf, mehr Elternabende in den Schulen fest zu etablieren, damit die Zusammenarbeit zwischen Eltern und Lehrerkollegium effektiver und harmonischer wird.

Dabei kommt es auch darauf an, nicht immer nur auf neue Anregungen aus der Schule und der Schulverwaltung zu reagieren, sondern auch aus eigener Initiative aktiv zu werden. Wo Mißstände offensichtlich werden, und das kann schon durch den Anruf einer Mutter oder eines Vaters passieren, sollten die Elternvertreter dem nachgehen und die Aussagen auf ihren Gehalt und ihre Bedeutung für das gesamte Schulleben überprüfen. Oft nehmen die gewählten Elternvertreter diese Verantwortung nicht entsprechend wahr, sondern gehen eher den Weg des geringsten Widerstandes. Etwas aktiv zu bewegen, verlangt den Einsatz von Energie, und wenn sich jeder von uns vorher fragt, ob und wie er diese Energie lieber für eigennützige Zwecke einsetzen könnte, statt für alle Kinder eine Verbesserung zu erstreiten, dann ist natürlich die Erfolgsquote ziemlich lächerlich. Nur wo etliche Eltern Hand in Hand jahrgangsübergreifend die Dinge gezielt absprechen und in Gang setzen, können wir Eltern wirklich eine Verbesserung des Klimas und der Partnerschaft zwischen Schule und Eltern erreichen – dann aber nachhaltig und sehr produktiv.

Eltern können zum Beispiel aktiv werden, wenn Unterrichtsausfälle durch Schwangerschaft oder Krankheit nicht mehr zu bewältigen sind oder bauliche Mißstände den Schulbetrieb beeinträchtigen. Eltern können sich mit viel mehr Nachdruck an die zuständigen Behörden und parlamentarischen Gremien wenden, zusätzliche Lehrkräfte fordern oder die Reparatur der zugigen Fenster, der Heizung oder des undichten Daches durchsetzen, zur Not sogar unter Beteiligung der örtlichen Presse, damit ausreichender Druck entsteht. Eltern können zum Wohl der Kinder, aber auch des Lehrerkollegiums viel erreichen. Und das ist nicht nur wichtig und sinnvoll, wie die beschriebenen Beispiele zeigen – es kann sogar viel Freude machen.

Man muß nicht lange suchen, um die Bedeutung der Werteerziehung zu verdeutlichen: Gerade in letzter Zeit wird eine
Häufung von Mobbingfällen und Übergriffen an Schulen
öffentlich beklagt. Das kann zu einem gewissen Grad darauf
zurückzuführen sein, daß die Bevölkerung inzwischen für das
Thema sensibilisiert ist. Es hat jedoch allgemein mit dem schon
beschriebenen Mangel an Bewußtsein für ethische Werte in der
Gesellschaft zu tun, vor allem mit einem schwindenden Gefühl
für die Würde des Menschen. Meiner Beobachtung nach hängt
es auch direkt mit den Darbietungen in vielen Fernsehprogrammen zusammen, die leider fast ungefiltert in die Familien
und damit in die Kinderseelen hineinfluten – man kann sie
auch als Spiegel der verbreiteten Grundhaltungen auffassen. An
diesen läßt sich die Brisanz der Problematik sehr gut veran-
schaulichen.

Quotenrenner sind Sendungen, in denen sich Menschen »wie
du und ich« im Rampenlicht zur Schau stellen, um anschließend
abgekanzelt und in ihrer ganzen Verletzlichkeit und Schwäche
präsentiert zu werden. Da gibt es unglaublich viele erbärmli-
che Angebote, wo Menschen zum Beispiel nach den unsagbar-
sten Kriterien unter mehreren Kandidaten ihren »biologischen
Vater« zu erkennen versuchen, wo junge Frauen, die extrem
unvorteilhaft zurechtgemacht und ins Bild gesetzt werden, öffentlich ihren »Verflossenen« um Rückkehr zu ihnen anflehen
(Moderator: »Wir sind ja hier unter uns!«), oder wo erwachsene Männer ihre ebenfalls fast erwachsenen Kinder vor laufender Kamera überraschend mit der Verleugnung der Vaterschaft
konfrontieren und so weiter, Hauptsache, es fließen reichlich
Tränen, und hin und wieder gibt es ein »happy end«. Welch
arroganter Zynismus! Ähnlich peinlich müßten den Menschen
eigentlich auch die »Wohltätershows« sein, die zur Zeit grassie-
ren, wo die Wohnung einer in eine Notlage geratenen Familie
auf poppigste Art und Weise von einer Innenarchitektin mit

Hilfe aller Nachbarn auf Kosten des Senders vollrenoviert und neu ausgestattet wird oder ein notleidender Obdachloser durch »fachkundige« Begleitung zu Ämtern und Behörden, natürlich vor laufender Kamera, »resozialisiert« wird, und Massen ähnlicher Geschichten, die häufig auch noch Serienpotential hergeben nach dem Motto »Wie geht es weiter?« Den Variationen und der Phantasie sind keine Grenzen gesetzt.

Weitere Blüten treibt dieses Phänomen im Netz. Den beschriebenen Vorbildern entsprechend hat sich mittlerweile eine Art Internetkult entwickelt, wo sich meist junge Menschen zum Beispiel auf YouTube, MySpace oder ähnlichen Portalen und auf eigenen Seiten sogar freiwillig mit persönlichen Peinlichkeiten exponieren. Peinlichkeit ist Mutprobe, die einen »Promi« aus mir macht? Wie sie dorthin gelockt werden, ob durch Geldangebote oder unter Vorspiegelung zukünftiger Berühmtheit, ist dabei unwichtig. Wichtig ist die erfolgreiche Erziehung der Zuschauer zu Voyeuren und genußvollen Schlüssellochguckern. Beim Kaffee am Bügelbrett oder bei Bier und Chips auf dem Sofa weidet man sich an der notdürftig versteckten Scham der bedauernswerten Mitspieler, die in ihrer Rolle gefangen sind, weil sie einmal ja gesagt haben. Es ist in, sich über die Beschränktheit und Dummheit solcher bedauernswerten verführten Figuren zu amüsieren und sich selbst dadurch erhaben zu fühlen – quasi »Privatmobbing« in den eigenen vier Wänden.

Durch die zunächst scheinbar folgenlose Verbreitung solcher Inhalte sind Schamgrenzen und Hemmschwellen der Achtung vor der Menschenwürde inzwischen so weit gefallen, daß dieser Begriff nur noch im Zusammenhang mit Sterbehospizen, amnesty international und kirchlich organisierter Hungerhilfe verwendbar erscheint. Dasselbe gilt für Beleidigung, Verleumdung und Bloßstellung anderer im Internet. Etliche Portale dienen genauso als Plattform für Entwürdigung von Lehrkräften und sonstigen Respektspersonen.

Wir Eltern werden sicher auch bald an der Reihe sein, denn in einer gewissen Altersstufe sind Eltern »peinlich« und auch manchmal unerträglich. Wut und Empörung der Jugendlichen gegen jeden Menschen, der Respekt einfordert und ihnen irgendwie etwas zu sagen zu haben scheint, können sich dort entladen, ohne daß wir es merken. Vielleicht drehen sie auch von uns heimlich kleine Filmchen beim Nasebohren oder in anderen Situationen, die niemanden außerhalb der Familie etwas angehen, und stellen sie ins Netz?

Mit solchen vermeintlichen jugendlichen Modeerscheinungen kann extremer Schaden angerichtet werden. Wie sehr ein Kind seinen Vater zum Beispiel in Schwierigkeiten bringen kann, indem es behauptet, von ihm mißbraucht worden zu sein, schildert Georg Glass in seinem Buch *Vorwurf: Kindesmißbrauch – Tagebuch eines Alptraums*. Hier ist es die getrennte Partnerin, die diesen Vorwurf bezüglich des gemeinsamen Kindes äußert, aber die beschriebenen Folgen dürften so ziemlich dieselben sein. Nachdem einige Jahre lang Kindesmißbrauch häufig in der öffentlichen Diskussion vorkam und die Bevölkerung von vielen, sicher gutmeinenden Seiten zur Wachsamkeit aufgerufen wurde, ist die Sensibilität für diese Thematik enorm gestiegen.

Das gleiche gilt für andere Übergriffe gegenüber Schutzbefohlenen. Wie extrem inzwischen Schule, Jugendamt und Polizei auf manche Aussage eines Kindes reagieren, habe ich erst kürzlich wieder durch den Anruf besorgter Eltern aus einer Kleinstadt am Niederrhein erfahren. Mittags kam der sechsjährige Sohn nicht aus der Schule zurück, und auch die neunjährige Tochter ließ auf sich warten. Schließlich erschien auch der vierzehnjährige älteste Sohn nicht zu Hause, und die Eltern verlebten Stunden in Angst und Schrecken auf der Suche nach ihren Kindern.

Die Polizeibeamtin am Telefon beschwichtigte sie und meinte zunächst, die Kinder hätten sich sicherlich zu einem harmlosen gemeinsamen Ausflug verabredet und wären bestimmt mit Einbruch der Dunkelheit wieder zu Hause. Spät am selben Abend erhielten die Eltern einen Anruf der Polizei, sie brauchten auf die Kinder nicht zu warten, die seien ihnen wegen gewalttätiger Übergriffe in der Familie entzogen worden. Weitere Informationen seien beim Jugendamt einzuholen.

Nähere Recherchen am nächsten Tag bei Schule und Jugendamt ergaben, der Jüngste habe auf intensive Nachfragen der Lehrerin »zugegeben«, er werde zu Hause geschlagen, worauf man sofort das Jugendamt informiert habe, das die Kinder alle am selben Tag direkt aus der Schule heraus »in Sicherheit gebracht« habe. Nun seien sie in verschiedenen Pflegefamilien verteilt, und es sei nicht absehbar, wie, wo und wann man die Dinge richtigstellen könne. Die Kinder waren noch nie getrennt gewesen, und die Eltern machten sich extreme Sorgen um ihre Ängste und ihr Heimweh.

Natürlich müssen Kinder vor gewalttätigen Eltern geschützt werden, und es ist fraglos Mord oder zumindest Totschlag, ein Kind verdursten, verhungern, erfrieren oder sonstwie durch Entzug der elterlichen Fürsorge sterben zu lassen. Deshalb ist es sicherlich immer eine schwere Entscheidung, ob Jugendamtsmitarbeiter eingreifen oder nicht. Diese Entscheidung müssen aber diese Mitarbeiter verantworten und nicht diejenigen, die einen möglichen Fall zur Anzeige bringen. Ehe Eltern Kinder entzogen werden wegen des Vorwurfs gewalttätiger Übergriffe, mit allen Konsequenzen für die Kleinen durch Verlustängste und Traumatisierung, sollte schon die Lage in der Familie überprüft werden, statt in einer Nacht- und Nebelaktion Tatsachen zu schaffen. Ihnen muß zumindest Gelegenheit zur Stellungnahme und Information über den amtlich verfügten Verbleib ihrer Kinder gegeben werden. Was, wenn wie in diesem Fall, eine Lehrerin auf irgendwelche Anzeichen überreagiert und durch die hysterische Aufmachung vieler Medienberichte in einer wilden Kampagne gegen die Eltern dreier Kinder bestärkt wird, die im Nachgang alle weder Verletzungen aufwiesen noch eine psychische Schädigung außer der, die durch die Trennung von der Familie verursacht wurde? Was, wenn ein Leser in einem Internetportal Kontakt mit einem Kind aufnimmt, das dort eine Phantasiegeschichte erzählt, um sich wichtig und interessant zu machen, wenn er wegen Vorspiegelung dramatischer Vorgänge als angeblich Gleichaltriger und Leidensgenosse seine Adresse erfragt und der Familie die Polizei und das Jugendamt auf den Hals hetzt? Wenn durch irgendeinen unglücklichen Zufall gerade tatsächlich eine Verletzung bei einem der Kinder vorliegt, deren Ursache den Zuständigen fragwürdig erscheint, und der Vater oder die Mutter für Monate ins Gefängnis wandert?

Die Betreiber dieser Portale und Sender, die allesamt sicher mehr Intelligenz als ihre bereitwilligen »Kunden« besitzen, sind gerade wegen ihrer Intelligenz, also ihres Durchblicks, ethisch dazu verpflichtet, auf die Verbreitung solcher Inhalte zu verzichten, sie zu unterbinden. Daß sie es nicht tun, ist nicht darauf zurückzuführen, daß sie die Hintergründe nicht durchschauen, sondern darauf, daß sie ihre Verantwortung für die Ergebnisse ihrer Machwerke nicht wahrnehmen. Wären sie stärker an ethische Werte gebunden, wären sie in der Lage, locker auf anderem Wege genausoviel Geld zu verdienen, wie aus diesen entwürdigenden Produktionen und Weblogs und der darin transportierten Werbung zu schlagen ist. Aber der Weg über diese Geschmacklosigkeiten ist offensichtlich der bequemere, und sie ignorieren erfolgreich die Minderwertigkeit und Widerlichkeit ihrer Produkte. Abgesehen davon, daß sie selbst bedauernswerte Menschen sind, die alle Achtung und alle Werte entbehren, haben sie so weitreichend Einfluß auf unsere Kinder, daß dringend gehandelt werden muß.

An dieser Stelle beißt sich die Katze selbst in den Schwanz. Wie ist so ein Teufelskreis zu lösen? Ich sehe nur einen Weg: durch mehr und solidere Bildung, jetzt, sofort. Zur Bildung einer verantwortungsvollen Persönlichkeit gehört, daß wir Werte klar setzen und unseren Kindern die Verabscheuungswürdigkeit dieser unethischen Darbietungen und Angebote vor Augen führen. Gemeinsames Lesen und Ansehen von solchen Veröffentlichungen – nur kurz, auch wenn es Überwindung kostet – und die klare Analyse, wo Menschen auf ihre Triebe reduziert oder persönlich erniedrigt und damit entwürdigt werden, kann diese Aspekte am besten verdeutlichen. »Möchtest du da sitzen und so behandelt werden?« kann eine hilfreiche Frage – auch an uns selbst – sein.

Wenn wir es schaffen, unsere Kinder mit der Peilung zu versorgen, die ihnen hilft, gut und schlecht, würdig und verabscheuungswürdig, menschlich und unmenschlich, christlich und unchristlich besser zu unterscheiden, legen wir die Grundlage für mehr Bildung unserer Enkelkinder und der Kinder um sie herum – denn einige unserer Kinder werden Eltern und werden Lehrer, jedenfalls sehr wahrscheinlich. Das geht nur, indem wir klar Stellung beziehen und eindeutige Aussagen machen, also selbst sicher in unseren Werten stehen und sie nach außen hin konsequent vertreten. Unsere Kinder werden die Haltung und die Werte vervielfältigen, die wir ihnen vermittelt haben. Wir sind deshalb auch in dieser Hinsicht in der Pflicht, als Eltern, als Erzieher, endlich die Weichen wieder auf Orientierung zu stellen, auf die Würde des Menschen und deren Unantastbarkeit.

Die Grundrechte, Artikel 1

(1) Die Würde des Menschen ist unantastbar. Sie zu achten und zu schützen ist Verpflichtung aller staatlichen Gewalt.

(2) Das Deutsche Volk bekennt sich darum zu unverletzlichen und unveräußerlichen Menschenrechten als Grundlage jeder menschlichen Gemeinschaft, des Friedens und der Gerechtigkeit in der Welt.

*(3) Die nachfolgenden Grundrechte binden Gesetzgebung, vollzie-
hende Gewalt und Rechtsprechung als unmittelbar geltendes
Recht.*

Zur Zeit liegt dieser Artikel 1 unseres Grundgesetzes brach. Es
gibt keinen Gesetzgeber, der die Macht hätte, das zu ändern,
denn die Macht ist in den Händen des Volkes, und das entwürdigt sich selbst und freiwillig, verzichtet auf sein elementares
Grundrecht auf Respekt und Achtung seiner Würde.

Wollen wir das? Jeder einzelne, der das nicht mitansehen will,
muß aktiv werden, dort wo er steht. Einsatz lohnt sich und wird
sich auszahlen, früher oder später und besonders bei unseren
eigenen Kindern, deren Entwicklung wir am engsten miterleben werden. Klar kostet das einige Mühe, wie schon ausführlich
beschrieben, aber es entsteht ein Gefühl, das viel zu wenige von
uns bis heute gut genug kennen, das sich folgendermaßen an-
fühlt: »Es war verdammt hart, und ich habe viel zurückgesteckt
und auf vieles verzichtet, aber − es ist so gut geworden. Es hat
sich gelohnt, jede einzelne Stunde, jeder einzelne Augenblick
hat sich gelohnt. Ich habe mich immer wieder überwunden
und mich immer wieder gezwungen, durchzuhalten, aber heute
im Rückblick bin ich stolz auf das, was ich geschafft habe. Das
hätte ich mir nicht zugetraut!«

Wenn wir das später wirklich sagen können, dann haben wir
unser Potential ausgeschöpft und aus unseren Fähigkeiten und
Anlagen das herausgeholt, was wir uns, unseren Kindern und
der Schöpfung schuldig sind, die uns mit diesen Gaben ausgestattet hat. Und dann sind wir zufrieden und sehen auf unsere Mühen mit neuen Augen, erinnern uns an die Wärme und
Liebe, die uns immer aufrecht gehalten hat, auch in schwersten
Krisen, und können uns dankbar zurücklehnen und dieses stille
Glück genießen.

Wir Eltern sind verpflichtet, unsere Kinder zu schützen. Sie sind die schutzbedürftigen, uns anvertrauten kleinen Menschenwesen, denen nur wir als Eltern wirklich die optimale Förderung und den wirksamsten Schutz geben können, weil wir es mit ganzer Liebe tun.

Das ist eine große Forderung und in manchen Fällen auch Über-Forderung. Es ist ein Anspruch, an dem man zerbrechen kann – wenn man ihn falsch auffaßt. Dieser Anspruch will aber nicht mehr von uns, als liebevolle Hinwendung und ehrliches Interesse am Wohlergehen unseres Kindes – und er will nicht weniger. Er bedeutet, daß wir im Sinne unseres Kindes entscheiden und handeln sollen, nicht in unserem Eigeninteresse.

In diesen Entscheidungen sind alle Kleinigkeiten des Lebens enthalten, aber auch ganz große, schicksalhafte Entschlüsse. Kann ich als fünfzehnjährige alleinstehende Mutter, deren Eltern sich wegen der »Schande« von mir losgesagt haben, mein Kind allein aus eigener Kraft mit dem versorgen, was es braucht, oder gebe ich es lieber in andere, möglicherweise liebevollere Hände? Zu Menschen, bei denen es eine gesicherte Existenz und Erziehung erfährt, die ich ihm in meiner »Gefühlsachterbahn« nicht bieten kann? Kann ich mein Kind, das aus einer Gewalttat entstanden ist, genug lieben, um sein Leben und Überleben zu sichern? Kann ich als Vater ein Kind genug lieben, das das Kind eines anderen Mannes ist? Werde ich das Kind vergelten lassen, was mir Häßliches im Leben angetan worden ist, oder habe ich die Kraft, es davor dauerhaft zu schützen?

Das sind Überlegungen, die häufig schon während einer Schwangerschaft Eltern quälen, und sie gehören genauso in den Verantwortungsbereich wie die schönen, freudigen Erwartungen. Sie sind kein Anlaß zu Scham oder einem schlechten Gewissen, sondern sie sind erst recht Beleg für den bewußten

Umgang mit der Verantwortung, die Gott uns mit diesem Kind überträgt. Sie sind vollkommen legitim. Bei allen Selbstzweifeln, an denen wir oft leiden, gehört dazu aber auch die Selbstprüfung: Ist das nur der Impuls, mich vor der Verantwortung zu drücken, oder bin ich wirklich in einer so prekären Lage? Welche Unterstützungssysteme habe ich in meinem Familien- und Freundeskreis, welche gibt es, die wir Menschen in unserem Sozialwesen sicher installiert haben, um solche Fälle aufzufangen? Glücklicherweise bedeuten heute ungewollte Schwangerschaften und uneheliche Kinder nicht mehr Ächtung und Entehrung der betreffenden Frau und ihres Kindes, sondern werden – auch angesichts des Geburtenrückgangs der letzen Jahre – offen und ehrlich behandelt, mittlerweile anerkannt und oft sogar bewundert. Viele Einrichtungen der Wohlfahrtsverbände und der staatlichen und kommunalen Behörden bieten Unterstützung zu Lebensfragen und zum Lebensunterhalt für solche Fälle, die man ohne Scheu in Anspruch nehmen kann.

Auch in solchen Fällen sind wir als Eltern stark in der Verantwortung, als Eltern einer schwangeren jungen Frau vor allem. Machen wir unserem Kind Mut und geben ihm die Rückendeckung, daß wir zu ihm stehen, wenn es das Kind austragen, zur Welt bringen und großziehen will? Oder gehen wir eher mit Besorgnis, Zweifeln und Mutlosigkeit an diese Frage? Schämen wir uns möglicherweise sogar stellvertretend und reagieren mit Entrüstung, Verletztheit und Liebesentzug? Aus vielen Fällen, die ich gut kenne, weiß ich: Für eine jugendliche Schwangere gibt es nichts Wertvolleres als die sichere Unterstützung der eigenen Eltern. Wenn sie hinter ihr stehen und hier und da als Feuerwehr dienen, kann sie viel ruhiger und gelassener der großen Verantwortung entgegensehen, der sie sich stellen muß. Das soll nicht bedeuten, daß Eltern der werdenden Mutter ständig die Kartoffeln aus dem Feuer holen sollen. Aber sie können sie dabei unterstützen, den werdenden Vater mit in die Pflicht zu nehmen – möglicherweise über ein ernstes Gespräch mit dessen Eltern über seinen Anteil an der Verantwortung –

und sie können ihrer Tochter grundsätzlich liebevoll beratend und fürsorglich die Wärme und Ruhe geben, die sie jetzt braucht.

Hier hilft ein Rückblick auf den Spruch von Epikur von Seite 135.

Was uns schon vorab beruhigen kann: Es ist unglaublich, welche Kräfte wir haben. Oft sind wir im Rückblick erstaunt über viele der Dinge, die wir uns selbst nie zugetraut hätten, die wir als Zumutung empfunden haben. Wenn sie überwunden sind – eine schwere Krisenzeit, schlimme Krankheit, Verfall und Verlust eines geliebten Menschen, Hilflosigkeit, Mutlosigkeit und Verzweiflung –, dann wundern wir uns darüber, daß wir immer noch senkrecht stehen und an manchen Aspekten des Lebens wieder Freude finden können. Kindererziehung ist emotionale Schwerstarbeit, aber unsere Kraft wächst mit den Anforderungen, die an uns gestellt werden. Diese Erfahrung habe ich so häufig selbst gemacht und bei anderen beobachtet, daß daran kein Zweifel bestehen kann – siehe auch Felizitas und Christof oder Gertrud und Richard.

Natürlich ist es dabei unerläßlich, die Hilfe und Unterstützung anderer Menschen einzubeziehen. Das ist alles andere als ein Zeichen der Schwäche. Dadurch verzweigt sich die Anforderung lediglich und gibt auch anderen Anlaß, an den Herausforderungen zu wachsen. Dieses Prinzip zieht sich durch das menschliche Leben nicht nur wie der sprichwörtliche rote Faden, sondern wie ein dickes rotes Seil. Es ist die Wirkung der Hoffnung, die uns so wachsen läßt, und diese Hoffnung wird gespeist aus der Beobachtung, daß es uns und anderen schon viel schlimmer gegangen ist, aber es hat sich alles wieder eingerenkt.»Et hätt no ämmer jotjejange«, sagt der Rheinländer dazu. Zugegeben: Es ist auch eine Gnade, daß wir nicht vorher wissen, was alles auf uns zukommt.

So stehen wir relativ unvorbereitet vor neuen Fragestellungen und müssen schnell entscheiden und tätig werden – Zeit für Selbstmitleid bleibt da nicht viel, und das ist heilsam und gut. Je häufiger wir das »trainiert« haben, um so leichter fällt es uns beim nächsten Mal, uns nicht hängen zu lassen, sondern die Probleme beim Schopf zu ergreifen und anzupacken. Das Wachsen an den Herausforderungen führt außerdem dazu, daß wir uns selbst immer mehr zutrauen und, auch als Erwachsene, uns weiterentwickeln in unseren Aktivitäten und unserem Wirkungsgrad. Wir können immer noch mehr erreichen; es kommt vor allem auf den festen Willen und die Bereitschaft zur Steigerung an.

Genau das ist es, was uns Mut macht und die Zuversicht gibt, daß wir etwas erreichen können, nicht zuletzt die selbstbewußte Erziehung unserer Kinder. Es geht dabei nicht um überzogene Forderungen und freche Selbstüberschätzung, sondern es geht um angemessene, legitime Anliegen und Bedürfnisse, deren Befriedigung wir vernünftigerweise verlangen dürfen, auf die wir ein Recht oder einen Anspruch haben. Wir haben zum Beispiel Anspruch darauf, von anderen Menschen, auch den Lehrern und Schulleitern, mit Achtung und Respekt behandelt zu werden.

Die Praxis sieht häufig anders aus: Wie oft stehen wir mit einer Frage, einer Bitte um Erklärung einer Vorgehensweise oder der Frage, wie ein Problem gelöst werden kann, in der Schule, und uns wird Unwahrheit oder Falschdarstellung unterstellt, möglicherweise auch Angriffslust und Aggression. Da werden so einschüchternde Aussagen gemacht, daß das Gespräch auf die Ebene der persönlichen Infragestellung abgleitet, wir haben das Gefühl uns verteidigen zu müssen für etwas, das wir gar nicht begangen, nicht mal beabsichtigt haben, aber trotzdem sind wir sofort in der Defensive. Gleichzeitig fühlt sich die Situation so an, als wären wir Menschen zweiter Klasse, was den Durchblick und die Kenntnis der Dinge angeht, als wären wir zu dumm, die Zusammenhänge zu begreifen. Der Lehrer stellt unser Kind als dumm, faul, desinteressiert und bockig hin und läßt durchblicken, daß es ihm das Leben schwermacht durch seine durchweg ablehnende Haltung der Schule gegenüber – und daß diese Haltung von zu Hause stammt. Es fallen Sätze wie: »Was Sie zu Hause versäumen, kann ich in der Schule auch nicht wieder auffangen!« Da bin ich als Mutter oder Vater schuldbewußt, frage mich, was ich falsch mache und ändern könnte, um die Situation zu verbessern, suche automatisch den Fehler bei mir. Gleichzeitig frage ich mich vielleicht, warum ich zu Hause mit dem Kind ähnliche Schwierigkeiten nicht kenne. Was also, wenn die Abwehrhaltung meines Kindes eine direkte Reaktion auf die Vorgänge und Abläufe in der Schule ist und daher mit mir als Mutter oder Vater gar nichts zu tun hat?

An solchen Geschehnissen wird deutlich, daß wir als Eltern in jeder denkbaren Situation auf die Probe gestellt werden können. Wir erkennen, daß unser Kind aus verschiedenen Richtungen sehr unterschiedlich wahrgenommen werden kann. Wir Eltern sind in der Schule nicht dabei, wenn Konflikte auftreten, können also gar nicht korrigierend eingreifen. Wir können die Geschehnisse im Grunde auch nicht einordnen und beurteilen, sondern nur zur Kenntnis nehmen, in zwei oft sehr verschiedenen Versionen. Denn die Aussagen des Kindes weichen häufig von denen der Lehrperson erheblich ab. Wem kann man glauben?

Marvin, sechs Jahre alt, kam mittags weinend aus der Schule: »Da geh ich nicht mehr hin, die wollen mich alle nicht haben, da mag mich keiner!« Er war so stolz und mit solcher Vorfreude am ersten Schultag mit seiner Schultüte losgezogen in einen völlig neuen Lebensabschnitt mit spannenden, neuen Vorhaben. Jetzt, zwei Wochen später, diese Ernüchterung und Enttäuschung tut seiner Mutter regelrecht weh. Wie kann innerhalb so kurzer Zeit die positive Stimmung eines Kindes derart ins Gegenteil umschlagen? Eines Kindes, das immer mit wacher Neugier und starkem Interesse den neuen Dingen in seinem

Leben begegnet ist, mit denen es konfrontiert war, und sie mit großer Achtung und deutlichem Respekt vor dem Wert der Dinge behandelt hat.

Bei dem Versuch, herauszufinden, was da schiefläuft, fällt Marvins Mutter zunächst einmal völlig aus allen Wolken. »Ja, wußten Sie denn nicht, daß Marvin ADHS hat? Das merkt doch jeder sofort, so ein unruhiges Kind, das sich auf nichts konzentrieren kann und ständig durch seine Wibbeligkeit und Unruhe auffällt und stört! Also, Sie müssen unbedingt mit ihm zum Arzt gehen und ihm Ritalin verschreiben lassen. So wie der jetzt ist, kann er in unserer Schule nichts werden. Die ganze Klasse leidet schon unter ihm.« Das ist der schonungslose Kommentar der Klassenlehrerin, einer liebenswürdigen Dame, die der Pensionierung nicht mehr ganz fern scheint.

Von ihr hatten Marvins Eltern so viel Gutes gehört und hatten sich so für ihren Sohn gefreut, daß er das Glück hatte, ausgerechnet in ihre Klasse zu kommen. Und nun so was! Die Mutter war entsetzt und konnte ihre Tränen nicht zurückhalten. Fragen über nähere Einzelheiten, wie sich Marvins Auffälligkeit denn genau darstelle, konnte sie natürlich nicht mehr stellen – sie mußte erst einmal den Schock verarbeiten. Abends berieten sich die Eltern und kamen zu keinem brauchbaren Ergebnis; ein weiteres Gespräch mit der Lehrerin war nötig, um die Dinge genauer zu klären.

Dies Gespräch nahm wiederum die Mutter allein wahr, weil der berufstätige Vater Termine am Vormittag nur schwer einrichten konnte. Die Lehrerin hatte zu dem vereinbarten Termin jedoch nur wenig Zeit, erschien gehetzt und sehr beschäftigt. Die Mutter wollte nicht Anlaß dafür sein, daß andere Kinder möglicherweise nicht beaufsichtigt oder nicht unterrichtet wären, und ließ sich entsprechend kurz abfertigen. Hinterher war sie leider nicht viel schlauer und konnte sich auf Marvins Probleme immer noch keinen Reim machen.

In den darauffolgenden Wochen schien sich die Situation zu normalisieren, abgesehen davon, daß Marvin häufig krank war, vor allem unter Bauch- und Kopfschmerzen litt und deshalb nicht zur Schule gehen konnte. Beim Elternsprechtag stellte sich alles jedoch ganz anders dar: Marvin sei in der Schule kaum zu bändigen, springe ständig wie aufgedreht in der Klasse herum, habe nie seine Sachen beieinander, selten Hausaufgaben und störe alle anderen Kinder beim konzentrierten Arbeiten. Er müsse entweder in ärztliche Behandlung oder auf die Förderschule für Lernschwierigkeiten. »Wenn Sie weiterhin nichts unternehmen, werden wir von uns aus aktiv und leiten das Sonderschulverfahren gegen Ihren Sohn ein!«

Die Mutter war vollkommen fertig vor Panik, Sorge, aber auch einer unbestimmten Wut, und brauchte mehrere Tage, um sich über die Ungeheuerlichkeit klar zu werden, die hier ablief. Da stellte eine Pädagogin eine medizinische Diagnose und hatte auch gleich die passende Therapieempfehlung und außerdem eine schwere Drohung als Mittel zur Erpressung zur Hand. Diesen Schluß konnten die Eltern ziehen, weil sie mit ihrem Sohn längst beim Kinderarzt und einem guten, einfühlsamen und gründlichen Kinderpsychiater in einer angesehenen Klinik gewesen waren. »ADHS?« hatte der nach eingehender Untersuchung gefragt und gelacht. »Die sollen sich mal mehr Mühe geben und ihrem Sohn das geistige Futter geben, das ihm zusteht! Der Intelligenztest ist überdurchschnittlich – ich vermute, Marvin langweilt sich und ist in seinem Alter natürlich lebhaft und sicher etwas unbeherrscht, aber das haben die ja studiert, damit müssen die fertigwerden.«

Der erste Impuls der Mutter war, dieser Lehrerin ganz heftig die Meinung zu sagen und sich über sie bei der Schulaufsicht zu beschweren. Das befürwortete auch der Vater, hatte aber keinen zeitnahen Termin für so ein Gespräch frei, um seine Frau zu unterstützen. Aber es war auch fraglich, ob bei dieser Lehrerin mit offenen Worten nicht eher eine Verhärtung und

Versteifung als eine verständnisvollere Haltung zu erreichen war. Auch ein Gespräch mit der Schulleitung verwarfen die Eltern. Marvin würde noch über drei Jahre auf dieser Schule zu überstehen haben – unter so »aufmüpfigen« Eltern würde er sicher zusätzlich schwer zu leiden haben. Ein Wechsel in eine der Parallelklassen erschien den Eltern auch nicht als der richtige Weg, denn dorthin würde sein Ruf als »Mini-Macho« ihm sicher vorauseilen und auch dort die Erwartungen und die Einstellung ihm gegenüber prägen.

Die Eltern wählten schließlich die Flucht: Marvin mußte in eine andere Grundschule wechseln, und das war zu Zeiten der festgelegten Grenzbezirke für den Einzugsbereich der Grundschulen auch ein Kunststück. Seine Mutter mußte tatsächlich den amtlich registrierten Wohnsitz zur Großmutter verlegen, um den Schulwechsel genehmigt zu bekommen, unter dem Vorwand, die Eltern hätten sich getrennt.

An der neuen Schule konnte Marvin zum Glück seinen Neubeginn erfolgreich starten und hatte Glück mit seinem auch schon älteren Klassenlehrer, der eine Art väterliche Freude an den Kindern hatte und für die lebhaftere Art der Jungen Verständnis zeigte, vor allem die richtigen »Lockmittel« einsetzte, um »seinen Rabauken« das Lernen schmackhaft zu machen. Er bot verschiedene Texte an, die einmal den Interessen der meisten Mädchen entsprachen, einmal »typische« Jungsthemen behandelten. Er veranstaltete Hüpfspiele beim Kopfrechnen, machte mit den Kindern »Stationenlernen«, wo jedes Kind in seinem eigenen Tempo arbeitet und weitere Aufgaben lösen kann, wenn es alle Pflichtarbeiten erledigt hat, und hatte keine Hemmungen, die schnellen und fleißigen Kinder genauso zu loben wie die langsamen und bedächtigen.

Marvin ging mit Feuereifer zur Schule und war nur noch ganz selten krank. Er hatte endlich seine verdiente Entfaltung und Anerkennung, war voll ausgelastet und glücklich. Seine Mutter hatte nun endlich den Mut, dieser Lehrerin von der alten Schule deutlich ihre Meinung zu sagen, allerdings mit gebremstem Schaum, denn ihre Wut war überwiegend einem Mitleid mit ihr und vor allem den übrigen Kindern gewichen. Die Reaktion war allerdings ernüchternd:»Naja, warten Sie's mal ab, die werden noch herausfinden, woran sie mit Ihrem Sohn sind«, sagte sie pikiert. Eine darauffolgende schriftliche Beschwerde der Eltern bei der Schulaufsichtsbehörde wurde nicht einmal als erhalten bestätigt, geschweige denn beantwortet. Bei so viel Desinteresse für die Qualität der schulischen Arbeit gaben die Eltern ihren Einsatz auf und sparten ihre Kräfte lieber für Wichtigeres wie die eigenen Kinder.

In Fällen solcher»Beratungsresistenz« unserer»Erziehungspartner« in der Schule können wir Eltern uns auf den Kopf stellen und sonstige Kunststückchen vollbringen – wir erreichen nichts. Um nicht mißverstanden zu werden: Es gibt viele großartige Lehrerinnen und Lehrer, die jeder auf ihre oder seine eigene Art unsere Kinder bestens fördern und in der Entfaltung ihrer Möglichkeiten unterstützen. Aber es gibt leider auch die vorhin beschriebenen, und jeder einzelne von ihnen ist einer zuviel. Wenn Marvins Eltern nicht so vernünftig und besonnen gehandelt und den Schulwechsel nicht so leise und unauffällig eingefädelt hätten, wer weiß, wie es Marvin ergangen wäre? Nicht auszudenken, daß so ein Kind zur Sonderschule sollte – es wäre in seinen Chancen für alle Zeit stark beeinträchtigt und für sein Leben geschädigt worden. Diese Vorstellung ist ganz und gar nicht aus der Luft gegriffen: Unsere Sonderschulen sind voll von Hochbegabten, zu 20 bis 25 Prozent! Viele davon sind Opfer der Leistungsfeindlichkeit unserer Schulen, die unter anderem schon 1974 Anlaß zur Gründung des Elternvereins Nordrhein-Westfalen gewesen ist, und die nun durch die katastrophalen PISA-Befunde endlich zur Kenntnis genommen und bekämpft wird.

Die geschilderte Episode legt nahe, daß Widerstand gegen schulische Mißstände grundsätzlich sinnlos ist. Aber das ist ein folgenschwerer Irrtum. Wir Eltern können viel erreichen, aber wir müssen es gemeinsam tun. In dem Augenblick, wo zwei oder sogar mehr Familien gemeinsam einen Vorstoß wagen und Verbesserungsvorschläge machen, ihre Rechte kennen und persönlichen Angriffen angemessen entgegnen, ist viel gute Zusammenarbeit möglich. In Marvins Fall hätte es hilfreich sein können, zu den Gesprächen eine andere Mutter, Klassenvorsitzende oder Freundin zur Begleitung mitzunehmen, damit die Lehrerin auf die persönlichen Angriffe verzichtet hätte. Es hätte helfen können, wenn eine oder mehrere andere Mütter aus der Klasse die Beobachtungen bestätigt und für ihre Kinder ähnliche Beschwerden vorgebracht hätten. Es hätte helfen können, wenn eine andere Lehrkraft, zum Beispiel als Vertrauenslehrer, beide Seiten hätte gelten lassen und vermittelt hätte.

Es ist eigentlich absurd, daß wir Eltern die vernünftigeren, besonneneren und verständnisvolleren sein müssen, die psychologisch geschickteren und diplomatischeren, um mit der Schule, das heißt den Lehrkräften und Schulleitern, eine fruchtbare Zusammenarbeit zu begründen. Die Erfahrung lehrt, daß es leider überwiegend genauso ist. Bis alle Lehrerinnen und Lehrer, auch die und der letzte, begriffen haben, daß intensiver Austausch mit den Eltern ihrer Schüler die einzige Möglichkeit ist, jedem Kind ausreichend gerecht zu werden, und daß sich Eltern und Lehrer gegenseitig in ihrer Würde und persönlichen Integrität im ehrlichen Bemühen um jedes Kind anerkennen müssen, um dies zu erreichen, werden sicher noch viele Jahre ins Land gehen. Dieses leider verbreitete Defizit ist nach meiner Beobachtung mit Ursache für das negative Ansehen der Lehrerschaft und ihr daraus resultierendes mangelndes Selbstbewußtsein.

Aber schon heute hat jedes Kind recht auf die optimale Förderung, auch die jetzigen Schüler und nicht erst die Kinder, die dann irgendwann im »Zeitalter der Glückseligkeit« zur Schule gehen. Deshalb müssen wir, auch wenn es eigentlich die selbstverständliche Aufgabe der Lehrer sein sollte, selbst aktiv werden und die Entwicklung der partnerschaftlichen Arbeit in die Hand nehmen. Wenn Eltern und Lehrer es schaffen, voneinander Hilfe anzunehmen und sich gegenseitig in die Entwicklung der Zusammenarbeit einzubinden, also auf gleicher Augenhöhe miteinander umzugehen, haben wir eine Menge erreicht, um die Erfolge unserer Schulbildung zu verbessern – und damit die Zukunftschancen unserer Kinder.

Der Weg dahin ist gar nicht so weit, wie es auf den ersten Blick erscheinen mag. Natürlich erfordert es unseren starken Einsatz, aber für unsere Kinder tun wir doch alles! In der Schule heißt das, ein Elternnetzwerk zu knüpfen, in dem Informationen auf kurzen Wegen alle erreichen und gemeinsam in enger Abstimmung verwendet werden. So bietet nicht eine einzelne Familie, also das schutzlose Kind, die Angriffsfläche, sondern eine möglichst große Gruppe von Eltern, die sich einig sind in ihrer Wahrnehmung der Abläufe und in den Zielen, die verfolgt werden. Unseren Kindern fehlt seit langem eine funktionierende Lobby, und die entsteht durch Solidarität und Verzicht auf reinen Eigennutz. Wir können Elterngespräche ritualisieren, also uns regelmäßig abseits der schulischen Sitzungen treffen und Informationen und Gedanken zum Schulgeschehen austauschen. Wir können die Partnerschaft der Eltern untereinander aufbauen, indem wir zusätzlich zu den gewählten Elternvertretern in der Schulpflegschaft weitere Eltern als Vertreter wählen, die die Arbeit unterstützend begleiten und jederzeit auf dem Wissensstand sind, der ihnen ein Einspringen in Vertretung ermöglicht, damit unsere Stimmenparität immer wirksam wahrgenommen wird. Wir können das allgemeine Lernklima an unserer Schule positiv beeinflussen, indem wir Kontakte pflegen, ehe Probleme auftreten, einander ohne Vorbehalte als Passagiere im selben Schiff betrachten und anerkennen, ohne Neid, mißgünstiges Vergleichen und naserümpfendes Abwerten.

Damit habe ich übrigens nebenbei einige ganz selbstverständliche christliche Tugenden aufgezählt. Wenn wir von Grund auf im christlichen Glauben stehen und ihn bewußt leben, kostet uns all der beschriebene Einsatz nicht die geringste Mühe – dann ist es eine Freude, sich auch für die anderen miteinzusetzen, ihnen zuzuhören, ihre Sorgen ernstzunehmen und gemeinsame Pläne zu entwickeln, wie es weitergehen kann. Viele konstruktive Ideen von allen verschiedenen Seiten führen schließlich zur besten Strategie, von der dann auch alle überzeugt sind und dazu stehen können. So entsteht gemeinsame Identifikation mit dem Ziel und ein solider Zusammenhalt, der einen starken, wohltuenden und wirksamen Einfluß auf die schulische Zusammenarbeit erzeugt.

Durch eine solche Grundhaltung der gegenseitigen Achtung wird es möglich, die Verantwortung für unsere Kinder, der wir nun mal nicht ausweichen können, wirksamer zu tragen und ihr Geltung zu verschaffen. Der staatliche Erziehungsauftrag geht an uns als Eltern, und die Schule hat unsere Vorstellungen der Erziehungsziele nicht nur zu respektieren, sondern zu unterstützen. Dafür müssen ihr die Ziele bekannt sein, die wir verfolgen, und vorher müssen wir uns dessen bewußt werden, was uns für unsere Kinder wichtig ist. Mir hat bei dieser Auseinandersetzung und Klärung meiner Ziele nicht nur der christliche Glaube sehr geholfen. Es hat, wie für jeden nachhaltigen Lernprozeß notwendig, viele Gespräche mit den unterschiedlichsten Ansätzen und Gedanken gegeben, die mir eine Auswahl der für mich gültigen Ideen und eigene Weiterentwicklung erst möglich gemacht haben. Darüber hinaus ist die Mitarbeit im Elternverein eine ungeahnte Quelle für relativierende neue Erkenntnisse, sachliche Informationen und fruchtbare Auseinandersetzungen gewesen, die ich nicht missen möchte.

Kaum jemand, auch ich nicht, kann wohl für sich in Anspruch nehmen, er habe *alles* richtiggemacht in der Kindererziehung. Wer hat schon die Weisheit mit Löffeln gefressen? Aber man gewinnt mehr Sicherheit und Gewißheit für seine bewußten Vorstellungen, und man gewinnt vor allem Gelassenheit durch

Hintergrundwissen. Viele der Entscheidungen in Familie und Schule trifft man leichter und mit mehr Überzeugung, weil man schon weiß, welche Konsequenzen daraus erwachsen können – man hat ja schon darüber gelesen, gesprochen und auch über fremde Meinungen und Sichtweisen nachgedacht, ehe die Entscheidung konkret gefordert wird. Und wenn man Einsatz gefahren, sich alle mögliche Mühe gegeben und viel Kraft und Herzblut investiert hat, kann man sich darauf verlassen, daß es viel besser kaum möglich gewesen wäre – man hat einfach sein Bestes gegeben, mehr geht gar nicht.

Verantwortung ist nicht übertragbar, wir sind an sie gekettet, aber wir können sie wesentlich leichter machen, indem wir sie mit anderen teilen und gemeinsam tragen. Dabei reicht es nicht, einfach einem Trend zu folgen, zu tun, was alle tun, nachzuschwätzen, was alle schwätzen. Wir müssen uns bewußt dazu entscheiden, dann tragen wir die Verantwortung mit Leichtigkeit.

Warum es sich lohnt

Wie man mit den Anforderungen des Lebens umgeht, ist die Entscheidung eines jeden einzelnen – so sehen es sicher die meisten Menschen. Ist sie das wirklich? Wird sie wirklich so stark vom eigenen Willen geprägt? Und gilt das für alle Menschen?

Ich vertrete die These, daß das nur für diejenigen Menschen gilt, die irgendwann einen eigenen Gestaltungswillen bezüglich ihres Lebens entwickelt haben, und das ist leider bei weitem nicht für alle selbstverständlich. Der Impuls dazu, einen eigenen Gestaltungswillen bezüglich des Lebens zu entwickeln, wird durch entsprechende Erfahrungen ausgeübt – oder er unterbleibt. Wer erlebt, daß er Einfluß auf die Abläufe hat, Erfolg dabei haben kann und Durchsetzungsvermögen besitzt, wird sich von da an bei vielen Gelegenheiten die Frage stellen: Bin ich mit diesen Abläufen einverstanden, oder möchte ich etwas ändern? Und wenn er zu dem Schluß kommt, daß etwas nicht in seinem Sinn läuft, ergreift er die Initiative, wird selbst aktiv.

Aber mir scheint, daß es zunehmend Menschen gibt, die nur in den Tag hinein leben und sich mit dem Strom des Lebens hin und hertreiben lassen, sich Vorbilder und Ziele von Vorabendserien, Talkshows und Werbebotschaften setzen lassen und nur dem allgegenwärtigen Konsumterror hinterherlaufen. Hinterherlaufen müssen sie, weil die dort kommunizierten Standards weit über dem liegen, was für den durchschnittlichen Bürger erreichbar ist – hochwertige Autos, aufwendige Reisen, tägliche Reitstunden, Golfclubmitgliedschaft … Dabei verlieren zunehmend mehr Menschen das Gespür und Gefühl fürs Wesentliche. Ihr Mut und Vertrauen in die eigenen Kräfte gehen als nächstes verloren, oft nach einer langen Reihe von Mißerfolgen, die sie einstecken mußten, auch weil sie nichts Besseres gelernt haben, als sich an diesen Standards zu messen. Solche Menschen erlebe ich als niedergeschlagen, mut- und hoffnungslos und als belastet.

Diese Art Belastung können wir unseren Kindern ersparen, indem wir ihnen die oben beschriebenen Erfahrungen gezielt vermitteln, ihnen Fragen stellen, die ihnen ihren Gestaltungsspielraum bewußtmachen, sie in Abwägungsprozesse einbeziehen und ihnen klare Gründe für oder gegen eine Entscheidung liefern. Sie müssen mitgenommen werden in die Entwicklung der Lebensgestaltung, natürlich ohne sie in ihrem jeweiligen Altershorizont zu überfordern. Ebensowenig darf das ein verfrühtes, wahlloses und damit unsinniges Freigeben aller entstehenden Konflikte sein.

Im Gegenteil geht es um das gezielte Bewußtmachen von besonderen Erlebnissen und Genüssen. Es beginnt schon mit dem Wartenkönnen. Die »Quengelware« an der Supermarktkasse ist dafür immer ein Prüfstand. Wie reagiert Vater oder Mutter auf Juniors Maulen? »Du kannst nicht alles haben, was du siehst! Nächstes Mal kaufen wir das wieder.« Oder: »So kurz vor dem Essen wird nicht genascht! Wir nehmen etwas mit als Nachtisch.« Solche Reaktionen zeigen, daß Eltern ihren Kindern das Warten und die Vorfreude auf späteren um so höheren Genuß vermitteln. Hoffentlich sagt der andere Elternteil dann nicht: »Ach, gib's ihm doch!«

Bei fortgeschrittenem Alter und entsprechender Reife der Kinder gehören zur Einbeziehung in die Lebensgestaltung natürlich an allererster Stelle das Gespräch und die Begleitung bei Entscheidungsprozessen. Dazu gehört auch die Fähigkeit, übereilte Beschlüsse zu vermeiden – eine frisch gefaßte Idee verlangt ja nicht unbedingt die augenblickliche Umsetzung, sondern will sorgfältig geprüft sein, ehe über sie entschieden wird. Und mit dem Gespräch und dem Vertrauen in das Urteilsvermögen der Eltern beginnt diese Begleitung.

Wenn wir es schaffen, regelmäßige Zeiten und Gelegenheiten zum Gespräch zuverlässig in den Familienrhythmus zu integrieren und die Ruhe und Sachlichkeit in der Abwägung aufzubringen, die unsere Urteile vertrauenswürdig machen, dann legen wir eine Saat, die unseren Kindern und auch uns eine große Kraftquelle wachsen läßt: Kinder, die auf diese Weise dazu angeleitet werden, bilden schon früh ebenfalls ein recht zuverlässiges Urteilsvermögen aus, das ihnen durch alle Fragen des Lebens sicher navigieren hilft, und damit wird es uns als Eltern leichter fallen, ihnen die Entscheidungen zunehmend zu übertragen und zu überlassen.

Wir können uns daran freuen, wie uns die Kinder ihrerseits in ihre Überlegungen zu Fragestellungen einbeziehen, unsere Auffassung dazu erfragen und sie nach der Abwägung für ihr eigenes Urteil verarbeiten oder auch ablehnen. Dabei haben sie sich dann mit unterschiedlichen Möglichkeiten auseinandergesetzt und eine bewußte Entscheidung getroffen, die sie mit allen Konsequenzen tragen. Dadurch daß dies ihre eigene Entscheidung war, fühlen sie sich nicht machtlos oder ungerecht behandelt, sondern lernen, daß ihre Entscheidungen Folgen haben, und erfahren, was es heißt, mit diesen Konsequenzen zu leben – sie gestalten ihr Leben! Dieser Lernprozeß bildet eine wesentliche Voraussetzung für breite Zufriedenheit mit dem eigenen Leben – wovon sie auch bei schweren Belastungen und tiefen Schicksalsschlägen profitieren. Und diese Zufriedenheit, aus der ein innerer Friede mit den Abläufen entstehen kann, das Bewußtsein, daß man die Abläufe des Lebens im wesentlichen selbst gestaltet, ist die Basis für Zuversicht und eine optimistische Grundhaltung. Daraus erwachsen im Laufe der Zeit eine Fröhlichkeit und eine heitere Gelassenheit, um die diese Menschen häufig sogar sehr beneidet werden.

Natürlich erreicht man das nicht als Dauerzustand mit Garantiezusage auf ewig, und natürlich hat es auch etwas mit Weisheit und Erfahrung zu tun. Das Leben der meisten Menschen verläuft in Wellenbewegungen in stetigem Auf und Ab, aber die Länge der Wellentäler und -berge kann wachsen, und die Heftigkeit der Höhenunterschiede flacht mit der Zeit immer mehr ab, wenn man auf diese Weise damit umgehen lernt, und je öfter man diese Erfahrung gemacht hat, daß sich alles irgendwie regelt. Das »Abflachen« bedeutet keinen Verlust der Freude, sondern eher eine tiefere, länger andauernde gelassene Zufriedenheit, also eine allgemeine Beruhigung der Lebenslagen, und damit einen Abbau von Ängsten und Sorgen.

In diesem ganzen Themenkomplex sind eigene Kinder gleichzeitig Erdung und Verbindung zur Zukunft und damit die Anknüpfung an einen tiefen Glauben, der uns in allen intuitiven und auch rationalen Entscheidungen als Kompaß dienen und uns vor Verirrungen schützen kann. Sie als Geschenk zu empfangen und dabei zu wissen, daß wir sie in ihr eigenes Leben abgeben, freilassen müssen, ist eine große Kunst, aber dabei unausweichliches, sicheres Schicksal. Schaffen wir es, darin die Weisheit eines liebevollen Gottes zu entdecken, sind wir auf einem wohltuend beruhigenden und entspannenden Weg. Mit dieser Entdeckung sind wir befreit von der schwer lastenden Verantwortung für dieses Leben, ohne dabei die Verantwortung für unsere Mitwirkung vernachlässigen zu müssen.

Mit dieser Sichtweise gewinnt ein ganz wichtiger Aspekt des Lebens Geltung: eine tiefe Dankbarkeit für all das, was wir im Leben als Segen empfinden dürfen. Mit dieser Dankbarkeit können wir ganz anders die Bedürfnisse anderer sehen und uns für sie einsetzen. Nein, das ist nicht das Ziel jedes Menschen, sich mitmenschlich zu engagieren, leider ist es bei weitem keine Selbstverständlichkeit mehr, sondern gilt in manchen Kreisen sogar als verweichlicht und schwach. Aber es ist das Prinzip des Sozialstaates, und wir sind in unserer Gesellschaft darauf angewiesen, daß diese Form der Nächstenliebe nicht nur von allen akzeptiert und geachtet wird, sondern daß sie auch von allen getragen und nach Kräften umgesetzt wird.

Allein dadurch, daß wir unverkrampft zu dieser Haltung stehen, geben wir sie an unsere Kinder weiter und erleichtern es ihnen, in diese Haltung hineinzuwachsen und sie als selbstverständlich in ihr Leben zu integrieren. Sie werden sicher schon bald die Erfahrung machen, daß viele andere Kinder das nicht gelernt haben und sich die Rücksichtnahme und Einfühlsamkeit anderer für ihre eigenen Zwecke nutzbar machen, aber sie werden auch die Erfahrung machen, daß sie in ihrer Haltung weniger angreifbar und souveräner sind und manche Dinge mit großer Gelassenheit tragen können.

Diese Kinder haben in der Schule schon einen wesentlichen Vorsprung durch ihre »Sozialkompetenz«, die eine christliche Erziehung automatisch implementiert. Diese Fähigkeit zum Einfühlen in andere, die als wichtige schulische Anforderung gilt, wird nämlich nicht in der Schule erworben, sondern bereits viel früher in der Familie unter den Geschwistern, mit Vettern, Cousinen und Spielkameraden. Haben sie dann auch noch das Glück, an einen kompetenten Lehrer mit christlicher Grundeinstellung zu geraten, der sich nicht scheut, diese Handlungsweisen offen in den christlichen Kontext zu stellen, werden ihre Kompetenzen allen anderen zugute kommen und sie beflügeln, ihnen nachzueifern.

Nun sagen Sie bitte nicht, das sei angesichts der vielen Schüler aus anderen Kulturen und Religionen unmöglich. Unsere Kultur hat ihre Wurzeln im Christentum, der Ursprung unserer Verfassung und Gesetze und damit ein wesentlicher Bestandteil unseres Staatswesens beruht auf der christlichen Ethik. Also dürfen wir in unseren Schulen genau diese gesellschaftlichen Grundsätze ganz eindeutig vertreten, ohne gleich alle Kinder christianisieren zu wollen. Wenn sie mit ihren Familien in diesem Staatswesen ihre Heimat haben wollen, dann müssen sie die gesellschaftlichen Regeln nicht nur kennen und akzeptieren, sondern auch achten und befolgen. Damit geschieht niemandem eine Zumutung – die bewußte Entscheidung für die Einwanderung bedeutet dies als Selbstverständlichkeit. Das betrifft vor allem den Umgang mit Gewalt und der Gleichberechtigung von Frauen und Männern, Töchtern und Söhnen, mit fremdem Eigentum, mit der öffentlichen Ordnung und der Mitverantwortung für das Funktionieren des gesellschaftlichen Miteinanders. Also wird uns die klare Definition unserer eigenen kulturellen Identität dabei helfen, in dieser Frage eine gesellschaftlich allgemeingültige klare Haltung zu entwickeln und hier einen deutlich definierten Rahmen zu setzen, der bei der Lösung unserer Migrationsproblematik nur hilfreich sein kann.

Wir Eltern wollen sicher alle unseren Kindern eine möglichst stabile Basis für ihre Selbstbehauptung in dieser Entwicklung vermitteln. Auch dafür lohnt es sich, diese zugegeben nicht geringe Anstrengung auf uns zu nehmen und ihnen das Bewußtsein für ihre Lebensqualität und deren Quellen sichtbar und spürbar zu machen. Das bedeutet nicht, daß wir den Anspruch stellen, im Besitz der alleinseligmachenden einzig gültigen Religion zu sein. Es bedeutet, daß wir wissen, woher wir kommen und wohin wir gehen. Dieses Bewußtsein der eigenen Herkunft und Zukunft gibt erst die sichere Verankerung in der eigenen Gegenwart und stiftet Identität. Ich bin mir dessen bewußt, daß ich die Zustimmung aller Leser zu diesen Thesen nicht erwarten kann, und erwarte sie auch nicht, aber wenn ich einigen von Ihnen damit ein paar einleuchtende Gedanken vorgetragen habe, die zu neuem Nachdenken über die eigene Haltung anregen und unter Umständen eine Neuorientierung in der grundsätzlichen Lebensgestaltung und in der Erziehung der Kinder in Gang setzen helfen, habe ich schon viel erreicht.

Wie süß ist alles erste Kennenlernen.
Du lebst solange nur, als du entdeckst.
Doch sei getrost: unendlich ist der Text
und seine Melodie gesetzt aus – Sternen!

Christian Morgenstern

Danke!

Literatur

Bertelsmann Stiftung (Hrsg.):
Lehrer unter Druck,
Bertelsmann Stiftung 2007
Stefan Bonner, Anne Weiss:
*Generation Doof. Wie blöd sind wir
eigentlich?,* Bastei-Lübbe 2008
Michael Felten:
Kinder wollen etwas leisten,
Kösel Verlag 2000
Michael Felten:
Schule besser meistern,
Verlag Herder 2006
Georg Glass:
Vorwurf: Kindesmißbrauch,
Patmos-Verlag 1994
Wolfgang Goebel, Michaela
Glöckler:
Kindergesundheit,
Verlag Urachhaus 1988
Ulla Hahn:
Das verborgene Wort,
Deutscher Taschenbuch-
verlag 2008
Louise L. Hay:
Gesundheit für Körper und Seele,
Heyne Taschenbuch 1994
Michaela F. Heereman:
Zur Freiheit erziehen,
Sankt Ullrich Verlag 2004
Necla Kelek:
Die fremde Braut,
Goldmann Taschenbuch 2006

Necla Kelek:
Die verlorenen Söhne,
Goldmann Taschenbuch 2007
Else Meyer:
Hat Ihr Kind Drogenprobleme?,
Karl F. Haug Verlag 1993
Alice Miller:
Das Drama des begabten Kindes,
Suhrkamp Taschenbuch 1979
Alexander S. Neill:
*Theorie und Praxis der
antiautoritären Erziehung*
(deutsche Übersetzung 1969)
NICHD Early Child Care Research
Network (1993 – 2003):
*The NICHD Study of Early Child
Care: A comprehensive longitudinal
study of young children's lives*
Rainer Schmidt:
*Spielend das Leben gewinnen.
Was Menschen stark macht,*
Gütersloher Verlagshaus 2008
Jeanette Walls:
Schloss aus Glas,
Hoffmann & Campe 2005
Michael Winterhoff:
*Warum unsere Kinder
Tyrannen werden,* Gütersloher
Verlagshaus 2008
Notker Wolf:
Aus heiterem Himmel,
Rowohlt 2008

Was Sie über ein gesundes Immunsystem wissen sollten, Ihnen aber noch kein Arzt gesagt hat

Bert Ehgartner
LOB DER KRANKHEIT
Warum es gesund ist,
ab und zu krank zu sein
384 Seiten
Paperback
ISBN 978-3-7857-2322-7

Anstatt harmlose Infekte und Kinderkrankheiten zuzulassen, versucht die moderne Medizin mit Antibiotika, Fiebersenkern und Impfungen möglichst jedes Risiko von vornherein zu vermeiden. Jedes dieser Arzneimittel greift direkt in die Arbeit des Immunsystems ein, manipuliert und stört es in der Entwicklung. So leben wir heute inmitten einer Epidemie der chronischen Krankheiten, die alle eine gemeinsame Ursache haben: ein aus der Bahn geworfenes Immunsystem.

Perfektes Marketing vonseiten der Pharmaindustrie, ein korruptes Expertenwesen und ignorante Behörden sorgen dafür, dass sich daran so schnell nichts ändert. Mit einem Glossar der wichtigsten Begriffe rund um das Immunsystem.

Gustav Lübbe Verlag

Genug ist genug. Wie wir erkennen,
worauf es wirklich ankommt.

John Naish
GENUG
Wie Sie der Welt des
Überflusses entkommen
Deutsche Erstausgabe
Gebunden mit Schutzumschlag
ISBN 978-3-431-03762-3

Heute gibt es von allem mehr, als wir jemals nutzen, genießen oder uns leisten können. Mehr Information, mehr Essen, mehr Sachen, mehr Statussymbole. Trotzdem rücken wir keinen Millimeter von der ältesten Überlebensstrategie der Menschheit ab: Wir wollen immer noch mehr, mehr, mehr – auch wenn uns das krank, müde, übergewichtig, unzufrieden und arm macht. Die Welt des Überflusses zerstört unsere persönlichen Ressourcen und die unseres Planeten.

In Wahrheit fehlt uns gar nichts – bis auf die Fähigkeit zu erkennen, wann es genug ist. Times-Journalist John Naish lebt uns vor, wie wir alle mit weniger ein erfüllteres, gesünderes, umweltbewussteres und glücklicheres Leben führen können.

Ehrenwirth